图解 中国古代哲学

Ancient Chinese Philosophy

诸子百家，逐一解读；直观图解，轻松有趣；联系当下，启迪人生

先秦篇

梁光耀 著

中国青年出版社

图书在版编目（CIP）数据

图解中国古代哲学·先秦篇/梁光耀著. — 北京：
中国青年出版社，2017.12
ISBN 978-7-5153-4922-0

I.①图… II.①梁…Ⅲ.①古代哲学—中国—通俗读物
IV.①B21-49

中国版本图书馆CIP数据核字（2017）第229925号
北京市版权局著作权合同登记　图字：01-2017-1813
原著作名：图解中国古代哲学·先秦篇
原出版社：中华书局（香港）有限公司
作　　者：梁光耀
漫画绘制：战阳
本书由中华书局（香港）有限公司正式授权，经CA-LINK International LLC代理，
由中国青年出版社出版发行。

中国青年出版社　出版发行

社　　　址：北京东四12条21号
邮政编码：100708
网　　　址：http://www.cyp.com.cn
责任编辑：刘霜Liushuangcyp@163.com
编辑部电话：(010) 57350508
发行部电话：(010) 57350370
北京文昌阁彩色印刷有限责任公司印刷　新华书店经销

710×1000　1/16　22印张　350千字
2017年12月北京第1版　2017年12月第1次印刷
定　　价：42.00元

本图书如有任何印装质量问题，请与出版部联系调换
联系电话：(010) 57350337

序言

　　春秋战国是一个我十分喜欢的年代，虽然是乱世，但思想自由，百家争鸣，从某种意义上讲，春秋战国还是中国历史上最宽容的时代。所以有机会写作此书，探讨一下这个时期的思想，自然十分高兴。

　　虽然我十分喜欢中国哲学，但到底不是专家（我认为专家的必要条件是有阅读古文字的能力）。最初向出版社建议做这本书的时候，是想找一位专攻中国哲学的朋友撰写，可惜他事忙推却了，于是我只好硬着头皮顶上。

　　这本书的架构主要根据我多年前在公开大学教授的一个科目，叫作《中国古代思想》，由于这是自学课程，没有课要上，只有导修堂让学生发问，通常学生都没有问题，只期望你讲解一次，但我又不好意思重复课本所讲的东西，于是就讲了自己版本的中国古代思想。说起来真的要多谢当年负责这个课程的林忆芝女士，让我有机会边教边学。

　　近年有两位大师辞世，一位是南怀瑾先生，另一位是劳思光先生。我从两位先生身上获益良多，谨以此书悼念。

梁光耀

2012年11月书于京都

目录

梁老师为你讲述先秦诸子百家的不朽传奇
品鉴指南助你轻松看懂七派、九流、十家
作者一对一解答哲学难题,扫码即可获取

导论:哲学思想对一个乱世的响应 _____001
  1 春秋战国的时代背景 /002
  2 上古的观念 /008

第一章:儒家:贯穿华夏历史的主流思想 _____015
  1 孔子:儒学奠基人 /016
  2 孟子:孔子的正牌继承人 /025
  3 荀子:儒家的继承人还是异端? /032
  4 结语:儒家就是专制思想、极权主义吗? /038

第二章:墨家:曾与儒家分庭抗礼的显学 _____047
  1 墨子:智、仁、勇兼备 /048
  2 后期墨家思想 /059
  3 儒墨之争 /067
  4 结语:墨家在先秦学说中最全面 /074

第三章：道家：与儒家打擂台的非主流思想 _____079
    1 低调神秘的老子 /081
    2 浪漫诙谐的庄子 /091
    3 儒道的异同 /101
    4 结语：道家是最有人生智慧的哲学 /107

第四章：法家：君王们明贬暗行的思想 _____113
    1 前期法家 /115
    2 韩非：与众不同的贵族学者 /121
    3 结语：表面被排斥实际被暗中奉行的法家 /135

第五章：名家：被忽视的逻辑和语言哲学 _____143
    1 邓析：春秋时最早的讼师 /144
    2 惠施：比庄子还善辩？ /148
    3 公孙龙：混淆黑白的家伙？ /153
    4 辩者二十一事 /158
    5 结语：名家真的毫无价值吗？ /163

第六章：兵家：曾经被千防万防的学说 _____171
  1 《孙子兵法》：兵法的始祖 /172
  2 其他兵家思想 /184
  3 兵家和诸子的关系 /190
  4 结语：兵家思想该被封杀吗？ /197

第七章：纵横家：备受诟病的古代外交家 _____203
  1 子贡：纵横家的先驱 /205
  2 合纵连横 /207
  3 纵横家的外交学 /211
  4 纵横家的人生观 /218
  5 纵横家与诸子大PK /220
  6 结语：对纵横家的评价 /225

第八章：阴阳家：算卦、看风水的老祖宗？ _____231
  1 阴阳论："算命"的原理？ /233
  2 五行论：五行是五种运行的原理 /236
  3 阴阳五行说的始祖：邹衍 /237
  4 《月令》的思想 /244

- 5 "天人相应"的三种解释 /246
- 6 阴阳家和先秦诸子 /251
- 7 结语：阴阳五行说对中国人影响最深最广 /256

第九章：杂家：博采众长的混合家 _____ 263
- 1 黄老学派：曾是汉初官方意识形态 /266
- 2 《吕氏春秋》：融合各派思想不够，但自成体系 /278
- 3 结语：杂家有综合无融合 /289

第十章：《易传》《中庸》及《大学》的思想 _____ 293
- 1 《易传》：解释《易经》的专书 /295
- 2 《中庸》：贯穿儒家思想 /306
- 3 《大学》：道德和政治结合的学问 /313
- 4 结语：《易传》《中庸》《大学》是对孔、孟、荀思想的综合 /319

总结 _____ 323
- 1 七派、九流、十家 /326
- 2 儒家思想与现代社会 /333

> 春秋战国是一个乱世，但同时又是思想开放、百家争鸣的时代，各家各派的思想或多或少都是对于这个乱世的响应。以下我们会先了解孕育这些思想的时代背景，然后再探讨影响某些重要思想的上古观念。

导论

哲学思想对一个乱世的响应

```
                                    ┌─ 社会变迁 ─┐              ┌─ 诗经：天的观点
春秋战国时期  时代背景  特点 ├─ 士的兴起 ─┤ 孕育  上古的观点 ├─ 书经：民本思想
                                    └─ 百家争鸣 ─┘              └─ 易经：宇宙秩序
```

 梁老师为你讲述先秦诸子百家的不朽传奇
品鉴指南助你轻松看懂七派、九流、十家
作者一对一解答哲学难题，扫码即可获取

诸侯、士人、思想家们在忙什么?

春秋战国的时代背景

■ 社会变迁：诸侯国开始不把天子当回事

春秋时，周天子的权力开始衰落，周朝定下来的礼仪制度已失去规范力，诸侯们都不再遵守。例如：朝贡本来是诸侯对周天子的义务之一，但到了春秋时代，不纳贡的事时有发生。另外，西周时各国的兵力都有严格的规定，但春秋时，诸侯国不断扩充军力，甚至兴师与天子对抗，周天子已没有能力维持诸侯国间的秩序，于是各国起兵互相攻伐，争做霸主。

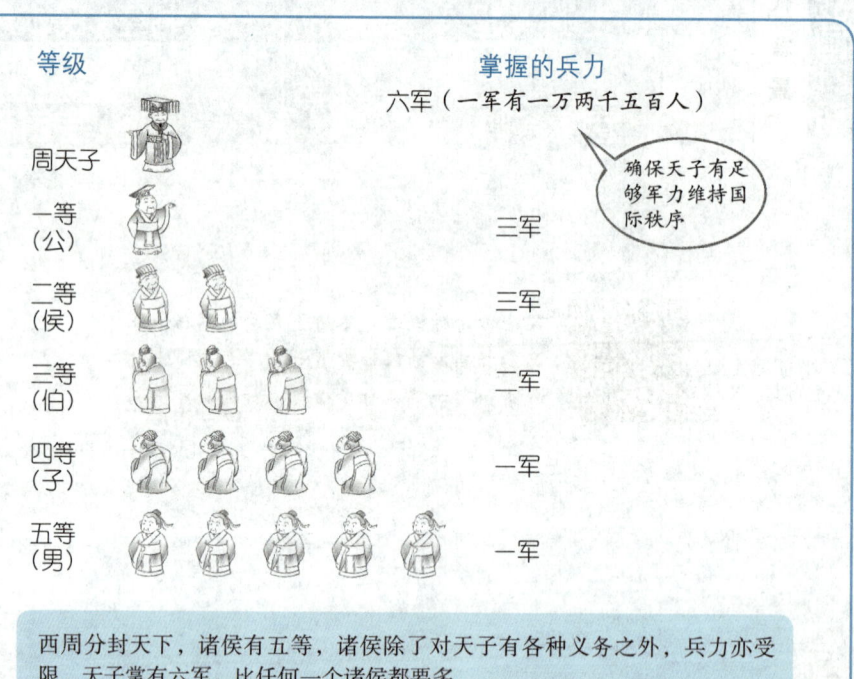

西周时诸侯兵力的限制

等级	掌握的兵力
周天子	六军（一军有一万两千五百人）
一等（公）	三军
二等（侯）	三军
三等（伯）	二军
四等（子）	一军
五等（男）	一军

确保天子有足够军力维持国际秩序

西周分封天下，诸侯有五等，诸侯除了对天子有各种义务之外，兵力亦受限，天子掌有六军，比任何一个诸侯都要多。

西周时诸侯们都安于本分，但为什么到了东周（公元前770—前256）却竞相争霸、不尊王室呢？是人心变了吗？但人心为什么会变呢？钱穆先生认为由于周平王有弑父之嫌，其身不正，致令周室威信尽失，所以才会有东周的乱局。这当然是原因之一，但我认为更重要的原因是社会条件的改变，动摇了原来的社会结构，造成春秋战国的乱局。

简单来说，那就是生产力的提升。生产力提升，首先源于生产工具的改良，那就是铁器的使用和用牛耕田；生产力提高就会动摇旧时的生产方式，原本农民只是替贵族工作，自己并未拥有土地，但生产工具改良之后，个体户成为可能，于是贵族改以征税，农民缴税之后就可拥有余下的产品，所以农民就有了工作的动力，生产力进一步提升。

农业经济发展之后，就会带动贸易，尤其是跨国的贸易，商业繁荣自然会累积财富，造就了富有的商人阶级，他们又会用财富来谋取权力和地位（当时商人的社会地位很低），吕不韦就是很好的例子。商业繁荣的结果是人口增加，城市壮大，对土地及其他资源的需求又相应增强。

一方面商人的兴起会带动社会的改变；另一方面商业繁荣会刺激人的欲望，但旧有的制度却不能适应这些转变，乱局因而产生。儒家将春秋战国之乱归咎于人不能节制欲望，但其实欲望才是社会发展的主要推动力，人人都想发挥自己的能力，活得更好更精彩，而周的礼制却是阻力。例如楚国国君原本的爵位是子爵，但他一直都不满意爵位低微，并数度称王，要跟天子平起平坐。从儒家的角度来看，楚称王是违反礼制，甚至是以下犯上，大逆不道；但从楚的角度来看，天子之位不可以是有能者居之吗？追求自己的人生目标有什么问题呢？国家不是也需要发展吗？问题是，人与人相争，国与国相斗，就会产生冲突甚至战争。到了庄子的年代，各国君主都纷纷称王，西周定下的社会制度已不适合社会发展的需要。

■ 士的兴起：被垄断的知识开始传入民间

原本一切知识都掌握在皇室和贵族手中，但亡国令他们失去昔日的地位，原来被垄断的知识也开始传入民间，孔子的私人讲学之风，私人著书立说也开始盛行。社会变迁打破了旧有的社会阶级，带来了社会流动，又进一步加速了社会的变迁。

提出不同学说，推动社会改变的主要是"士"这个阶层。士可以说是最低级的贵族，一般受过良好的教育，但都未必有家业，所以要出外谋生。士人既没有领地，也没有世袭的爵位，不像一般的贵族，是既得利益者，所以他们会热心于改变，以争取更多的利益；更重要的是，他们有的是学识，用今天的话讲，"士"就是所谓知识分子、精英分子，当时社会变动，各国都要图强，最需要的就是这些人才。后来战国还有养士之风，那个时候的士已经成为一个重要的阶层，也不一定是贵族出身，可以由平民晋升。

孔子出生于没落的贵族，他的身份就是"士"，由于他有礼仪的专业知识，称为"儒士"。道家是"隐士"，墨家是"武士"，法家是"法术之士"，名家是"辩士"，阴阳家是"方士"。由此可见，春秋战国的思想，都是来自"士"这个阶层，跟商人一样，士人也是推动社会改革的主要力量，回顾人类历史，重要的社会改革都是由中产阶级（商人和知识分子）所带动。

周天子只是联盟的首领，周分封"诸侯"，封地称为"国"，但天子不能干涉每国的内政。有些封国是天子的兄弟，例如鲁是周公的封国；有些是功臣，例如齐是姜太公的封国；有些则是降臣，例如宋。诸侯可以分封"大夫"，封地称为"家"，大夫多是诸侯的兄弟；士则是最低级的贵族，为大夫做事的就叫作"家臣"。

周的贵族等级及其待遇

等级对象		资产	祭祀对象
天子 （只是联盟的首领）		拥有天下（名义上）	天下名山 
↓ 分封			
诸侯	 寡人乃天子的兄弟（或功臣、降臣）也！	拥有封国	封国内的名山 
↓ 分封			
大夫	 陪臣某正是诸侯的兄弟！	拥有采邑（家）	家庙 
士	 夫子我也是士哩。	拥有田，没有治权	

■ 百家争鸣：儒、道、墨、法等家的兴起

虽说是百家争鸣，但实际有影响力并且称得上是思想体系的，则只有儒、道、墨、法四家。儒、道、墨三家受上古观念影响比较大（下文会解释），相对来说，法家则比较正视社会的变迁（如商业兴起、城市壮大），提出与时俱进的法治思想。或者可以这样说，儒、道、墨重视的是道德与政治的关联，而法家则只讲现实的政治。

除了这四家外，我还会讨论名家、兵家、纵横家、阴阳家、杂家及《易传》《中庸》和《大学》的思想。一般讲哲学史的书都不会包括兵家和纵横家，但我认为这只不过是困于狭隘的哲学观，兵家和纵横家在当时都是很重要的思想，实应占一席位，用现代的眼光看，兵家就是军事学，而纵横家则是外交学，即使在今天，军事和外交也是很重要的学问。至于阴阳家，可以说是当时的科学家。名家专注讨论语言逻辑的问题，纯学术的成分较高。《易传》和《中庸》主要涉及形上学，跟道家有相同之处；当然，《易传》和《中庸》属于儒家，但跟孔、孟、荀等先秦儒家不同，孔、孟、荀专注于伦理政治的范畴，比较少谈形上的问题。

我会将儒、道、墨归为一类，因为三家都重视道德理想；法家、兵家和纵横家归为另一类，因为政治、外交和军事三者不但关系密切，而且重视现实性，或者可以这样说，广义的政治学包括了军事和外交。阴阳家研究的是自然现象，故自成一类，不过道家、《易传》和《中庸》跟阴阳家有关，因为形上学和自然科学尚未区分出来。名家也自成一类，不过墨家有墨辩，也是讨论语言逻辑的问题，故两者又有相同之处。杂家最迟出现，试图综合各家的优点，但常被评为缺乏中心思想，理论薄弱，拼凑成分较多。

西汉刘歆总结先秦的学说，提出了十家思想，其中小说家不及其余九

家重要,故有"九流十家"之说。我则认为"九流十家"中的农家也不甚重要,因为农家思想主要涉及农业的技术,即使是跟孟子辩论的许行,也不过是墨家的一个旁支。刚好我在这里讲的也有十家思想,《易传》《中庸》及《大学》算作一家,但其实这家又可归入儒家,不妨戏称为"新九流十家"。

先秦思想的来源和分类

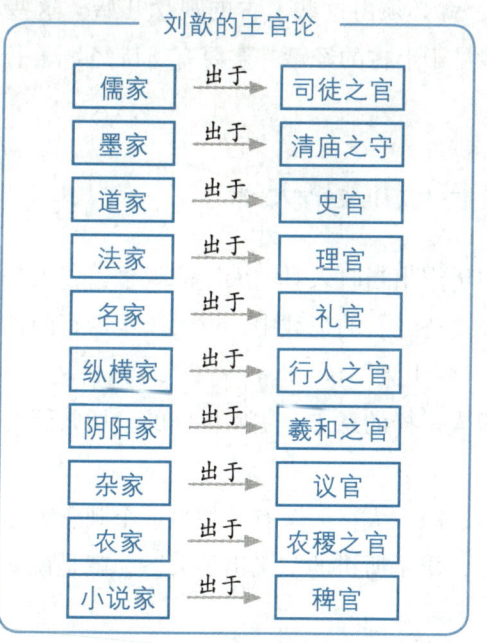

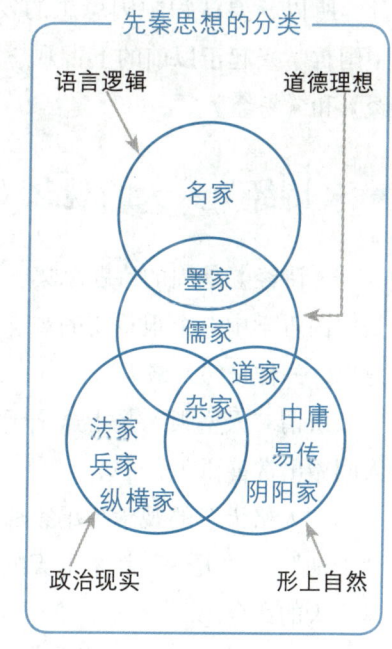

刘歆认为诸子的思想都是来自官学,并且追溯哪一家来自哪一种官。诸子源于官学大抵没有错,知识原本被贵族垄断,这些官都是世袭的,但若说每一家都来自某一个官,却又过于牵强。

传统文化主流形成前的中国文化

上古的观念

一般认为，儒家是中国传统文化的主流，在孔子之前并没有确定的思想体系。

所谓文化的自觉实产生于百家争鸣的春秋战国时期，中国以后两千多年的文化路向也是在这时所确立的。

但孔子也不是凭空创立他的思想体系，他对上古的观念（这里主要是指西周的观念）是有所继承的。虽然只是一些零散的观念或原始的信仰，我们却不可轻视，它们对以后中国思想的形成和发展有很重要的影响。

所以，要认识中国思想的发展，就必须由这些上古的观念开始。这些中国哲学兴起于以前的上古观念，多见于上古的经籍，主要有《诗经》《书经》和《易经》。

■ 《诗经》：天的观念（形上天和人格天）

《诗经》是周的诗歌总集，诗中透露出当时人对"天"的观念。"天"是中国哲学中一个很重要的观念，在《诗经》的记载中，"天"至少有两种意思，一种是"人格天"，另一种是"形上天"。

所谓"人格天"是指这个天有像人一样的意志，主宰世间的一切并能对人间做出赏善罚恶。

"人格天"的观念为墨家所继承，跟"人格天"有关的另一个观念就是"天命"，"天命"就是上天的命令，墨子所讲的"义出于天"，就是说义是上天的命令。

至于"形上天"的观念，是指天道（天的法则）为万物存在的最后根据。要注意的是，中国上古这个"形上天"观念已含有道德的意义。

《诗经》关于"形上天"的记载

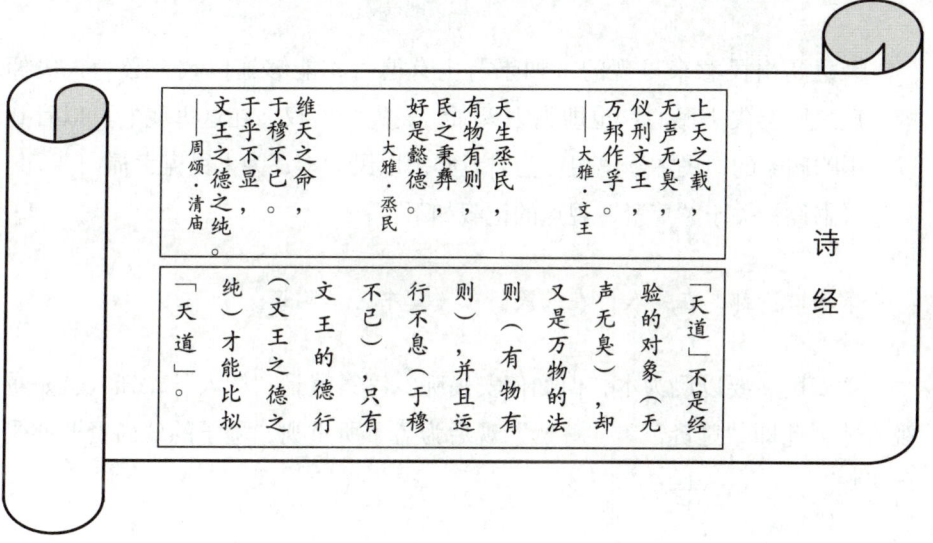

诗经

「天道」不是经验的对象(无声无臭),却又是万物的法则(有物有则),并且运行不息(于穆不已),只有文王的德行(文王之德之纯)才能比拟「天道」。

上天之载,无声无臭,
仪刑文王,万邦作孚。
——大雅·文王

天生烝民,有物有则,
民之秉彝,好是懿德。
——大雅·烝民

维天之命,于穆不已,
于乎不显,文王之德之纯。
——周颂·清庙

《诗经》中已有"以德配天"的观念。

■ 《书经》:民本思想

《书经》又名《尚书》,是周的官方文件。"以德配天"的观念在《书经》中表现得更为明显。周伐商成功后,明白了上天并不永远保佑一家一姓的政权,君主虽是受天命来治理人民,但天命不常,它只保佑有德之人。那我们如何了知天命呢?那就要看人民的反应。

其中，《书经》关于"民本"思想的记载如下：

天聪明，自我民聪明；天明威，自我民明威。（《虞书·皋陶谟》）

天意是由民意来显现的，如果君主有德行，能够施仁政，必为人民拥戴；反之则会失去民心，也即失去天命，丧失统治权。在这里我们可以看到以后影响儒家的"民本"思想。为君者必须以民为本，为人民谋幸福。

《书经》关于"尊贤"观点的记载如下：

皋陶曰：都，在知人，在安民。（《虞书·皋陶谟》）

"安民"要以民为本，但如何安民呢？答案就是"知人"，知人就是重视人才，此即"尊贤"。"尊贤"观后为孟子所重视，墨子的"尚贤"亦受此影响。

■ 《易经》："天"是宇宙秩序

上古"天"的观念是"人格天"与"形上天"并存，但"人格天"的地位并不显著，它的主要作用似乎只决定政权的兴废，而且只支持有德者。当然，上古时代的占卜亦是诉诸天意，但这个天却并不十分具有人格神的色彩，反而更像是宇宙的秩序，我们或可称之为"宇宙天"。这就是《易经》中"天"的观念。

《易经》是上古一部占卜的书，六十四卦所代表的就是宇宙人生中各种可能的事态，也即对宇宙秩序的描述。占卜之所以可能是它假定了天人之间有感应的关系，这种"天人感应"的观念对日后的汉儒影响至深。

除了宇宙秩序之外，《易经》也涵蕴着一些哲学观点，例如"物极必反"和"居中"，对道家和儒家的思想都有直接的影响。下面我以干卦为例，加以说明。《易经》有两种符号，称为阳爻和阴爻，阳爻叫九，阴爻称六：

阳爻 ▬▬▬▬▬　　　　阴爻 ▬▬ ▬▬

以三爻为一组，阳阴二爻共有八种不同的组合方式，称为八卦。八卦两两相配，称为重卦，总共有六十四卦。干卦就由两个"干"组成，六爻皆阳：

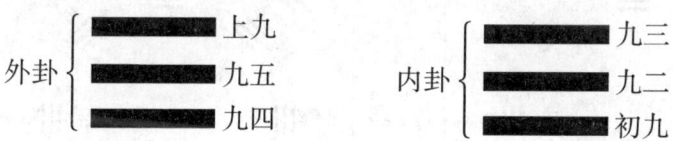

六十四卦每卦都有爻辞和卦辞，卦辞是用来解释整个卦的，爻辞则解释事态发展的六个不同阶段。干卦的爻辞如下：

初九，潜龙，勿用。

九二，见龙在田，利见大人。

九三，君子终日干干，夕惕若。厉，无咎。

九四，或跃在渊，无咎。

九五，飞龙在天，利见大人。

上九，亢龙有悔。

干卦的卦辞是"元，亨，利，贞"，是吉卦，但最后一爻却是"亢龙有悔"，有悔当然是不吉，由此带出"物极必反"的道理。同理，若是凶卦的话，最后一爻又往往是吉的。

两种八卦图

八卦代表八种自然现象：天、地、日/火、月/水、风、雷、山、泽。

先天八卦图

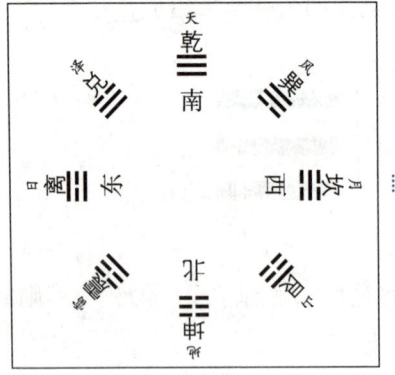

后天八卦图

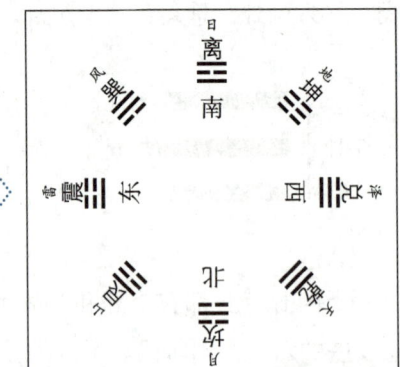

相传伏羲画八卦，只有图，没有字；后来周文王为六十四卦作爻辞和卦辞，文王的八卦图跟伏羲的在方位上不同。

再看干卦的爻辞，二爻和五爻都是吉的，这就是"居中"的道理。即使是凶卦，二爻和五爻也往往较其他爻为好。"物极必反"讲的是事物的变化，"居中"就是顺应变化，在变中求不变。我认为"物极必反"对道家的影响较深，而"居中"则发展成儒家的自处之道，即中庸之道。

如前所述，上古时代的"民本"和"尊贤"这两个涉及政治层面的观念为孔孟所继承；至于《易经》中的"宇宙秩序"和"天人相应"的观念则影响了日后的《易传》和汉儒；而"形上天"的观念先启发了先秦的道家思想，又形成了后来儒家"天人合一"的思想；"人格天"的观念则为墨家所继承。

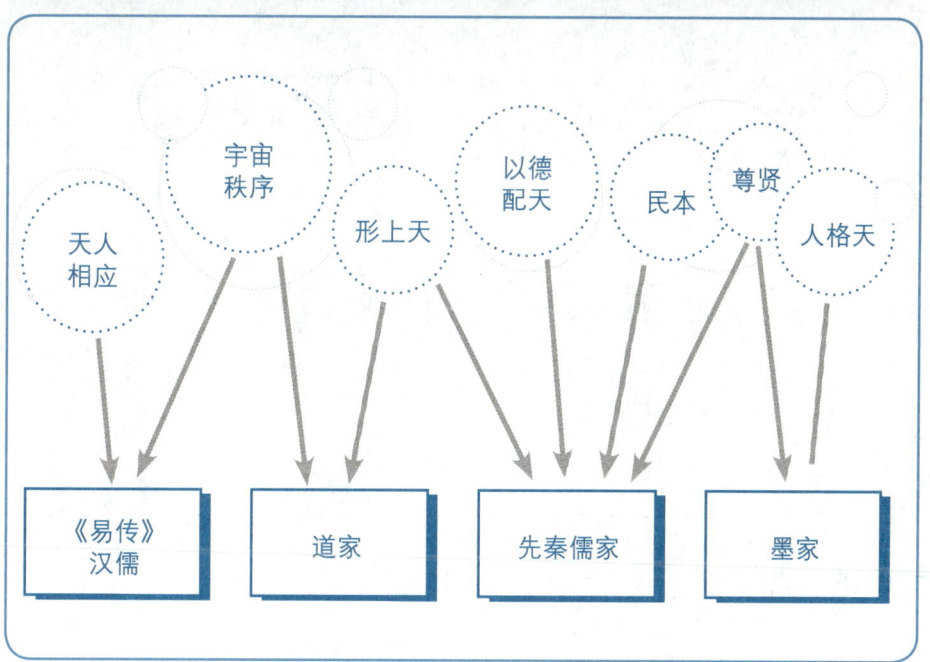

上古观念影响了后来哪些思想流派？

志于道，据于德，依于仁，游于艺。

——《论语》

第一章

儒家：贯穿华夏历史的主流思想

儒家是中国历史上第一个系统性思想，也是中国文化的主流思想，无论是政治制度、社会结构还是人格心理，我们都受到儒家思想的深远影响。

先秦儒家有三个代表人物，孔子是儒学的创始人，孟子是最重要的继承者，而荀子则常被判定为令儒学走入歧途、由儒入法的罪人。不过，我的看法是，荀子也是孔子的重要继承者，只不过很多人受宋明儒的道统思想影响，认为只有孟子才是孔子的真正继承者。

1 欲以一己之力拯救时代
孔子：儒学奠基人

孔子（公元前552—前479）生于春秋末期鲁国，祖先则是宋国的贵族，因避难而迁至鲁国。

正如导论所言，孔子的思想是响应时代的挑战。春秋正是礼坏乐崩、社会秩序大乱的动荡时代。周天子名义上是共主，但诸侯们已不再遵守周朝订下的规范，周天子亦没有能力解决诸侯之间的纷争，结果是诸侯们为争夺利益而互相攻伐，人民生活在战乱之中，非常痛苦。除了国与国的战争外，一国之内也常有以下犯上的叛乱，例如孔子身处的鲁国就有"三桓之乱"。三桓就是季孙、叔孙和孟孙三位卿大夫，他们把持朝政，有一次鲁昭公想讨伐季孙，反被季孙联合叔孙和孟孙打败，并驱逐出鲁国，后来，季孙的家臣阳虎也起来造反，险些就杀了季孙。

面对这个乱局，孔子提出了救世的主张，就是重建周礼。孔子认为，周礼没有问题，问题出自人身上，只要人能控制自己的欲望，提升道德修养，社会自然会恢复秩序。孔子周游列国，宣扬他的主张，但始终得不到重用，后来回到鲁国，全心投放在教育上，并对古文化做出整理，删诗书，订礼乐，作春秋，死后弟子将其言行结集成《论语》，该书足以代表孔子的思想。

孔子开创平民教育的先河，有教无类，弟子多达三千人，所谓"化三千，七十二"，突出者有七十二人，其中有十个特别优秀。

孔门十大弟子

四科	德行	言语	政事	文学
十大弟子	颜渊、闵子骞、冉伯牛、仲弓	子贡、宰我	子路、冉有	子夏、子游

■ 仁、义、礼贯穿于孔子的思想

孔子主张恢复周礼。狭义的"礼"指祭祀时的礼仪,广义的"礼"则泛指一切行为规范;换言之,孔子要恢复的是在西周已建立好的社会秩序。单是这样并未见得孔子有过人之处,孔子的重要性在于进一步探求"礼"的根源,以及一切礼仪制度背后的根本意义,为此孔子提出"仁"这个观念。

"仁"在孔子的言论中经常出现,但似乎每次出现皆有不同的意思,例如,颜渊问仁,孔子答:"克己复礼为仁。"(《论语·颜渊》)仲弓问仁,孔子则答:"己所不欲,勿施于人。"(《论语·颜渊》)子张问仁,孔子又答:"恭、宽、信、敏、惠。"(《论语·阳货》)樊迟问仁,孔子则说:"爱人。"(《论语·颜渊》)樊迟另一次问仁,孔子却说:"居处恭,执事敬,与人忠。"(《论语·子路》)难道孔子对"仁"的看法摇摆不定吗?当然不是,"仁"其实是指人之所以为人所具备的特性,即人的自觉心,自觉到要追求正当。

用现代哲学术语讲,"仁"可指道德主体,每一个人都是道德主体,都有分辨是非善恶及行善去恶的能力,而"礼"正是内在"仁心"的外在表现。所谓"人而不仁如礼何"(《论语·八佾》),孔子认为没有仁,礼只是徒具形式。假若大家都依据"仁心"来行"礼",则社会自然会恢复本来的秩序。由此可见,孔子并不是盲目维护传统,他探求礼之本,就是要为周礼提供理据。

但在"仁"和"礼"之间,还有一个中介概念"义",义就是正当。为什么我们要遵守"礼"呢?因为这些行为规范本身就是正当的,合乎"义",用今天的话讲,义就是义务或责任。虽然孔子没有明确说出仁和义的关系,但从"小人喻于利,君子喻于义"(《论语·里仁》)这句话中可了解到小人只追求个人利益,君子则追求义;利是出于私心,义则出于公心,那么义也是道德自觉心的要求,也即"仁"的表现。仁心是人的内在要求,它有自主性,正如孔子所说:"我欲仁,斯仁至矣"(《论语·述而》)。

古人为何要守孝三年？

礼 — 一套行为规范

↓ 出于

义 — 正当或责任

↓ 出于

仁 — 判断是非和行善去恶的能力

三年之丧

↓ 因为

有孝顺父母的责任

↓ 因为

道德自觉

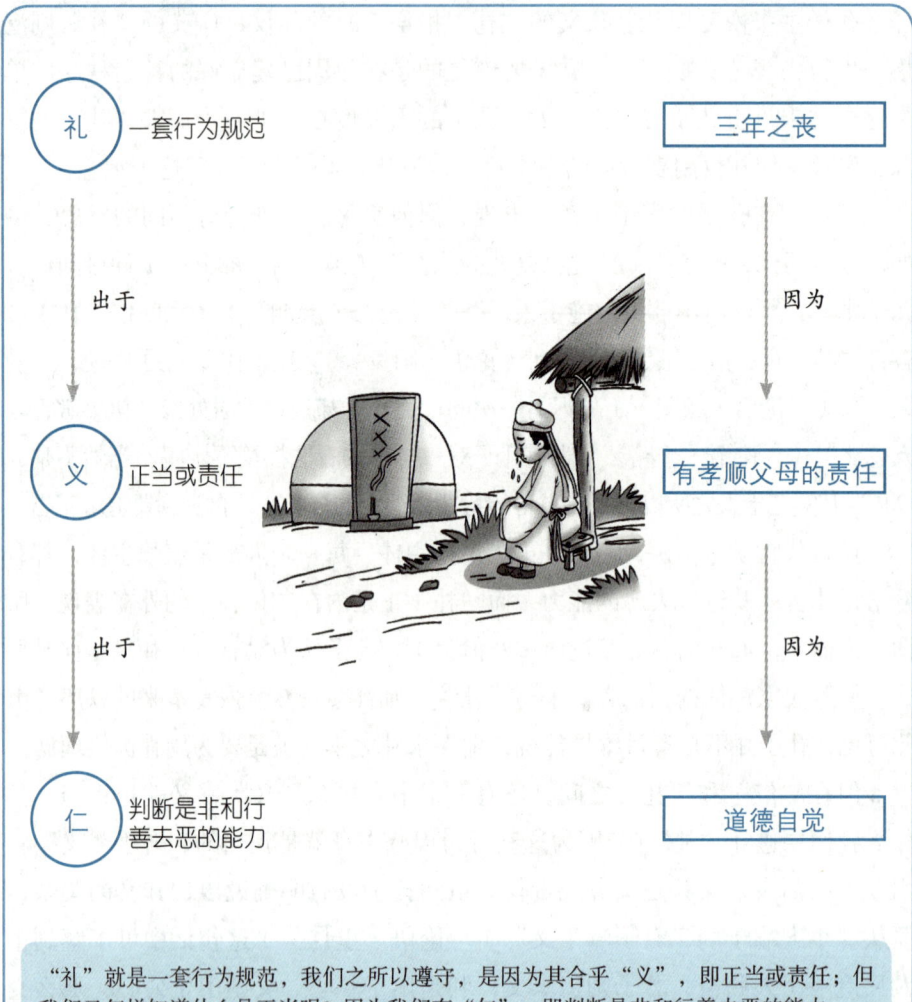

"礼"就是一套行为规范，我们之所以遵守，是因为其合乎"义"，即正当或责任；但我们又怎样知道什么是正当呢？因为我们有"仁"，即判断是非和行善去恶的能力。

■ 仁的三个面向

从前面孔子回答什么是"仁"的对话中，我认为仁可以归纳为三个主要面向，分别是"爱人""恭敬"及"恕"（"己所不欲，勿施于人"）。

— 爱：由"孝"推广到大爱

儒家所讲的爱之中，最重要的当然就是对父母的爱，即孝。所谓"百行以孝为先"，"先"有两个意思，一个是重要性的先，即孝是最优先的价值，当孝和其他价值有冲突时，孝具有优先性；另一个是时间性的先，我们一般首先面对的人就是我们的父母，所以最先发展出来的品德就是"孝"。但孝只是起点，我们应该将爱推广，去爱其他人。

— 敬：对人的重视与尊重胜过一切

儒家所讲的"敬"，是指以诚恳的态度去做人处事，无论对什么人都应尊重，用现代哲学术语讲，就是尊重人的内在价值。

有一次，孔子发现马厩大火，便问："伤人乎？"（《论语·乡党》），后面却加了一句"不问马"。须知在当时的社会，马是很重要的财物，而打理马厩的大概都是身份低贱的平民，孔子问人不问马，可见他对人生命价值的重视。我们常说孔子继承了周的人文精神，人文精神的一个意思就是对人尊重，把人当人来看待，这跟商的鬼神信仰比较，有很大的分别：商朝还有用活人殉葬和活人献祭的传统，到了周朝就被废除了。

— 恕：己所不欲，勿施于人

意思是不想别人怎样对待自己，也不应这样待人，即设身处地，为他人着想。例如自己不想被人伤害，也不应该伤害别人。这个原则又称为"黄金律"（golden rule），因为它跟《圣经》的黄金律（你想别人怎样待你，你就应这样待人）相似。不过有人误解了这个原则，以为《圣经》的黄金律较为优胜，因为它比前者积极。但其实两者可以表达相同的意思，根据《圣经》的黄金律，我们也可以说："我想别人不伤害我，我也应该不伤害别人。"

"仁"与孔子

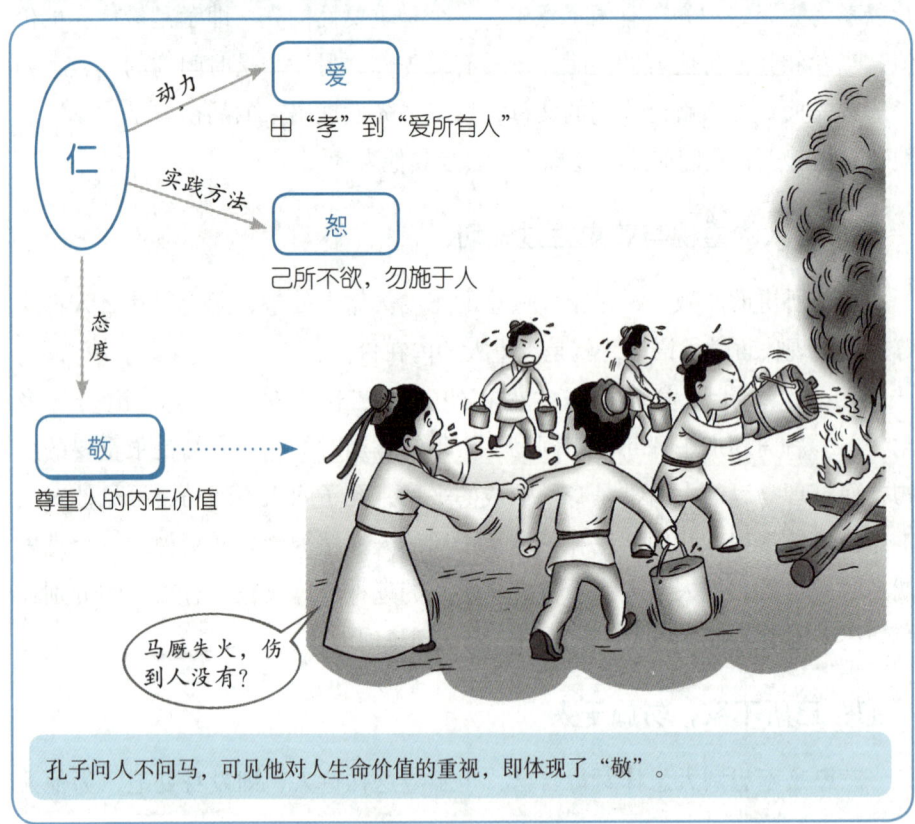

孔子问人不问马，可见他对人生命价值的重视，即体现了"敬"。

■ 后来变成吃人礼教的政治主张：礼治

孔子强调在礼制之下，每人都有自己应尽的义务，由此可带出"正名"的主张，正名就是"君君、臣臣、父父、子子"（《论语·颜渊》），意思是居于何种地位的人，就应尽这个地位所要完成的义务，例如君主应该尽好君主的义务，臣子应该尽好臣子的义务。当然，孔子针对的是当时君不君、臣不臣，诸侯僭越天子、大夫僭越诸侯、家臣又僭越大夫的混乱情况。

根据君臣应尽的义务，在政治方面，孔子有一套德治主张，即所谓"圣君贤相"，由此可见，孔子将政治层面看作是道德生活的延续，在政治上我们要求的只是圣君贤相，却未注意政治权力本身的合理性及政治制度本身是否可变等问题。

具体来说，君主应该做些什么呢？孔子认为君主不应诉诸武力和威吓来维持统治，他说："道之以政，齐之以刑，民免而无耻；道之以德，齐之以礼，有耻且格。"（《论语·为政》）用刑罚只会令人民不敢犯事，但不能帮助他们提升德行，应该用礼来指导行为，因为礼可以帮助我们更好地发展德行。正如他说："恭而无礼则劳，慎而无礼则葸，勇而无礼则乱，直而无礼则绞。"（《论语·泰伯》）恭（尊敬）、慎（谨慎）、勇（勇敢）、直（率直）都是好的品德，但如果没有礼的调节，则会产生劳（疲劳）、葸（懦弱）、乱（鲁莽）、绞（不理会人的感受）这些问题。除此之外，礼的另一个功能就是带来社会和谐，此所谓"礼之用，和为贵"（《论语·学而》）。

对孔子来说，统治者的责任是指导人民，培养品德，成就有秩序的和谐社会。简言之，孔子的政治主张就是礼治。

不过，礼治思想背后是不平等的阶级制度，而将道德看成是政治的延续也有不少弊端。这些问题我们会在本章结语中进一步讨论。

礼是空洞、迂腐、无用的吗？

墨子：礼无用？

墨子认为儒家"执无鬼而学祭礼"，同没客人却学待客之道一样荒谬。

荀子：礼重要！

抬头三尺有神明！

荀子反击墨子"蔽于用而不知文"，只求实用，不懂得礼的重要性。

礼 ⇣ 培养 → 敬畏、虔诚 → 建立社会秩序 / 塑造个人品德

■ 忠恕之道：通向君子、圣人的途径

或者可以这样说，儒家学说的精要之处并不在于政治层面，而是落在个人修养方面。要成为一个君子甚至圣人，必须有一定的途径可循，即儒家的工夫论。孔子强调成德（德行的成长）的途径在于"忠恕之道"。

宋儒朱熹以"尽己之心"解释"忠"，即做人做事，必须尽心尽力；以"推己及人"解释"恕"，即对人尽量宽恕和包容。通过忠恕这些工夫来锻炼我们的意志，最终就能达致大公无私的君子境界。

对儒家来说，人生的意义就是成为君子甚至圣人，正如《大学》所言："自天子以至庶人，壹是皆以修身为本。"（从平头百姓到皇帝，都要把修身放到首位。）

■ 义命分立：成败非天定

天命有两个意思，一个是"命令"，另一个是"命定"。命令跟一个有意志的天有关，这个有意志的天能主宰人间的一切，又可以给予某人使命；命定并不是一切由命运决定的宿命论，而是纯粹指客观条件的限制。但有意志的天在孔子的思想中并未占很重要的位置，孔子的态度是敬鬼神而远之，强调人的自觉努力，并认为即使明知不能成功，有些事人还是有责任要做，这就是其"知其不可而为之"的精神。

孔子主张"义命分立"，"义"是人的责任，"命"是客观的限制，"义命分立"即人应该努力完成自己的责任，但是否成功受制于客观条件，即使不成功，也不应该怨天尤人，只求尽力完成自己的责任。

孔子的"忠"就是忠君吗?

管仲本是公子纠的家臣,公子纠被公子小白杀后,管仲不仅活得好好的,还辅佐公子小白(齐桓公)当了霸主……

很多人误解了孔子所讲的忠,以为"忠"是忠君,其实孔子只强调臣子的义务,并非要盲目听从君主,更没有必要"君死臣死"。

打造儒学体系

孟子：孔子的正牌继承人

孟子（公元前372—前289）生于战国中期，邹国人。孟子是子思学生的学生，而子思则是孔子的孙子，受教于曾子。孟子以继承孔子的思想为己任，跟孔子一样，也周游列国，宣扬自己的学说，并自诩为王者师，即君王的老师。虽然孟子没有从政的机会，但很受诸侯的欢迎，周游列国时的车队有百人以上；晚年退隐，与弟子万章等作《孟子》。

孟子身处战国年代，战事比春秋更惨烈，孟子亦知复兴周礼无望，所以转而要求国君行仁政。

■ 引起后世误解的"性善论"

孔子虽是儒学的创始人，但他只是提出一些基本的观念，指出文化发展的大方向，并未建立一套理论体系。真正建立儒学体系的人是孟子，著名的"性善论"便是将孔子的"仁心"的理论化。孔子说"仁"，却未加证立，孟子的"性善论"就是用来证明"仁心"的实有。

孟子的"性善论"历来引起很多误解，甚至有人将荀子的"性恶论"跟"性善论"对立起来。事实上，孟子所讲的"性"和荀子所讲的"性"并不是同一个意思。既然他们是就不同的东西而言善或恶，那自然不是真正的对立。简单地说，孟子所讲的"性"是人类异于禽兽而具备的独有性质，类似于西方亚里士多德所讲的"本质"。孟子说："人之异于禽兽者几希，君子存之，庶民去之。"（《孟子·离娄下》）人跟其他动物不同之处其实很微小，这种独有的性质就是人向善的能力、自觉到判别是非善恶的能力，也即"仁心"，故称这种"性"为"善"。

而荀子所讲的"性"则泛指人与生俱来的性质，包括人的本能和欲望，如果不加以节制，就会产生恶。

孟子用"孺子将入于井"这个例子来证明人性是善的。孟子指出在这种情景之下，我们能够亲身体验到跟个人苦乐、利害无关的"恻隐之心"，也即"仁心"。

仁心的四种表现

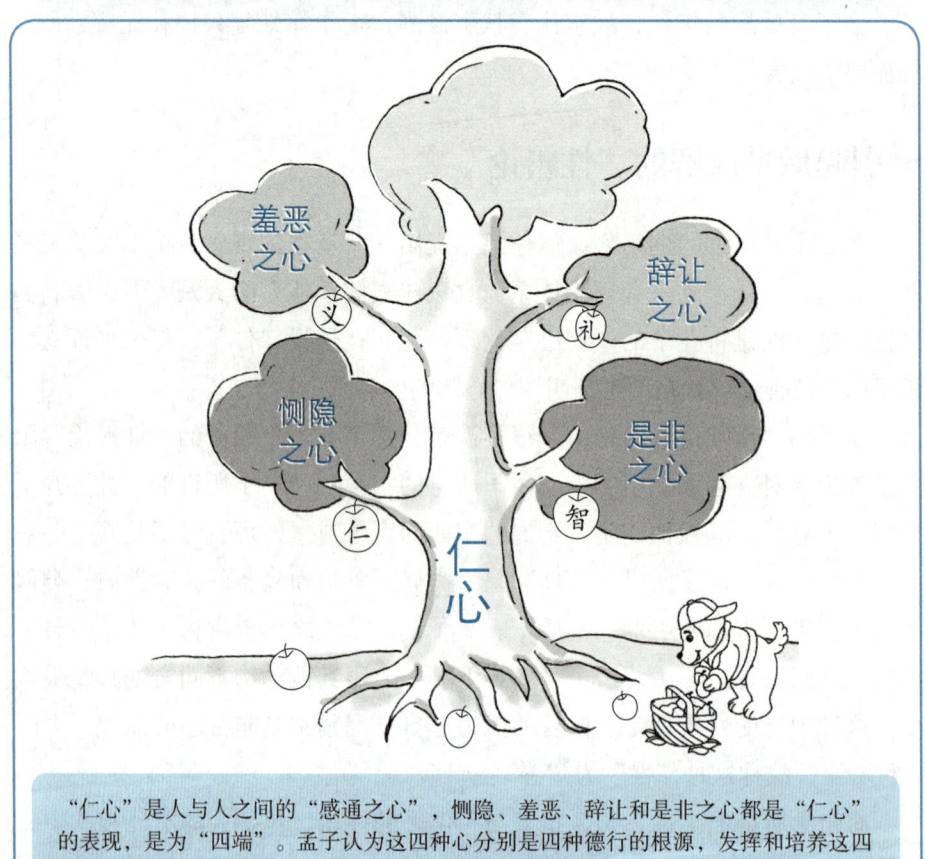

"仁心"是人与人之间的"感通之心"，恻隐、羞恶、辞让和是非之心都是"仁心"的表现，是为"四端"。孟子认为这四种心分别是四种德行的根源，发挥和培养这四种心，可成就"仁""义""礼""智"四种德行（四德）。

■ 君主的义务是行仁政、王道

在为君的义务中,孟子比孔子说得更具体,就是行"仁政""王道",什么是仁政、王道呢?简单地说,就是为君者必须为人民谋幸福,使人民能够安居乐业。正如孟子所说:"民为贵,社稷次之,君为轻。"(《孟子·尽心下》)假若为君者不能尽他的义务,反而残害百姓,孟子认为人民有权推翻暴君,正所谓"闻诛一独夫,未闻·其君"(《孟子·梁惠王下》),像商纣这样残暴不仁的君主,已失去做君主的资格,人民有权推翻他的统治,所以周文王只是杀了一个恶毒的人,并没有弑君。但革了命之后,谁来当君主呢?孟子认为由天命来决定。但谁是天命所归呢?就是得民心者,所谓"得民心者得天下"就是这个意思。例如刘邦和项羽之争,最后是得民心者胜出,但在此之前,却要经过一连串的杀戮。儒家的问题就是没有继续思考和回答"政权合理转移"的问题。

孟子的民本思想

关注民生	五十岁以上有棉袄穿,七十岁以上有肉吃,鳏、寡、独、孤者都得到照顾,还要与民同乐
体察民意	选贤要有民意基础,天命也以民心为依据
尊重臣民	君臣是对等的,君主视臣民如草芥,臣民也可视君主如草芥

孟子虽有"民为贵,君为轻"的民本思想,但他的意思不过是国以民为本,所以身为国家主人的君王应该明白人民的重要性,这与"人民才是国家的主人,国家领袖不过是人民的代表,所以人民有权改变政府"的民主思想实在相去甚远。

对儒家来说,政治只是道德的延续,内圣而外王,只要道德搞好,政治就没有问题,正如孟子相信只要君主行王道就会天下太平。

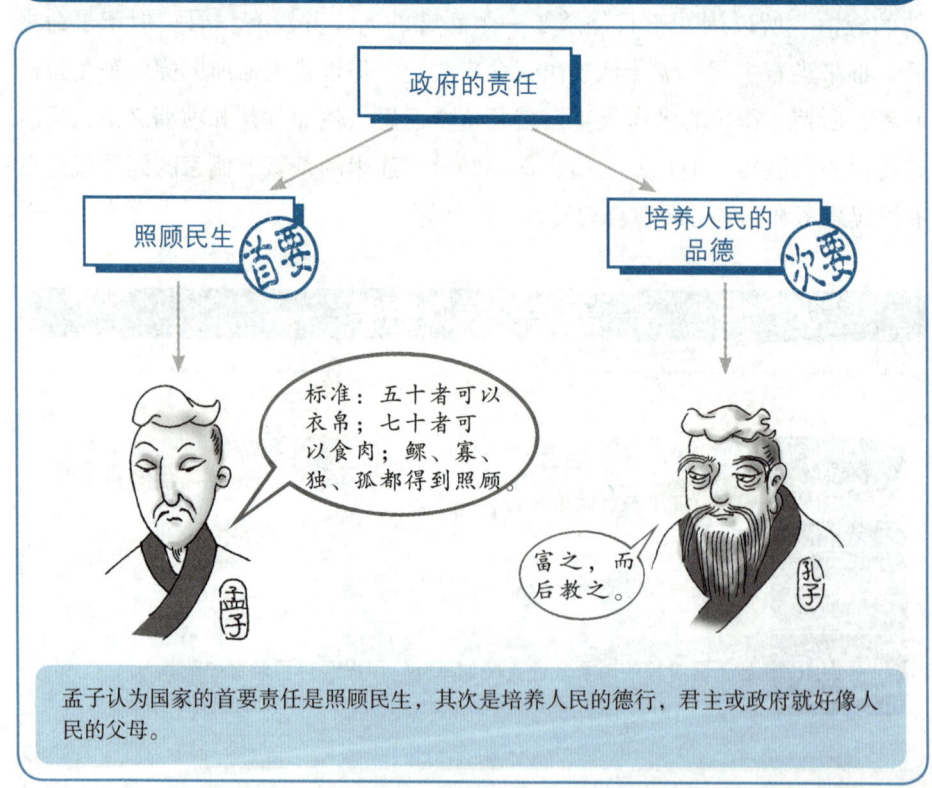

孟子认为国家的首要责任是照顾民生,其次是培养人民的德行,君主或政府就好像人民的父母。

■ 养气、知言：工夫论的要点

孟子的工夫论有两个要点："养气"和"知言"，目的是"养心"。心就是指仁心，即人能够明辨是非的道德自觉心，养心就是保持此心不受私欲蒙蔽，孟子的"求其放心"就是要将丢失的本心找回来。但这并不表示欲望本身就是恶，只是如果欲望太多，不能节制，就容易伤害他人，所以养心的方法就是寡欲。

不但要养心，还要将心扩充，正如前面所说，恻隐、羞恶、辞让、是非之心只是四端，必须扩充才能成就仁、义、礼、智四种德行，"老吾老以及人之老"也是心的一种扩充。

如何将心扩充呢？其中一个方法就是上面提到的"养气"。气本身是盲目的，人有气才会有力，如果人能够心志坚定，就可带动气，产生力量；气也会反过来影响我们的心志，令我们冲动行事。所谓养气就是将这股自然之气转化为孟子讲的"浩然之气"，也即儒家所谓"变化气质"，方法是凭借直、义和道，为人直即正直，内心真诚，言行合符义务和正道，从而产生巨大的力量。

"知言"就是善于分析别人的言论，对不合理的言辞（诐辞、淫辞、邪辞、遁辞）加以批判，指出其错误的地方（蔽、陷、离、穷）。不过，我认为孟子的反省标准太过以其道德观为中心，结果反而不能充分理解其他思想的价值，例如墨子的兼爱有别于儒家的推爱，就被视为无父的思想，以致墨子竟然被评为禽兽。

简言之，养心就是保持自觉心，养气就是将生理力量转化为精神力量，知言就是通过反省和批判不合理的言论，强化自觉心。

■ 正统儒家的一大核心主张：天人合一

除了内圣外王之外，天人合一是所谓正统儒家的另一个核心主张；又或者可以将天人合一看成是对内圣的进一步解释。

孟子说："尽其心者，知其性也；知其性，则知天矣。"（《孟子·尽心上》）意思是将心扩充就可知道人的本性，知道人的本性就可知道天道，天道即万物的本源。孟子还说："诚者，天之道也；思诚者，人之道也。"（《孟子·离娄上》）这句话可理解为"天道是真实的，而人可以通过道德实践去追求真实"。

换言之，人通过道德实践，可以体验超越的天道。这就是儒家所讲的"天人合一"，所以儒家思想可以叫作"道德形上学"，即通过道德实践达致形而上的境界，这跟康德所讲的由道德通向本体有相似之处。在这里，天有形上的意义，又有道德含义，故可称为义理之天。

孟子的天道观由《中庸》所继承，并有所发挥，往后影响了宋明理学。

简单来说，孟子断言人性本善，而《中庸》则进一步交代人性的来源，即天道，此所谓"天命之谓性"（《中庸·第四章》），孟子和《中庸》的关系会在第十章再说明。而孟子对人性和天道的说明，也正好是孔子学说的补充，因为孔子很少谈论性与天道的问题。

天人合一是儒家追求的最高境界，孟子则提出达此境界的六个层次，圣人是第五层。根据孟子的标准，孔子已经达到圣人的境界；但孔子却不承认自己是圣人，"若圣与仁，则吾岂敢？"（《论语·述而》），这不是孔子谦虚，而是他并不合乎传统的标准。圣人有三个必要条件，第一是天生聪明；第二是拥有政治权力，即王者；第三是对国家人民有重大贡献。所以在孔子眼中，只有尧、舜、禹、商汤、周文王等才有资格叫作圣人。由此可见，孟子已经改变了当圣人的条件。

孟子：人生修养的六种境界

人生修养的最高境界是天人合一，但要经过不同的阶段。孟子列出了六个阶段。

教出两个法家弟子的儒学大师

荀子：儒家的继承人还是异端？

荀子（公元前298—前235）生于战国后期，赵国人。荀子曾任齐国稷下学宫的主持人，总结并批判了先秦诸子的学说，甚具学术地位。跟孟子一样，荀子以推行孔子的主张为己任，不过他重视的是孔子的礼治思想。学术界一般认为荀子强调权威主义，令儒家走入歧路，最后被法家污染，例如劳思光先生就有类似的批评。的确，身为儒家大师，荀子却教出两个大法家韩非和李斯，晚年更入秦并赞扬秦国的法治，而且其本人也是礼法并举。但对法有所肯定并不足以成为法家，我认为荀子还是不折不扣的儒家，后面会加以解释。

当然，如果认为孟子代表的是儒家正统的话，荀子的思想的确有异于这个正统，但我认为荀子继承孔子礼治的思想，就当时的环境来说，是一个更务实的做法，而且比起孟子，荀子的思想涵盖范围更大，更重视经验和逻辑。例如孟子批评墨子"无父，禽兽也"，其实跟谩骂差不多，但荀子批评墨子"蔽于用而不知文"（《荀子·解蔽》），意思是只注重实用而不懂礼仪的功能，就更为客观和中肯。

■ 性恶论是说人性天生就是恶吗？

很多人误解了荀子的性恶论，以为他说人性天生就是恶。虽然荀子所讲的性是"生之谓性"，即人与生俱来的性质，包括人的欲望本能，但并不是说欲望本能本身是恶，荀子说："人生而有欲，欲而不得，则不能无求；求而无度量分界，则不能不争，争则乱，乱则穷。"（《荀子·礼论》）如果顺着人的欲望本能，不加以节制，就会引起争夺，导致混乱和伤害，这才是恶。所以，比较准确的说法是人性是倾向于恶的。

如果人性是倾向于恶的，那么，如何令人去恶从善呢？荀子说："人之性恶，其善者伪。"（《荀子·性恶》）性是天生的，不用学习；伪即人为，善可以通过学习而得来。但学习什么呢？那就是礼。荀子说："先王恶其乱也，故制礼义以分之，以养人之欲，给人之求。"（《荀子·礼论》）礼是圣人创造出来，用来定尊卑贵贱，据此来分配有限的资源，用以节制人的欲望，人通过学习礼就可以"化性起伪"。

孟子的性善论PK荀子的性恶论

■ 荀子的"礼"比孔子的"礼"多了强制性

礼是用来划分人和人之间的尊卑和阶级,要人安于本分,使人的欲望不会越过其身份的界限,继而维持等级秩序。

但荀子讲的礼跟孔子的礼有什么分别呢?我认为荀子的着眼点在于"防止恶",所以他讲的礼带有强制性;而孔子则着重人的自觉性,所谓"克己复礼",强调的正是人的自律性。

另外,荀子重视的是礼作为一种制度的意义,而不像孔子般强调周礼的内容。

荀子认为圣王的知虑(即思考抉择)能力比一般人优胜,所以能因应环境的需要,创造礼乐制度,人们应师法圣王,学习礼仪,才能去恶得善。另外,荀子提倡"尊君",因为君主作为领导者,有其重要的职责,就是以身作则,起模范和领导的作用;但荀子并不是盲目拥护君主,他也说:"诛暴国之君,若诛独夫。"(《荀子·正论》)像桀、纣这些暴君,一样可诛可废。

要建立社会秩序,除了礼制,荀子也重视法。他说:"人君者,隆礼尊贤而王,重法爱民而霸。"(《荀子·强国》)不过还是以礼为主。

孟子将王道和霸道看成是互相排斥的,虽然荀子也认为王道优于霸道,但两者可以合一,比孟子的主张更符合实际需要,因为一方面要实现外王,必须要落实有效的统治,而城市壮大和商业兴起等带来的社会变迁,礼并不足以应付,法实是因应时代的需要而生的,这一点在讲法家时再讨论。另一方面,战国后期的战争更为惨烈,没有足够的实力保护国家,又怎可推行仁政呢?孟子以为行仁政王道就能得天下,在当时崇尚武力的年代,实是天真的想法。

■ 与孟子"天人合一"叫板的"天人相分"

荀子对于天的看法有异于孔孟,孔孟讲的天命,是一个能主宰政权兴废的天,虽然在孟子那里天命是由民意来代表,人格天的意味已消失,但又加入了义理的成分,有很强的形上意味。荀子认为天是没有意志的,也不会主宰人间,对人进行赏善罚恶。对荀子来说,天有自己客观的规律,但跟人事没有关系,正所谓"天行常有,不为尧存,不为桀亡"(《荀子·天论》)。荀子所讲天的规律是类似自然科学的经验规律,并不是孟子所讲的形上规律,所以荀子反对孟子的"天人合一",而主张"天人相分"。

人有自己的职责,不受天的规律所决定,但天的规律却对人事的成败有决定性的影响,这跟"命定"(即客观限制)的意思相近。荀子认为人要认识天的规律,利用它来改善生活,此乃"制天命而用之"(《荀子·天论》)。由此可见,天人相分具有积极自强的意义,可摆脱人依靠鬼神的信仰和宿命论。

礼与法有何异同?

天子犯法与庶民同罪

礼和法都是维持社会秩序的手段,不过礼注重差异性,即不同身份地位的人有不同的规范要遵守;法强调平等性,即所有人都必须遵守。

正名论

自从孔子提出正名的主张，名实关系一直是先秦诸子的探讨对象。荀子对正名做出了全面的探讨，还批判了当时名实问题的三种谬误。

正名的目的和制名的方法

正名有两个主要目的，一是明贵贱，二是辨异同。前者具有政治伦理的功能，后者则有认识事物的功能。明贵贱是用"名"来定人的身份阶级，人要依据自己的本位来行事，不可越轨；辨异同是用"名"来分辨事物的不同，名实要相符，这样才可以用"名"来认识事物和跟其他人沟通。

至于制名的原则，有三点比较重要。

第一，名称只是约定俗成的，名和实并没有必然的关系，例如"马"这个字，指的就是马这种动物，这是一种约定；但约定之后，就不可以任意使用这个字，用"马"这个字来指称鹿就是错误。

第二，人有天官（五官，即人的感官经验）和天君（心，即人的理性思考），这就是人认识事物差别的能力，基于天官和天君，我们能够认识事物之实，再运用"名"来指其实；辨别事物的异同，用同名来指称相同的事物；用异名来指称相异的事物，此所谓"同则同之，异则异之"（《荀子·正名》）。

第三，注意名的分类，例如主张单名和兼名之分，及共名和别名之分。单名如"牛""马"；但由于事物之间千差万别，有时需要使用兼名，例如"黄牛""白马"。共名和别名都是类名，共名是较大的类，别名则是较少的类，大共名就是普遍性最大的类，例如"物"。

破三惑

根据正名的目的和制名的标准，荀子批判了当时盛行的三类"奸言"。

第一类，惑于以名乱名，例如宋钘主张"见侮不辱"，认为人受到欺负并不是耻辱。荀子指出，辱有两个意思，一个是"势辱"，另一个是"义辱"；前者是指由外来因素而引致的感受，例如被人侮辱，后者则指由内在德行所引致的感受，例如做了错事觉得羞耻。将"辱"的两个意思混淆了就会产生思想的困惑，用今天的话讲，这就是概念混淆。除了一字多义之外，二字同义也可造成概念混淆（见第五章第四节）。

第二类，惑于以实乱名，例如宋钘主张"情欲寡"，情欲寡只是个别情况，并不是大部分人都是如此，在思方学上，这叫作以偏概全的谬误。荀子认为人的情欲多才是事实，要消除这类疑惑，就必须运用人的理性和感官经验去认识事情的真相，再检查名是否用得恰当。

第三类，惑于以名乱实，例如公孙龙主张的"坚白相外"，意思是"坚"和"白"这两种性质可以独立于个体而存在。荀子认为根据字词的惯常用法，在个体中才有所谓"坚"和"白"可言，"坚白相外"这种说法就是违反了字词的惯常用法，会引致思考混乱。

小狗与"破三惑"

儒家就是专制思想、极权主义吗？

4 结语

■ 孔、孟、荀子的比较

孔子主张恢复周礼，并提出仁作为内在的根据；孟子继承了孔子的仁，并有所发挥；荀子则继承了孔子的礼，并大力提倡礼治。或者可以这样说，孟子重仁，引发了人的道德自觉心，重内圣之学；荀子重礼，建议用礼去建立社会秩序，重外王的实现。

宋明儒到当代新儒家都将荀子看成是儒家的异端，理由主要有两点，第一点，以为荀子只讲礼，不重视仁，轻视内圣之学；第二点，以为荀子有法家的思想，令儒家变质。

不错，荀子主张礼治，但并不表示他不重视仁、修身和内圣之学，荀子也说"王者先仁而后礼"（《荀子·大略》），"行一不义，杀一无罪，而得天下，仁者不为也"（《荀子·王霸》），孟子有"人皆可以为尧舜"（《孟子·告子下》）的话，荀子也有"涂之人可以为禹"（《荀子·性恶》）之说（涂人即普通人）。荀子虽是礼法并举，但还是以礼为主，他曾批判法家所讲的"势"（指与权力紧密相连的政治地位、权势），也批判法家的代表人物慎到，说他"蔽于法而不知贤"（《荀子·非十二子》）。

其实孟子和荀子的思想并没有很大的冲突，性善论和性恶论根本可以兼容，因为两者所讲的"性"意思并不相同；同理，天人合一和天人相分亦可以并存，因为两者所讲的"天"意思也不相同。

我认为两者的最大分别还是对"心"有不同的看法，孟子讲的心（恻隐、羞恶、辞让、是非）内含道德义理，可称为道德主体；但荀子讲的心则纯粹是认知性和抉择性，能认知道德义理，并能做道德抉择，但并非道德主体。荀子强调虚壹而静（"虚"指不以已有的认识妨碍再去接受新的认识；"壹"指思想专一；"静"指思想宁静）的功夫，目的就是要培养心的清明，提升其专注和判断的能力。

儒家：贯穿华夏历史的主流思想

孔子主张恢复周礼，并提出仁作为内在的根据；孟子继承了孔子的仁，并有所发挥；荀子则继承了孔子的礼，并大力提倡礼治。

其实孔、孟、荀的主张都是因应时代的转变。春秋末期，礼乐崩坏，孔子为传统的周礼注入新的活力，那就是仁，但恢复周礼其实损害到既得利益者，例如楚的爵位原是子爵，但春秋时却称王，楚庄王就是春秋五霸之一，到了楚昭王，原本想封地给孔子，但遭令尹子西反对，因为若真的恢复了周礼，楚岂不是要由王降回子爵。

到了战国中期，诸侯的争霸越来越惨烈，恢复周礼已经无望，所以孟子强调君主行仁政王道，也大谈政权转移的根据在于民心，行仁政，得民心，才能得天下。虽然孟子继承了孔子的仁，但他谈得更多的是义，义即责任，要成为一个仁者实在太难，相对来说，要求人在行为上尽责任就较为容易，可是各国关心的只是富国强兵之道，而事实上孟子的主张亦不可行，因为单讲仁义，并不足以抵抗暴力的入侵。

到了战国后期，战争更为惨烈，荀子主张强制性更大的礼，并提倡君权，希望能建立社会秩序。事实上我认为荀子主张的可行性比孔孟大，只不过当时秦灭六国，一统天下的大势已成，根本不可抵挡；但秦任法而早亡，正好证明荀子的礼法并举才是长治久安的方法，而汉武帝独尊儒家之后的统治模式，基本上是依据荀子而来。

不过，从老子的角度看，由孔子、孟子到荀子，仁、义、礼是每况愈下，正所谓"失德而后仁，失仁而后义，失义而后礼"（《老子·第三十八章》）。

最后，我想比较三者对辩论的看法。孔子很少跟人辩论，多直接说出自己的主张。例如学生宰我对三年之丧的质疑也有其道理，他说："君子三年不为礼，礼必坏；三年不为乐，乐必崩。"（《论语·阳货》）但孔子并没有对此做出反驳，只是反问宰我是否安心，宰我回答安心后，孔子就骂他不仁。后来孔子也有解释三年之丧的道理，就是一个孩子生下来三年才能离开父母的怀抱，守丧三年的意义就是感谢父母的照顾。

孔子对宰我的批评

夫子不喜欢夸夸其谈的人!

宰我的行为	孔子的批评
白天睡觉	朽木不可雕
质疑三年之丧	不仁
光说不做	从此要听其言观其行

宰我是言语科的高才生,自然是能言善道;但也经常招来孔子的批评,有几处比较严重,孔子似乎不大喜欢善辩的学生。

孟子自夸"知言",即善于批判不合理的言论,但却说自己并非好辩,只是不得已,因为世上充满邪言。但从他批评"墨子无父、杨朱无君,是为禽兽"(《孟子·滕文公下》),说他们的思想是"淫辞"(过度的言辞)和"邪辞"(歪曲的言辞),就可知他并没有充分了解墨子和杨朱的思想,毛病正好是他所讲的"诐辞"(偏颇的言辞),其实孟子的淫辞和诐辞比谁都多。世人常称赞孟子之辩气势磅礴,但在我看来,其文章虽美,但论证漏洞百出,还存在不少逻辑谬误。

虽然荀子辩论的目的也是为了道德政治的目的,但较重视逻辑意义之下的言说合理性,也认真对待辩论,主张君子必辩,所以对诸子的批评较为客观和公正。

孔、孟、荀的比较

	人物	主张	对辩论的态度	做官的履历
春秋末期	孔子	仁	木讷近仁	任官于鲁、卫、陈。最大的官是在鲁做大司寇
战国中期	孟子	义	好辩是不得已	没有
战国后期	荀子	礼	君子必辩	任兰陵令

■ 儒家的得失：成也重德败也重德

虽然礼制背后有阶级不平等和专制的问题，但儒家人人皆可为尧舜的主张，又可见其思想有平等和开放的一面。

事实上，我认为孔孟思想的精要是讲出了道德的本质，即自主性。例如我要追求名利财富，即使我很努力，但我也不可以完全主宰，因为有很多外在因素的影响，运气就是其中之一；但道德就不同，当然践行也有很多困难，但这些困难都是内在的，如人的欲望，原则上人可以凭自己的努力去克服。而且，重视德行培养，成为君子，亦显示出道德的自强意义。

另外，由于儒家有工夫论，所以比起西方的伦理学，就更有实践的意味，也更为完整。

有些批评认为儒家是专制思想、极权主义，强调的是人民对君主的服从。但这种批评对先秦儒来说并不十分公道，因为"君要臣死，臣不得不死；父要子亡，子不得不亡"的教条并不是来自孔孟，荀子虽然主张尊君，却也说"从道不从君"，可见他并不卑民。所谓"君尊臣卑"的思想是汉儒受阴阳五行思想污染的产物，跟先秦儒家没有关系。

不过，同时代的道家就批评礼教会束缚人心，违反了人的自然本性，这些争论涉及两者对人本性的了解，在道家那一章再做讨论；不过，礼的确会有僵化、不能适用于时代的问题。

儒家的优点是掌握了道德的本质，但问题是夸大了道德的价值，把政治秩序看成是道德秩序的延续，将政治生活简化为道德生活的一部分，完全看不到政治领域的独特性，对于"政权的成立和转移"、何谓"正当"权力的核心问题根本无法处理，只能够提出德治的主张，盼望圣君贤相的降临。当然，日后的儒者也曾注意到君主的权力过大和不正当的使用，但亦只能从

"权力运用"的层次上提出制衡。

例如汉儒所讲的"天意",用以限制君主的权力,却并未对"权力基础"的合理性提出质疑。中国传统政治之所以步步走向专制,实与儒学的根本缺陷不无关系。

除了政治的问题外,儒学的重德精神又有严重轻视知识的倾向,儒家似乎认为人生唯一有价值的事就是成就道德。

宋朝陆九渊的名言"不识一字,仍可堂堂正正做一个大丈夫",正是重德行轻知识的具体表现。未能肯定认知活动的独立价值,自然不能产生西方求真的科学精神。这就是为什么中国虽然在十八世纪前拥有全球最先进的科技,却始终没有科学的原因。重德精神的文化局限由此可见。道德固然是很重要的价值,但除了道德之外,还有很多有价值的东西都值得我们追求,知识如此,艺术也是一样,如果没有道家思想的话,恐怕中国的艺术不会那么多彩多姿。

另外,本来墨家思想很重视逻辑和思考,但可惜的是,道德至上的思想一旦形成,这些学问就会被人视为小道而加以轻视,甚至否定,即使是重视辩论的荀子,也带有很强的政治和道德实用取向,我亦听过一位当代大儒将逻辑和思考方法这些学问评为小道。

过分重视道德会对个人造成极大的精神负担,而且会压制人的个性发展,幸好还有道家,可以帮我们纾解这些压力。

不过,以上所讲的流弊是儒家在汉代定于一尊后慢慢形成的,孔子本人并非如此狭隘。孔子很重视学习,一切有助于德行培养的东西都值得学习,而孔子对学习的态度和方法都有其独到的见解,详情见329页的图解,而且孔子也有很高的音乐造诣,只可惜这方面并没有得到后人的继承和发挥。

儒家的致命伤：泛道德主义

儒家的主要问题可称为"泛道德主义"，就是将道德的价值无限扩大，令文化其他领域失去独立的价值，什么事都要为道德服务，连政治也成了承欢道德膝下的小孩；同时，也压制了人的个性。

兼相爱，交相利。

——《墨子》

第二章

墨家：曾与儒家分庭抗礼的显学

墨家是儒家的第一个反对派，始创人是墨子。墨家不但是一个学派，也是一个严密的组织，墨子死后由弟子禽滑厘接任，后来的首领称为巨子。组织成员要严格遵守组织的规矩和首领的命令，组织会派弟子到各国任官，宣扬墨家的主张，但如果违反了墨子的教诲，就会被撤职召回。

这也是一个武装组织，目的就是阻止侵略性的战争，例如有一任巨子叫孟胜，答应了帮助阳城君守城，结果战死的弟子有一百八十人之多。墨家简直就是乱世中的志愿性服务团体，不但为反战东奔西跑，还奉献出宝贵的性命，难怪能够成为当时的显学，跟儒家分庭抗礼。

墨家这种以武力打抱不平的精神，形成了日后的游侠传统；而严密的组织则为后来中国帮会所效法。

以实际行动阻止战争

墨子：智、仁、勇兼备

墨子（约公元前468—前376）生于战国初期，在孔子之后，孟子之前；跟孔子一样，也是鲁国人。据说他早年学习儒家，但后来不满儒家而提出自己的主张。史载墨子曾在宋国当官，位列大夫；但又有说墨子为工匠出身，属于平民阶级。无论如何，观乎墨子的思想，他是站在平民的立场，为低下阶层请命。他指出当时民有三患："饥者不得食、寒者不得衣、劳者不得息"（《墨子·非乐》），还可加上一项，就是"乱者不得治"，而他的十大主张："兼爱、天志、尚同、尚贤、非攻、明鬼、非乐、节用、节葬、非命"，就是为了解决这些问题，其中兼爱和非攻是反对战争；天志、尚同、尚贤和明鬼是用来建立社会秩序；而非乐、节用、节葬则为了减少不必要的消耗；非命是反对世袭和宿命论。所有的主张都是为当时最大多数人带来最大的利益，即墨子所说的："兴天下之利，除天下之害"。（《墨子·兼爱》）

像孔子一样，墨子也周游列国，宣扬他的主张；但正如前面所讲，墨子的反战是身体力行的，他以实际行动来阻止战争，最有名的一次就是"止楚攻宋"。墨子知道楚要攻打宋，就连夜走了十天，由鲁国赶到楚国，要说服楚王放弃攻宋，又跟公输般演示攻防之战。公输般攻了九次，都被墨子击退。公输般的最后一着就是杀了墨子，但墨子早就预料到有此一着，所以出发前已吩咐禽滑厘带领弟子三百人到宋国防守，楚王见没有取胜的把握，就放弃了攻宋。

由此可见，墨子有大仁，为拯救天下苍生而奔走；有大勇，以不畏死的精神，单人匹马到楚国说服楚王；也有大智，能击退公输般的进攻，并留有后着。如此智、仁、勇兼备的人，简直就是圣人，孟子竟评为禽兽，可见孟子也有着狭隘的学派之见。

墨子死后，弟子将其言行记录下来，成书为《墨子》；另外，《墨子》中也收录了后期墨家的思想。

墨家：曾与儒家分庭抗礼的显学

孔子和墨子的比较

出　　身：　没落贵族，贫苦出身
专　　长：　熟悉礼仪
性　　格：　温柔敦厚
代 表 性：　代表上层阶级
学　　派：　——松散的团体，杰出者有七十二人
教授内容：　德行、言语、政事、文学
　　　　　　（主要是人文科学）
死后学
派发展：　儒家分为八派，后以孟子一派为正统
思想地位：　成为中国文化的主流

孔子

出　　身：　平民出身，手工业者
专　　长：　精于工艺
性　　格：　侠义心肠
代 表 性：　为平民百姓争取利益
学　　派：　——严谨的组织，赴汤蹈火者有三百人
教授内容：　谈辩、说书、从事
　　　　　　（包括宗教哲学、自然科学和社会科学）
死后学
派发展：　墨家分为三派
思想地位：　秦大一统后墨学式微

墨子

049

■ 兼爱、非攻、天志、明鬼

墨子认为当时社会动乱的其中一个原因是"亏人以自利",人人都为了自身的利益而伤害其他人。国与国相争,互相攻伐;人与人相争,互相杀害。针对这个问题,他提出了"兼爱"的主张,如果人人都能够相爱,就不会有国与国相伐、人与人相害的事出现。

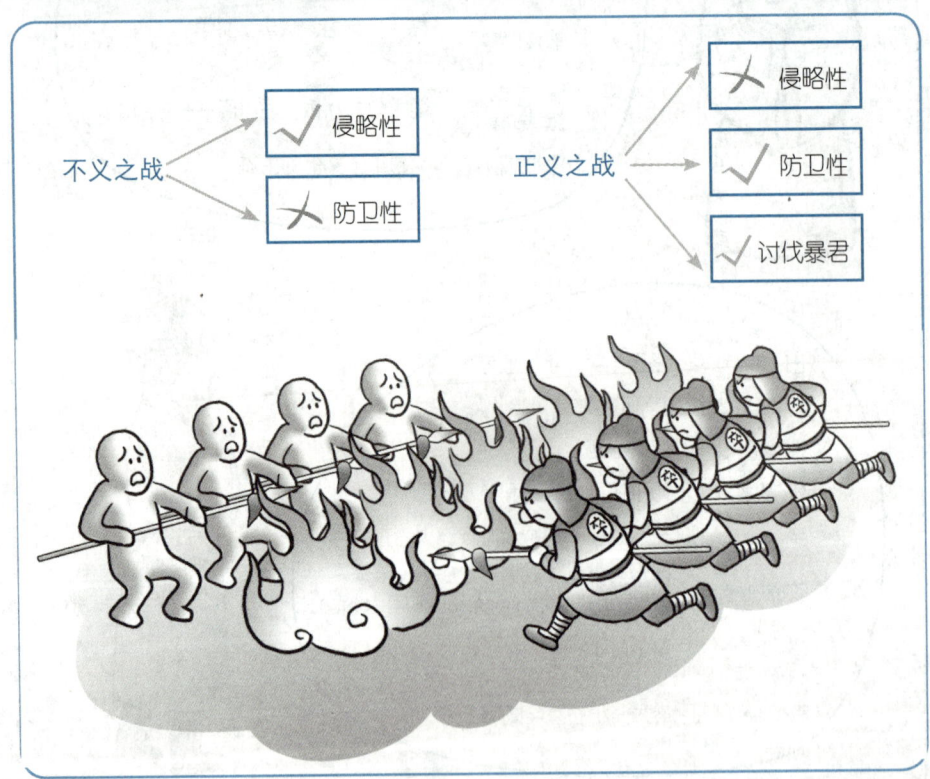

如何判断正义和不义之战?

墨子指出，战争对谁都没有好处，战争只能带来破坏，即使是战胜的一方，也往往要付出沉重的代价，实际无利可图，由此引出其"非攻"的主张。

严格来说，墨子反对的是侵略性的战争，并不反对保卫性的战争。而事实上，没有足够的防卫实力，又如何制止战争呢？除了保卫性的战争，墨子也赞成讨伐暴君的革命之战，称之为"诛"，即正义的战争，例如武王伐纣。

整体上战争所带来的利益远低于它造成的伤害，反而相爱能给大家带来共同的利益。

因为你爱人，人也会爱你；你帮人，人也会帮你，此乃"爱人者，人必从而爱之；利人者，人必从而利之"（《墨子·兼爱》）。墨家用"利"来界定"义"，即"义，利也"（《墨子·经说下》）；给大众带来利益的行为就是对的，兼爱能带来公利，这就合乎义；相反，损害人利益的行为就是错的，就是不义。例如侵略性的战争是既不义又无利。

判断义的标准是能否带来公利，但义的根源却是天，此所谓"义出于天"。

墨子认为有一个有意志的"天"（类似于"人格神"的观念），这个"天"是一切价值标准的根据，并能对人施以赏罚。而在这个"天"面前，人人一律平等，无所谓亲疏之分，故人必须"兼爱"，以符合"天"的意旨，正所谓"顺天志者，兼相爱，交相利，必得赏；反天志者，别相恶，交相贼，必得罚"（《墨子·天志》）。

除了天之外，鬼神也负责监察人的行为，也能赏善罚恶，所以我们必须"明鬼"，认识到鬼神的存在，由此可见墨家的宗教色彩。墨子的主张跟基督教有相同之处，其"兼爱"与耶稣的"博爱"十分接近，而墨子的救世精神亦跟耶稣十分相似。

兼爱与仁爱的区别

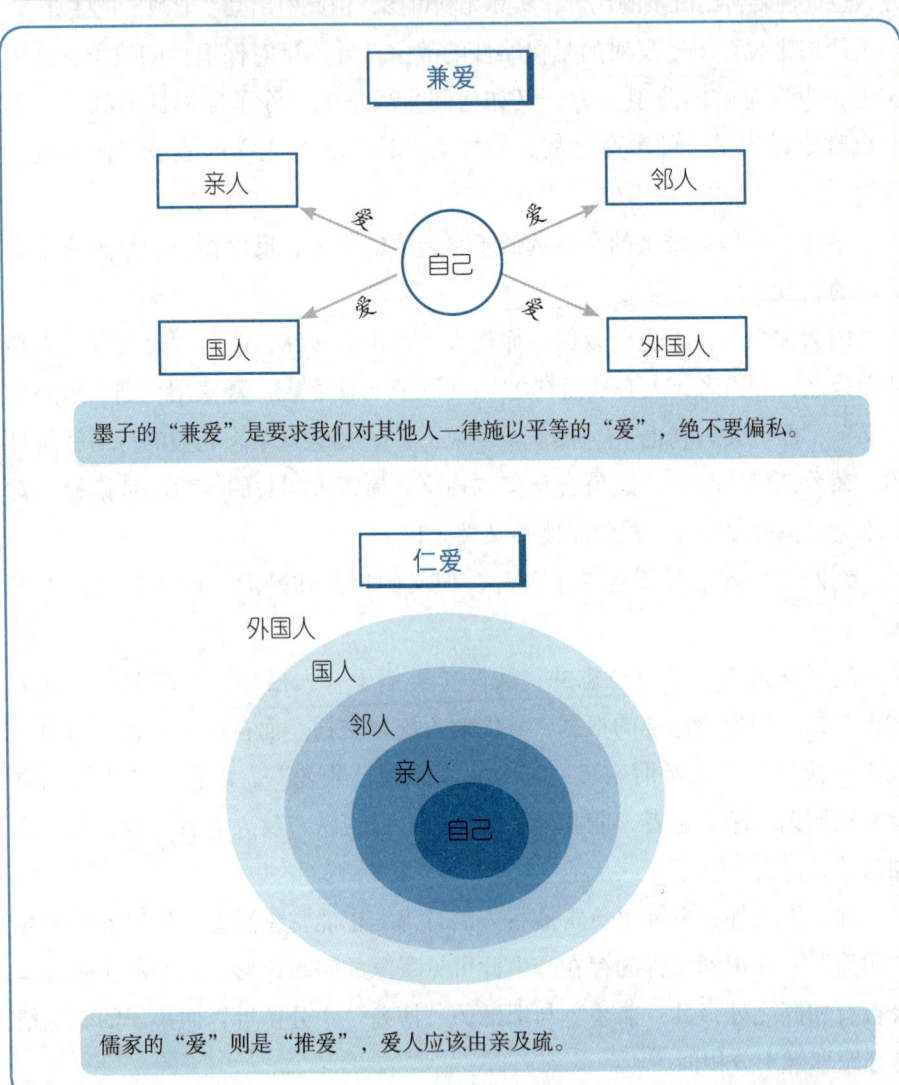

■ 尚同、尚贤：墨子建立的是非标准

除了人的私心外，墨子认为社会动乱的另一个原因是欠缺是非标准，正所谓"一人则一义，十人则十义"(《墨子·尚同》)。为了统一是非标准，墨子主张"尚同"。

尚同是一种政治制度：首先推举最贤能的人为天子，天子之下是三公，负责辅助天子，由于天下太大，所以又分成万国，每国由一诸侯管理，一国之下又分为若干部分，由里长负责，里长之下就是个别的家庭，家庭之下就是个人。天子之上的就是一个有意志的"天"，"天"是一切是非标准的来源，天子根据天志行兼爱。人民遇到任何事都要向上级报告，由上级判断是非，如果上级之间有不同的意见，就由再上一级决定，如此层层递进，由下而上，最终"尚同"于天，社会秩序遂能确立。若上级有过错，下级有责任规劝；如果上级不听，下级也要服从。

不过，要贤者在位才能确保秩序运作良好，所以"尚同"的基础是"尚贤"。但何谓"贤者"呢？当然是奉行墨家主张而又有能力执行的人，这些人可以来自不同的阶层，可以是农民、工人或商人；要吸纳贤人，必须授予爵位和利禄，这样才可以刺激人努力向上。

由此可见，墨子反对世袭的贵族制度，所谓"官无常贵，民无终贱"(《墨子·尚贤》)。

墨子主张阶层流动，跟兼爱一样，这是其平等思想的另一种实现形式。相比之下，儒家就显得保守，因为儒家要维护的是周礼，但世袭阻碍了阶层流动，根本就是一种不平等的制度。不过，墨子所主张的尚同制度，却很有可能变成封闭独裁，因为天子拥有至高无上的权力，权力得不到制衡是很危险的，诉诸鬼神的监察真的有效吗？用神权来支持独裁的政权不是更危险吗？

尚同的秩序=极权专制？

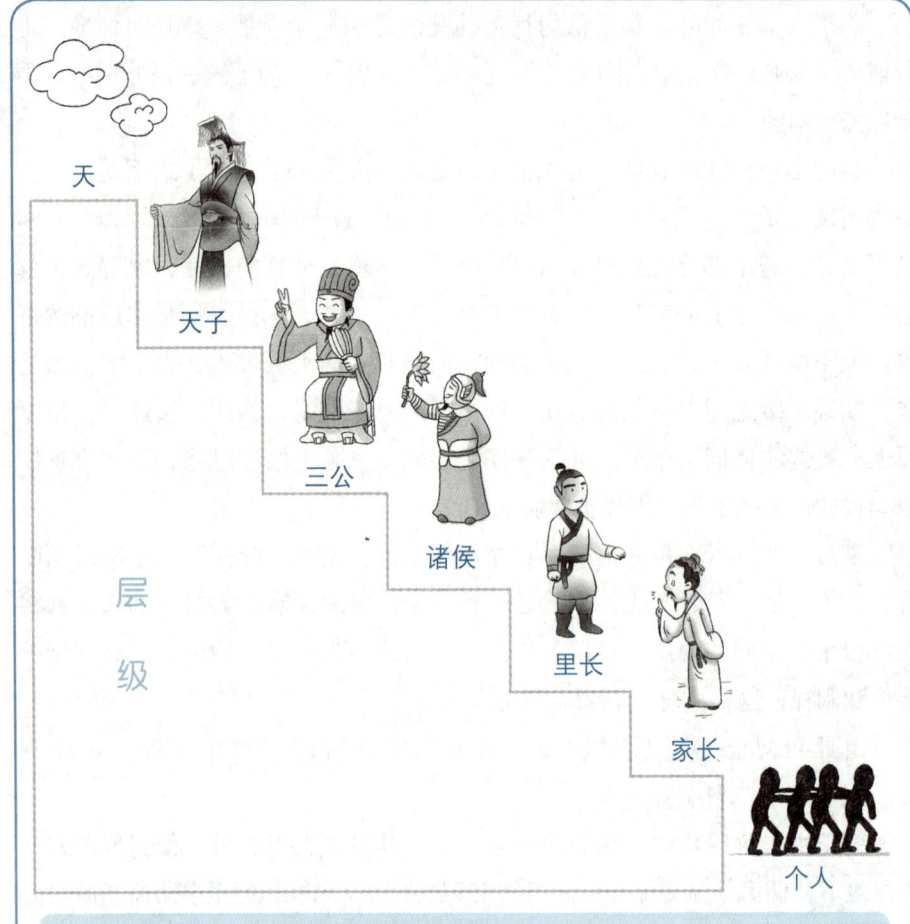

用现代的眼光看，墨子所主张的政治制度根本就是极权专制，虽然是贤人专制，但如何确保贤人在位呢？如何选出最贤能的人做天子呢？又如何防止权力的滥用呢？天和鬼神的监察真的有效吗？这些都是墨子需要解答的问题。

■ 节用、非乐、节葬、非命：墨子的"非儒"主张

墨子十分注重经济效益，并致力于改善一般老百姓的生活水平，而针对当时贵族奢侈的生活，墨子提出了"节用"的主张，即反对一切不必要的消耗，具体的内容有"节葬"和"非乐"。

墨子对儒家强调的"厚葬久丧"十分反感，因为厚葬浪费资源，陪葬品就等于将财富埋葬地下，不为人所用；而久丧（三年之丧）则会损坏身体（因为要少食薄衣，以表伤痛之心），服丧期内贵族不问国事，平民不事生产；而且男女需要分隔，停止生育，导致人口减少。所以墨子主张"节葬"，人不分贵贱，死后一律只用三寸厚的木板造棺材，不要陪葬品，守丧三月即可。

墨子也反对音乐，即"非乐"。因为制造乐器需要资源，而演奏音乐又需要乐工，但听音乐既无助于生产，又不可以禁止战争，只会令人沉迷于享乐，无心工作。总而言之，音乐对于社会的利益是有损无增，所以必须禁止。

要提升平民百姓的经济利益，除了节约之外，另一个方法是鼓励他们努力工作，提升生产力，改善自己的生活。由于当时很多懒惰和失败的人都将生活上的失意归咎于命运的安排，为了反驳宿命论，激发人的积极性，墨子提出"非命"的主张。

"节葬""非乐"和"非命"都是针对儒家的，所以又有"非儒"的主张。墨子认为儒者不事生产，又提倡烦琐的礼仪，浪费社会资源，简直是社会上的寄生虫。

不过，正如上一章所言，音乐本身有教化的意义，墨子批评贵族的奢华有理，但完全否定音乐的价值就说不过去了。另外，上一章也提到，儒家所讲的"命定"是指人经过努力之后的客观限制，并不完全是命运决定论，所以墨子的批评亦不对题。

孟子、荀子怎样评价墨子的主张？

孟子对"兼爱"的批评是不成立的，评墨子为"禽兽"，更是狭隘的学派之见。荀子对"节用"的批评有待验证，对"节葬""非乐"的批评则成立。

■ 三表法：检证事理的三个标准

墨子是先秦诸子中最具探求客观真理和思辨精神的人，他特别重视"方法"的普遍性和客观性，这也许跟他是工匠出身有关，因为工匠必须熟悉运用工具，才能达到效用；思考者也必须注意方法，才可得到真理。

在认识事物方面，他于《非命》篇提出了"三表法"，即三个检证事理的标准。

第一，要有历史根据或前人的可靠经验，此乃"上本之于古者圣王之事"。例如"非命"的主张，反驳的是宿命论，墨子就引用前人的经验，指出暴君（桀、纣）认为亡国是命定，跟自己无关，这种想法根本是错；因为同样的地方，同样的人民，圣王（汤、武）却治理得好。

第二，要有直接的经验，来自广大人民的亲身经验，此乃"百姓耳目之实"。例如反驳宿命论时，墨子就说没有人对"命"有直接经验，因为它看不到、听不到、触不到。但这个例子是有问题的，一般来说，感官经验是我们知识的来源，不过，有些抽象的东西不能用感官经验来认识，要运用理性，例如墨子主张的"义"，也是看不见、摸不到的。其实墨子正犯了他所讲的"不知类"的毛病，用今天的话讲，就是"范畴错置"。

第三，以效益为根据，即是否对人有利，此乃"发以为刑政，观其中国家百姓人民之利"。例如相信一切都是命定的人就不会努力工作，结果是令社会整体利益减少，主张"非命"则可以鼓励人努力工作，增加社会效益。墨子反对战争、反对音乐和厚葬、反对贵族的奢华生活都是来自这个标准。

简而言之，第一和第二个标准都是诉诸经验，第三个标准则是诉诸实效，目的是确保认识的客观性，排除人的主观喜好或臆测。个人认为，以上三个标准仍有粗疏之处，而且还有不少问题，例如判断具体事物是怎样跟判断一个行事主张是否成立是不同的，简单来说，这是事实和价值之分；不过，在当时墨子能够自觉从"方法"上提出以上三个标准，仍然很了不起。

在逻辑上，墨子还提出了"类""故""理"等概念，并善于运用归谬推论和模拟推论。墨家后学对其逻辑学有进一步的发挥，下一节会讨论。

三表法与当代真理理论

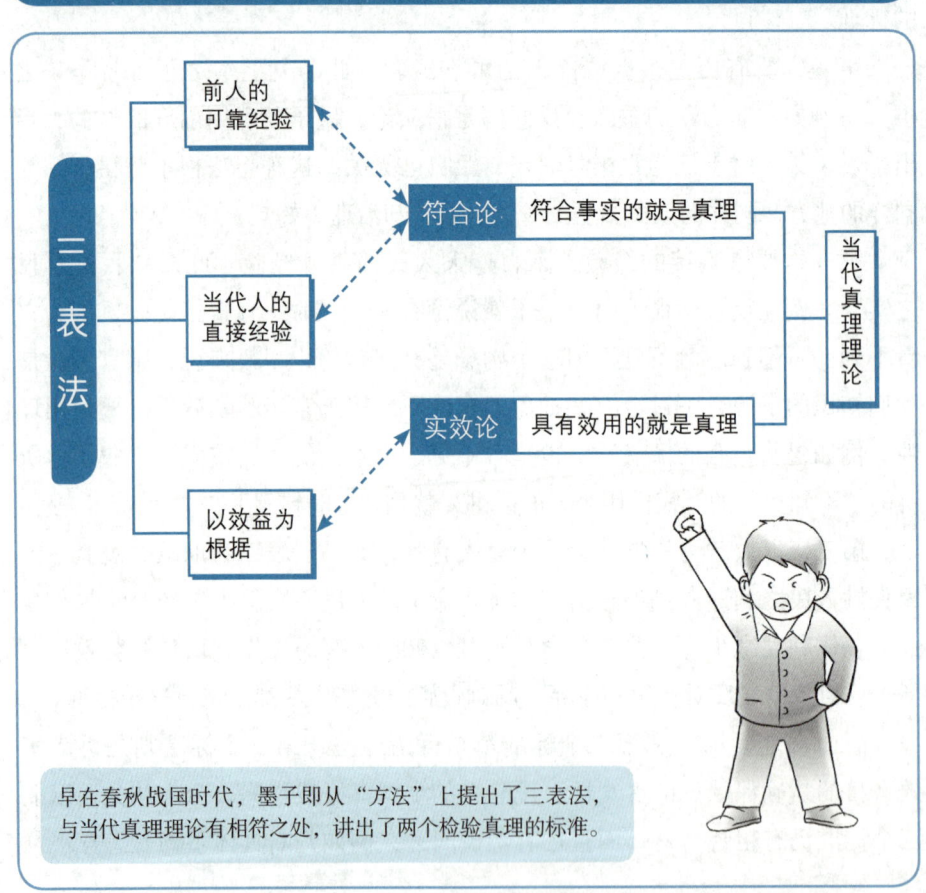

早在春秋战国时代，墨子即从"方法"上提出了三表法，与当代真理理论有相符之处，讲出了两个检验真理的标准。

科学知识 + "名辩"之学

后期墨家思想

在《墨子》一书中,《经上》《经下》《经说上》《经说下》《大取》和《小取》(经说是用来解释经的)这六篇被认为是墨家后学所作,内容除光学和力学等科学知识外,主要有语言哲学、知识论和逻辑学,用古代的语言讲,这就是"名辩"之学,所以这六篇又称为《墨辩》(或《墨经》),是墨家后学继承墨子的名辩思想并有所发挥的内容总汇。

在名辩的问题上,名家和庄子都提出过自己的主张,而墨家则做出相应的批评。例如惠施有"合同异"之说,否定"同""异"概念的确定性;公孙龙则有"离坚白"的主张,认为"坚""白"等性质可以独立于个体而存在。有关墨家对"同异"和"坚白"问题的看法,会在名家一章讨论。

■ 何谓"辩"?

战国时代,辩论之风盛行,但真正对辩论本身做出合理反省的只有墨家。

墨家认为"辩"是"争彼也,辩胜,当也"(《墨子·经下》),意思是争辩双方对某一论题有不同的看法,合乎事实者胜;又谓"辩也者,或谓之是,或谓之非,当者胜也"(《墨子·经说下》),意思是一个主张"是",另一个主张"非",但只有一个合乎事实;又谓"或谓之牛,或谓之非牛,是争彼也,是不俱当"(《墨子·经说上》),意思是有主张这是牛,有主张这不是牛,但两者不可能同时为真。

换言之,是非对错是存在的,所以真正的辩论必有胜负可言,所谓"谓辩无胜必不当,说在辩"(《墨子·经下》),"说"就是理据,辩就是要提出理据。

如果论辩双方所讨论的对象根本不同,就不是真正的辩论,例如性善论和性恶论,表面上看两者是对立的,但其实两者所讲"性"的意思根本不同，所以并不是真正的对立，用现代的话讲，这就是歧义所造成的思考混乱。

老子说："善者不辩，辩者不善。"(《老子·第八十一章》)庄子则更进一步，认为辩论根本没有意义，正所谓"此亦一是非，彼亦一是非"(《庄子·齐物论》)，争论是多余的，并主张泯是非才能进入那种物我两忘的精神境界。这种对辩论的看法跟墨家是对立的，我认为在这一点上，墨家是对的，道家是错的，因为道家的说法根本是自我推翻，既然说没有是非对错，就连"没有是非对错"这个说法也没有对错可言。

墨家认为辩论有很重要的功能和目的，包括"明是非""审治乱""明同异""察名实""处利害"和"决嫌疑"。"明是非""明同异"和"察名实"是辩的基本功能，即找出真相，分清是非对错，厘清概念；而"审治乱""处利害"和"决嫌疑"就是由此引申出实际效益。

当然，不是所有问题经过辩论都可解决，例如"仁爱"和"兼爱"之争，但通过辩论可以将概念弄清楚，知道两者的真正差别在哪里，明白问题的症结，有待进一步的讨论。

其实有不少争论都不是真正的辩论，正如墨家所说，很多时候争辩双方所讨论的根本不是同一对象，像名家和庄子等人的诡辩，往往由此而来。这些诡辩会令人误会辩论没有价值。真理是越辩越明，条件是我们所使用的语言必须清晰，避免歧义等造成的思考混乱。

即使是今天，有很多人仍然轻视论辩的价值，尤其是涉及价值判断的争论，可能由于安乐死、同性恋、堕胎等议题讨论了很久仍未有定案，令人以为论辩没有价值。当然，有时我们必须采取行动，在民主的社会，就可用投票做决定。很多人又认为立法会只是不断争吵，没有建设性；但这也是误解了议会政治，所谓议事论事，经过充分理性讨论之后再做表决就可将错误减到最低。

墨家如何看待"辩"?

争彼也,辩胜,当也。

争辩双方对某一论题有不同的看法,合乎事实者胜。

辩也者,或谓之是,或谓之非,当者胜也。

真正的辩论必有胜负可言。

谓辩无胜必不当,说在辩。

"说"就是理据,辩就是要提出理据。

概念、判断与推论：墨辩中的逻辑概念

思考时，我们要注意概念的清晰性、判断和推论的合理性。在当代思考方法学上，概念、判断和推论都是十分重要的课题，但其实墨家早于两千多年前就探讨过相关的课题了。

墨家主张"以名举实"（《墨子·小取》），"名"就是概念（在这里不将字词和概念做进一步的区分），意思是：概念是用来反映客观事实的。根据《经说上》篇的解释，"名"有三种，分别是"达""类""私"。"达名"是指普遍的概念，例如"物"这个概念；"类名"是指我们日常所讲的一般类概念，例如"马"这个概念，所有的马都包含在这个类之中；"私名"是指个别事物的概念，例如"孔子"，指的就是孔子这个人。

墨家主张"以辞抒意"（《墨子·小取》），"辞"就是判断，判断是用来表达意义的。而判断必须有理据支持，所谓"以说出故"（《墨子·小取》），"说"是论证，"故"就是理由。除了故之外，还有两种论据，分别是"理"和"类"，"理"是普遍性较大的论据，而"类"就是用以说明的例子。例如：

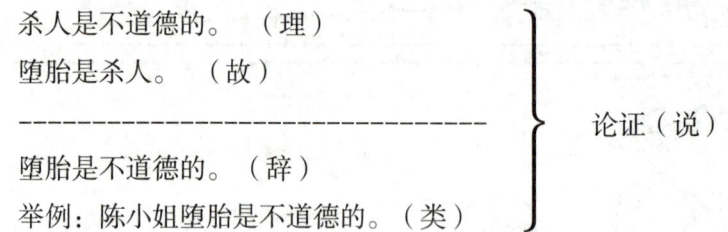

"故"又可解释为使事物出现所需的条件（跟前面"故"为"理由"的意思不同），此乃"所得而后成也"（《墨子·经上》），有"小故"和"大

故"之分。"小故"是"有之不必然，无之必不然"（《墨子·经说上》），用现在的话讲，就是必要条件，例如"氧气的存在"是"燃烧"的必要条件，没有氧气，就不会有燃烧，但有氧气，未必就有燃烧。"大故"是"有之必然，无之必不然"（《墨子·经说上》），用现在的话讲，就是充分和必要条件，例如"斩你的头"是"你死亡"的充分条件，斩你的头，你就一定会死亡。

至于推论的方式，在《小取》篇中墨家也讲了很多种，其中有七种是常见的，分别是"譬""侔""援""推""假""或""止"。

"譬"是"举他物以明之"，即我们今天讲的模拟推论。例如：

偷人家的桃李，是亏人自利的行为，是有罪的。
偷鸡鸭的行为，比偷桃李更不应该，罪更重。
偷牛马的行为，比偷鸡鸭更严重，罪应该更重。
杀无辜的人，比偷牛马更严重，罪应该更重。
_____
因此，攻打别国，比杀无辜的人，更不应该。

"侔"是"比辞而俱行也"，意思是对语句之主、谓词上附加相同字词的论证方式。例如：

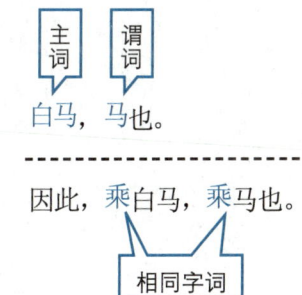

以上这种"侔式推论"叫"是而然",还有另外四种变形,其中一种叫"是而不然"。例如:

车,木也。

因此,乘车,非乘木也。

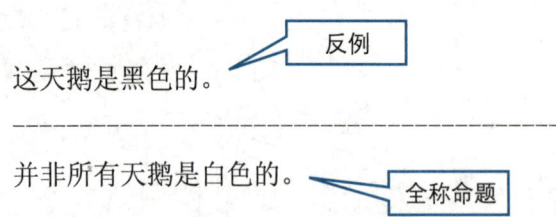

"援"也是一种模拟推论,特点是模拟之例是对方所同意的,但结论却是对方不同意的。换言之,这是一种援引对方接受的例子为前提的推论方式,是说服人的一种技巧。

"推"是"以其所不取之同于其所取者予之",用今天的话讲,就是归谬法。先假设对方的说法成立,然后推论出自相矛盾,就可证明这种说法不成立。例如墨子认为儒家既主张"君子必学祭祀",却又不相信鬼神存在,但祭祀必须预设有鬼神存在,既有鬼神又无鬼神,就是自相矛盾。

"假"是假言推论,"或"是选言推论,但有另一种解释,"假"是指假言命题,而"或"是指特称命题。

"止"是以一个反例推翻全称命题。例如:

这天鹅是黑色的。 ← 反例

并非所有天鹅是白色的。 ← 全称命题

知识论

在《经上》和《经说上》中，墨家对认知主体的能力、认知的途径及知识的内容都有深入的探讨。

有关认知主体方面，墨家提出了"知""虑""恕"三个概念。"知，材也"，"知"是能知的材质，例如我们的感官知觉；"虑，求也"，"虑"是注意力。能知的材质配合注意力，就能认知事物。"恕，明也"，"恕"是一种理性分析的能力，包括推论的能力；理性的分析能显示事物的特性或本质，也是一种认知能力。换言之，认知主体的能力包括感官知觉、注意力和理性分析。

至于认知的途径，或知识的来源，也有三种，分别是："闻""说""亲"。"闻知"是由他人得来的知识，又可分为"亲闻"和"传闻"。前面讲过，"说"即是推论，所以"说知"就是指由推论而得来的知识。"亲知"则是亲身体验到的知识。墨家认为"亲知"最重要，因为它是"闻知"和"说知"的基础。

知识的内容分为四种，分别是"名""实""合""为"。前面讲过，"名"是概念，而"名知"是指纯粹概念上的知识，并不涉及外在世界，例如定义和数学的知识。"实"是事实，"实知"就是指经验知识，跟外在世界有所对应。"合知"是指涉及名实关系的知识，例如"同异""名实"和"坚白"等的争论，近乎我们今天所讲的哲学知识。"为"是行为"为知"就是实践的知识，涉及应该做什么和怎样做的问题。

先秦诸子中，只有墨家有系统地探讨了知识的构成。

知识的三个来源

室外A物是红色。
室外A物跟室内B物有相同的颜色。

因此，室内B物也是红色。

亲知
闻知
说知

屋里还有一对龙凤蜡烛，也是大红色的。

灯笼是大红色的，真喜庆！

"闻""说""亲"是知识来源的三个途径，墨家认为"亲知"最重要，因为它是"闻知"和"说知"的基础。

墨子和孔子在争论些什么？

儒墨之争

正如韩非所讲，儒墨两家乃当世显学；两家为推行自己的主张，不得不针锋相对，所以墨子批评孔子，孟子和荀子又批评墨子。但究竟两家所争的重点又是什么呢？

■ 兼爱好还是仁爱好？

墨家跟儒家一样，都致力于重建社会秩序，渴望消除人间的纷争，但一个主张兼爱，另一个主张仁爱，究竟哪一个才对呢？

儒家的仁爱是推爱，由最亲的人推衍出去，对不同的人给予不同的爱；墨家的兼爱则要求对所有人施予同等的爱。从实践的可行性上看，当然是儒家合理，爱自己的亲人多一些，不是更合乎人之常情吗？但爱应该是无私的，爱自己的亲人多过别人，爱自己的国家多过别人的国家，难道不是还有点私心存在吗？

我的看法是，兼爱可以视为最理想的爱，是人类向往的高尚目标，但实践上就不得不从仁爱开始。无论兼爱还是仁爱，都是爱，都主张爱人，但当时的重要问题都是因为缺乏爱吗？爱又足以解决社会的矛盾冲突吗？我认为，春秋战国正是社会大变动时代，生产力提升，城市壮大，社会结构转变，旧有制度已不足以应付社会的发展需要，战争只不过是矛盾对立的极端化表现。

当然，无论是兼爱还是仁爱，都是千古不移的真理，但忽略了这些时代和环境的因素，就不能有效地解决问题。

兼爱和仁爱：钱给乞丐还是儿子？

从实践的可行性上看，儒家的仁爱更合理，兼爱可以视为最理想的爱，是人类向往的高尚目标，但实践上就不得不从仁爱开始。

仁爱和兼爱的另一分别是爱的根源，孔孟认为是内在的，是人的自觉心；墨子则认为是外在的，来自上天的意志。

■ 义利之"辩":墨家和儒家哪个更有理?

由孔子开始,儒家已将义和利看成是对立的,正所谓"君子喻于义,小人喻于利";孟子继承并发挥这种想法,他教训梁惠王时说:"王何必曰利,亦有仁义而已矣。"(《孟子·梁惠王上》)孟子认为,如果人人都追求自己的利益,则国家必危。

当然,儒家重义轻利,只有当义和利有冲突时才取义舍利,并不是反对任何的利益,正如孔子所说:"不义而富且贵,于我如浮云。"(《论语·述而》)但孟子更进一步主张"舍生取义",几乎一切利益都是为了满足生命的需要,但为了完成道德责任,就连生命也可以放弃。

儒家严守义利之别,但墨家却用"利"来界定"义",认为给大众带来利益的行为就是对的。当然,墨家讲的是公利,即大众的利益,而儒家反对的则是个人的私利。其实儒家也赞成公利,孟子讲仁政王道,不就是为平民百姓带来利益吗?孟子跟墨家弟子辩论应否"厚葬久丧"时,也说过厚葬久丧有助于建立"慎终追远"的良好风俗,对维持社会秩序有积极的意义,这不就是长远的利益吗?只不过儒家对"利"的理解狭窄,不太明白"公利"的意思。

这里我同意墨家对义的看法,为大众带来利益的就是对的,道德的目的是要改善人类的生活。

不过,我也同意儒家说义来自仁,道德主体才是义的根源。在这一点上,我认为儒墨之争是混淆了义的根源和判准,儒家讲出了根源,墨家则说明了判准。但这是否表示墨子说"义出于天"是错呢?我看也未必,因为价值的根源,既可超越(天),又可内在(仁)。

儒、墨如何看待"义"和"利"的关系?

儒家将义和利看成是对立的,认为"义"大于"利";义来自仁,道德主体才是义的根源。

墨家用"利"来界定"义"。
儒家讲出了"义"的根源,墨家则说明了"义"的判准。至于"利",墨家讲的是公利,即大众的利益,而儒家反对的则是个人的私利。

■ 天命与鬼神该信仰哪一个？

儒墨之争的另一个论题是有关天命和鬼神的信仰。简单来说，墨子是信鬼神，非天命；但孔子却相信天命，不信鬼神。表面上看，两者的主张是相反的，实际并非如此。

先谈天命方面，上一章讲过，天命有两个意思，一个是命令，另一个是命定。

而命定又有两种解释，一个是指人尽了力之后的客观限制，另一个是一切都是命运决定的宿命论。孔子信的是前者，墨子批评的却是后者，可见二人并没有真正的冲突。

而对于天的解释，墨子是非常确定的，就是有一个主宰一切、至高无上的人格天；但对孔孟来说，天的主宰性只限于政权的交替，至于天是否有人格的意味，则孔、孟、荀三人有不同的看法，孔子的态度最暧昧，孟子讲的是形上之天，荀子讲的则是自然之天。

至于鬼神的信仰，墨子认为，儒家不信鬼神但又学祭礼，根本就是自相矛盾，他批评儒家说："执无鬼而学祭礼。"(《墨子·公孟》)但问题是，孔子真的不信鬼神吗？

孔子有一句话，或许可以用来回答这个问题，就是："祭如在，祭神如神在。"(《论语·八佾》)意思是拜祭的时候，就要当有鬼神存在。为什么呢？因为这样才可生恭敬之心，上一章讲过，礼的作用就是唤起我们的虔敬之情，有助于道德修养。由此看来，孔子是不太相信鬼神的存在，但他又说过"敬鬼神远之"(《论语·雍也》)，所以我认为对于鬼神的存在，他的态度也是暧昧的。

墨子和孔子对天命和鬼神的不同信仰

墨子信鬼神，非天命；孔子相信天命，不信鬼神。

■ 尚同与礼制哪个更开放、公平？

在建立社会秩序方面，儒墨又有不同的主张。儒家主张礼制，礼制其实是不平等的阶级制度，贵族是世袭，并享有特权；虽然孟子也主张尊贤，但只容许一定程度的阶级流动，社会基本上还是十分不平等。

墨家的尚同则是反对世袭，要重新选择天子和贤人当政，当然，怎样选也是一个很大的问题。而墨子的尚贤又不同于孟子的尊贤，因为墨子主张以爵位和利禄来吸引人努力向上，成为贤人。由此可见，在打破既有阶级和鼓励社会阶级流动上，墨家都比儒家激进，尚同比礼制更开放和平等，而且亦有证据显示墨子重视男女平等，《备城门》篇中记载了墨家也有训练女兵守城。

不过，正如前面所讲，尚同其实是一极权专政的制度，它真的可行吗？

我认为，理论上可行，但实际上不可行，因为权力得不到制衡。根据历史经验，权力会使人腐化，绝对权力会使人绝对腐化，原本是开放平等的社会也会慢慢走向封闭独裁。

其实儒家的礼制也一样会走向封闭和独裁，历史就是最好的证明。我认为，儒墨两家都没有深入思考政权合理基础的问题，以为只要由圣贤统治就天下太平，而事实上，圣贤难求；况且，即使是圣贤，难道就不会犯错吗？只寄望于圣贤，何不想办法改善制度？在这一方面，法家比儒墨更有贡献。

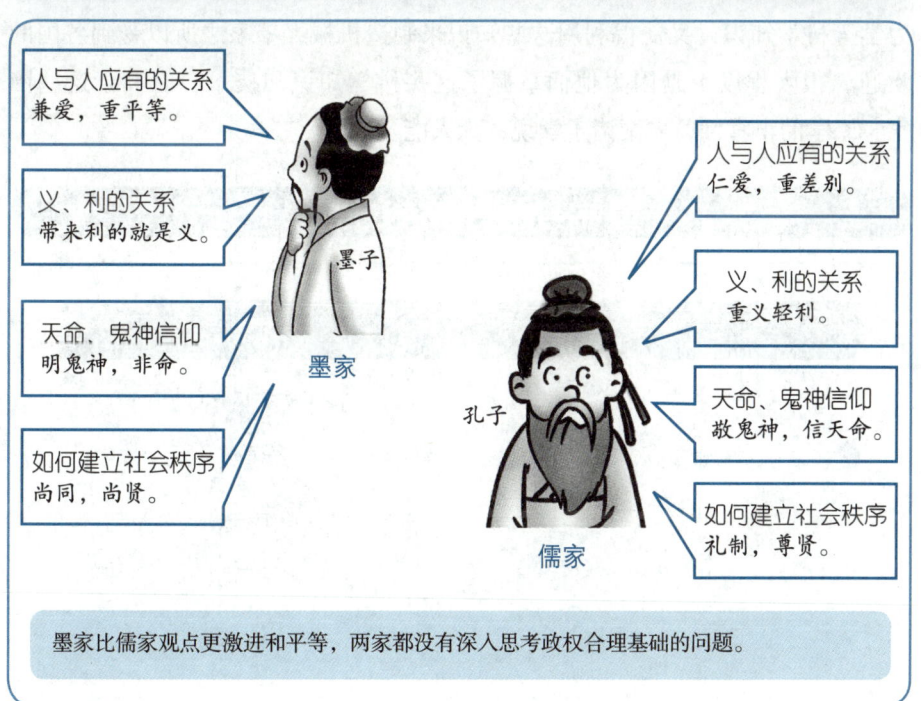

儒墨争论的四大要点

墨家
- 人与人应有的关系：兼爱，重平等。
- 义、利的关系：带来利的就是义。
- 天命、鬼神信仰：明鬼神，非命。
- 如何建立社会秩序：尚同，尚贤。

儒家（孔子）
- 人与人应有的关系：仁爱，重差别。
- 义、利的关系：重义轻利。
- 天命、鬼神信仰：敬鬼神，信天命。
- 如何建立社会秩序：礼制，尊贤。

墨家比儒家观点更激进和平等，两家都没有深入思考政权合理基础的问题。

4 结语

墨家在先秦学说中最全面

个人认为，墨家是先秦学说中最全面的一个，而墨子求真理、爱和平的伟大人格更是罕见。

■ 墨学的思想资源之丰超过先秦诸子

从西方哲学的角度看，墨家最有资格称为哲学。首先，墨家最具思辨的精神；其次是墨家讨论的范围足以涵盖西方哲学的主要部分。墨子的"天志"涉及宇宙创造的问题，后期墨家也探讨过时空及运动的问题，这些都可归入形上学；墨子的"兼爱""尚同""尚贤""节用"等属于伦理学和社会政治哲学；后期墨家也讨论过知识论和逻辑的问题。而且墨家又有光学和力学等科学知识，又懂得利用这些知识来制造机械，墨家之所以受到各国的欢迎，很大程度上是因为他们掌握了这些科学知识和技术，有利于这些国家。墨学的丰富性，先秦诸子学说，无人能及。

墨学与西方哲学的对照

墨学	西方哲学
天志、明鬼	形上学、宗教哲学
兼爱、非攻	伦理学
尚同、尚贤	政治哲学
节用、节葬、非乐	社会哲学
三表法、《墨辩》	知识论、逻辑

■ 盛极一时的墨学为何日渐式微?

但很可惜,这个盛极一时的学派,在秦一统天下后竟然销声匿迹,究竟是什么原因呢?

先说近因,秦统一天下,没有了战争,墨家这个反战团体失去了主要目标——反战;秦以法治国,也绝不容许墨家这支武装力量存在。还有,秦将重要的工业收归国有,又用奴隶和罪犯当工人,杜绝了墨家的生计(因为很多墨家弟子都是手工业者)。

不过,秦始皇也曾焚书坑儒,为什么儒学又可以复兴呢?

墨子所讲的"兼爱"跟农业社会所孕育的伦理不大相应,反而是儒家所讲的"推爱"比较切合以家庭为本位的农业社会需要。墨学一时盛行于春秋战国的乱世,是因为墨家那种为民请命、救民于水火的济世精神切合时代需要,但一到太平盛世就不如儒家那般有吸引力。

不过,我认为这些都不是墨学绝迹的主要原因。一个团体可以转型求变,况且墨学有那么多重要的思想资源。墨家重视人民的利益,但只着重于节用一面,其实也可以从开源一面想办法,例如运用他们丰富的科学和机械知识,增加生产力,造福人民;虽然没有战争,但社会仍有很多不公平的现象,也可以继续宣扬兼爱;事实上,墨家也有条件发展为一宗教。由此可见,即使社会环境不利于墨家,其实还有其他的出路。

我认为墨学没有得到继承,主要是儒、道两家成为中国文化主流所致。汉初用道家思想治国,到汉武帝时又独尊儒家。上一章讲过,儒家轻视知识的独立意义,而道家泯是非、薄辩义的主张,更是反智;像墨家那种重视求真的思辨精神自然遭到排斥。有人以成败论英雄,认为墨家没落是由于其学说不济,其实是没有真正了解它的价值。

当然，历代都有少数人研究墨家，但对社会文化却没有实质的贡献。我们没有继承墨学的思想资源，特别是其独立的思辨精神，可以说是文化上的一大损失。

墨学没落的三个原因

社会因素：天下一统+工业收归国有

文化因素：儒、道成为主流

内部因素：
连年战事，死伤无数

> 知人者智,自知者明。
>
> ——《道德经》

第三章
道家：与儒家打擂台的非主流思想

常有人说中国文化是儒道互补，儒家积极，道家消极；得意时是儒家，失意时则要靠道家。这种说法有一定的道理，但在先秦时，道家却是以反儒家的姿态出现的。

跟儒家一样，先秦道家也有三个代表人物，分别是杨朱、老子和庄子。跟儒墨不同，道家不是一个集团，又没有明显的传承，它反映的是隐士的思想。杨朱没有留下任何著作，但由孟子说："天下之言，不归于杨，则归于墨。"（《孟子·滕文公下》）就可知他的思想在当时很受欢迎。不过，孟子批评杨朱："拔一毛而利天下，不为也。"（《孟子·尽心上》）是极端的自利者，却是扭曲了杨朱的思想，因为杨朱也说过："悉天下奉一身不取也。"（《列子·杨朱篇》）不拔一毛而利天下，但也不取人家的利益，这样又怎算自私呢？重视个人利益不一定是自私。况且："人人不损一毫，人人不利天下，天下治矣。"（《列子·杨朱篇》）人人的利益都没有损害，这不是天下太平吗？

儒墨道的关注点不同

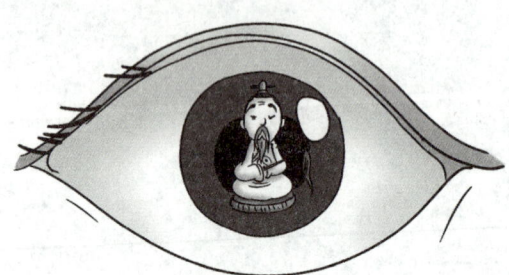

道家

道家重视的是个人,教我们如何在乱世中自保,使自己的心灵不受伤害。

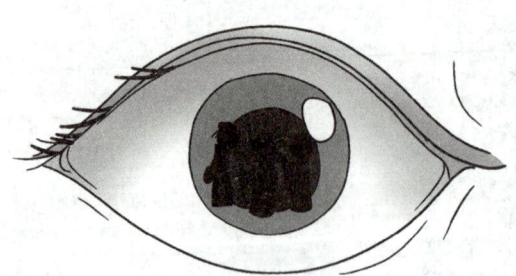

儒、墨两家

儒墨关注的是社会,并提出积极的救世主张。

道家的始祖
低调神秘的老子

　　老子（公元前587—前502）生于春秋末期，楚国人，比孔子年长。史载孔子曾问礼于老子，当时老子任周守藏室的官，相当于现代的国家图书馆馆长。老子见周室衰微，遂西出函谷关欲遁世，守关的尹喜请老子留下真言，于是写下《老子》一书（又名《道德经》）。但有人认为《老子》成书于战国中期，因为书中有很多用语是战国时才有的。我的看法是，老子确是《老子》的原作者，不过后人对此书有所增益。由于有《老子》一书传世，所以后世就推老子为道家的始祖。

■ 何谓"道"？

　　老子在《道德经》第一章第一句便说："道可道，非常道。""道"本身是不可言说的，可是，老子还是对这个不可言说的"道"做出了描述。

　　"道"是万物的根源，一切都来自道。正所谓："道生一，一生二，二生三，三生万物，万物负阴而抱阳，冲气以为和。"（《老子·第四十二章》）又谓："天下万物生于有，有生于无。"（《老子·第四十章》)这两句合起来可以这样解释，道就是"无"，一就是"有"，二指的就是阴阳二气，三就是阴阳二气的调和，而产生出万物。用西方的哲学术语讲，道就是本体，道是"独立而不改，周行而不殆"（《老子·第二十五章》），即独立自存，且永恒不变。

　　道不但是万物的根源，也是万物运行的规律。老子认为，我们的现象世界是变幻不定的，但变化背后却有其不变的规律。这个规律也称为"道"。要注意的是，这里讲的规律不是经验的规律或科学的定律，而是形上的规律。

　　但这个规律的内容又是什么呢？简单来说，可用一个"反"字来概括，正所谓"反者，道之动"（《老子·第四十章》）。"反"在这里有两个意思：一是相反相成，事物以其反面为存在条件。例如没有"丑"的话，就不会有"美"；没有"大"，也就没有"小"；没有"真"，亦不会有"假"。二是事物会向其反面转化，例如纵使是最美丽的人，终有一天会老去，那个时候也不再美丽了（可是，丑的人却不会自动转化为美的人）。

"反"所包含的两个意思，前者指出事物的相对性，后者显示事物的无常性。既然事物是无常的和相对的，因此老子教我们做人不要沉溺于经验世界的事物，最美丽的东西也有一天不再存在，执着于此只会为自己带来不安和痛苦。表面上，老子是讲出一个宇宙万物运行的规律——道，实际上他却指出一个做人处世的道理。春秋战国是一乱世，战乱为人带来很大的痛苦和不安，如何自保、避免痛苦才是老子真正关心的事。其中的重点就是掌握"反"的规律，可转化事物，化解矛盾。

科学定律和形上规律的区别

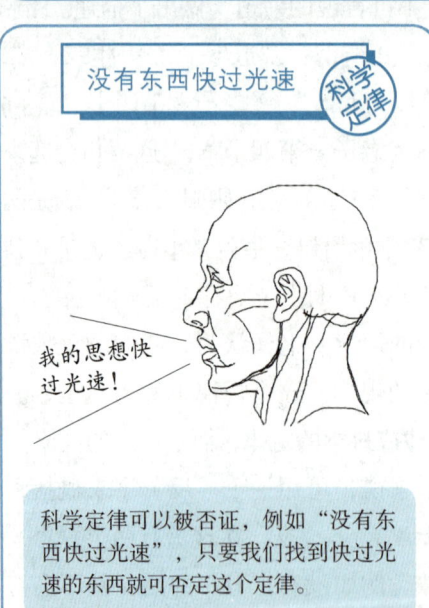

没有东西快过光速　科学定律

我的思想快过光速！

科学定律可以被否证，例如"没有东西快过光速"，只要我们找到快过光速的东西就可否定这个定律。

物极必反　形上规律

物极必反，器满则盈

形上的规律，例如"物极必反"，没有被否证的可能，因为当事物没有"反"的时候，我们总可以坚持它还未到"极"的状态。

从一个故事看"反者,道之动"

爹!爹!我们家被偷走的马自己回来了,还带回了一匹怀崽的母马!

1. 祸兮福之所倚,福兮祸之所伏。

现在你骑马摔坏了腿,也不一定是坏事——听说要打仗了,村里正征兵呢。

2. 循环往复的变化,是道的运动,道是宇宙万物运行的规律,也是做人处世的道理。掌握"反"的规律,可转化事物,化解矛盾。

■ 无为、无不为：修身之良方

道的另一个特性是"无为"。道虽生万物，却不会将万物据为己有、主宰万物，或居功至上，此所谓："生而不有，为而不恃，长而不宰。"(《老子·第十章》)

做人也应该效法"道"，以"无为"为人生追求的目的。老子说："为道日损，损之又损，以至于无为。"(《老子·第四十八章》)为道的重点在于去除私欲、私念，达至无执的境界。由此可见，无为不是什么也不做，而是不妄为，顺应自然而成就的精神境界。

但如何达致"无为"呢？

老子的工夫论是"致虚极，守静笃"(《老子·第十六章》)。简单来说，"虚静"的意思是要有清净的心灵，有清净的心灵才能自定，才能容物而不致偏执，复能静观万物的运行，体验"道"。

"无为"虽是形上的境界，但此境界又能产生经验的效果，那就是"无不为"，正所谓"道常无为而无不为"(《老子·第三十七章》)。"无不为"不是无所不为或任意妄为，而是指效果。

无为既能体验"道"，自然能明白道的法则"反"，那就可加以利用，产生经验的效果。经验效果分两种，一是修身，二是治国。从修身方面讲，可以避害脱险、不为物累、全身保真。例如汉朝开国的两大功臣张良、韩信，张良做到"功成身退"而免于难，韩信则不得善终。至于治国，后面再做讨论。

"无为"运用在修身上如何助人避害脱险?

■ 守柔、不争：做人处世的原则

由"无为"可以引申出两种做人处世的原则，一是"守柔"，二是"不争"。老子以水为比喻，说明其中的道理，所谓"天下莫柔弱于水，而攻坚强者莫之能胜"（《老子·第七十八章》），水虽柔弱，却能滴水穿石，由此带出柔弱胜刚强的道理。

若明白"反"的规律，就应守柔，因为强者会引来争斗，导致灭亡，所谓"强兵则灭，木强则折"（《老子·第七十六章》）；而保持柔弱，不做争斗，则能自然发展，此所谓"弱者，道之用"（《老子·第四十章》）。

老子特别重视婴儿，因为婴儿期是人生中最柔弱的阶段，也是生机最盛的时候，充满各种发展的可能性。

"守柔"和"不争"其实是一体两面，"守柔"自然会"不争"，不过，"守柔"是对自处而言，而"不争"则是从处世方面讲。老子也以水为喻，说明"不争"之德，所谓"上善若水，水利万物而不争"（《老子·第八章》）。不争自然不会与人为敌，故无怨，不争能容纳不同的见解，而不争地"为"则是无往而不利。

例如汉初吕后独揽大权，并想将帝位转给娘家的人，于是几乎杀掉刘邦的所有儿子，只有小儿子刘恒幸免于难，因为他的母亲深谙道家"不争"的道理，早就远避西北边塞。吕后死后，大臣就迎刘恒为帝，是为汉文帝。

汉文帝和汉景帝父子开创了汉初的盛世，史称"文景之治"，史书记载，汉文帝当了几十年皇帝，狱中犯人很少，其治国根据就是黄老学说，"老"即老子，也即道家思想，黄老学说会在第九章再做讨论。而汉文帝一生奉行道家思想，彻底实践了老子的三宝，下一节会说明这三宝。

水是最接近道的事物

水利万物而不争。

水是天下最柔弱之物,又是最攻坚之物。

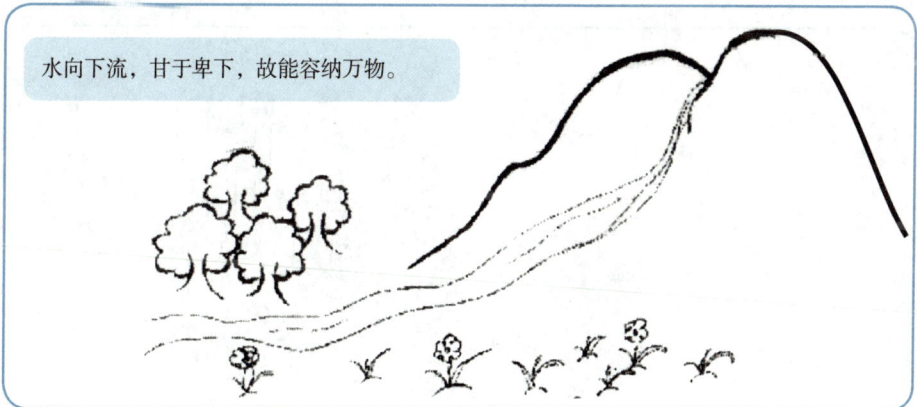

水向下流,甘于卑下,故能容纳万物。

老子的处世三宝：慈、俭、不敢为天下先

在做人处世方面，老子有三宝，分别是"慈""俭""不敢为天下先"。我们常说慈母，"慈"是母亲的特性，道生万物，道就是万物的母亲，故慈也是道的特性。老子说："慈故能勇。"(《老子·第六十七章》)慈爱的母亲勇于保护她的儿女，慈爱的人也勇于帮助别人。

"慈"是对人的关怀，"俭"则是待物的态度。万物来自道，人也必须珍惜万物。俭即节俭，防止过度的消耗，包括节制人的欲望，也就是道家讲的"少私寡欲"。老子说："俭故能广。"(《老子·第六十七章》)如果每个人都懂得珍惜自然资源，则人人都可普遍地使用这些资源，因为资源不会被独占或浪费。由此可见，俭也包含知足的心态。

第三宝是"不敢为天下先"，即谦让，也包括上面讲的"不争"。老子说："不敢为天下先，故能成器长。"(《老子·第六十七章》)不敢居于天下之先的人，才能真正成为领导者。因为若骄傲自满，就会自以为是，迟早完蛋。老子说："善用人者为之下。"(《老子·第六十八章》)意思是作为领导人，反而要谦虚卑下，下属才会听命于你。

慈故能勇

■ 理想社会：小国寡民

老子不像孔子和墨子，四处奔走，宣扬他们的救世主张；也许他认为世道衰微，已是无药可救，不过他对当时社会问题也做出诊断："民之饥，以其上食税之多，是以饥。"(《老子·第七十五章》)人民之所以生活痛苦，就是苛税太多。老子认为这是统治者的问题，他们利用制度来压迫人民，剥削人民。老子看到了孔子和墨子见不到的问题，就是制度对人的压制。

老子也有他的政治主张，就是"无为而治"，正所谓"我无为而民自化，我好静而民自正，我无为而民自富，我无欲而民自朴"(《老子·第五十七章》)。从老子的角度看，孔子和墨子的政治主张都是有为而治，必会增加政府的权力，权力令人腐化，权力过大亦会限制民间的自然生机，扭曲人的质朴本性，总而言之，政府越有为，问题就越多。

所谓"无为而治"之下还有三个原则，就是"不尚贤""不贵难得之货""不见可欲"(《老子·第三章》)。孟子"尊贤"，墨子"尚贤"，招揽贤能之士有什么问题呢？老子认为，尚贤会令人争做贤者，引起争夺，甚至会弄虚作假；不贵难得之货，就是不推崇珍贵的物品，因为会惹来盗贼；不见可欲，就是不要引发人的贪欲。统治者其实是人民的榜样，统治者寡欲，人民自然会寡欲。所以老子也反对"以智治国"，因为统治者精明，人民也会精明。因此，最好的统治方式是令人民无知无欲。

老子的"无为而治"是一种最低度的政府，政府不要对人民太多干涉，也不要标榜什么。其理想社会是"小国寡民"，是一个淳朴的社会，国土少，人民也少，没有战争，人人各安其位，生活简单而快乐，无须迁徙。这个无为而治的理想社会其实就是上古的原始社会，老子崇尚婴儿，原始社会不就是人类文明的"婴儿期"吗？老子反对文明和进步，原因之一是这些东西令人心变坏。例如《庄子》有一故事，说种菜老人不用机械来帮忙灌溉，因为"使用机械，就会有机巧之心"，讲求效率，就会计算，计算就会计较，计较就会产生羡慕和嫉妒，人心就开始变坏。

老子的无为而治，常被人批评为愚民政策，但这批评有点不公平。老子不但要人民无知无欲，就连统治者也要一样，因为统治者要以身作则才能生效，跟后世用愚民政策来自利的君主有明显的分别。

老子的四种统治和儒家的大同社会

老子将统治者分作四种，或四种层次的统治：

统治等级	统治方法	人民的反应	
第一等统治	无为而治	人民只知统治者的存在，不知他做过什么	
第二等统治	行仁政	人民称赞并亲近统治者	
第三等统治	行刑治	人民害怕统治者	
第四等统治	任意妄为	统治者诚信不足，人民轻侮他	

老子的乌托邦是以上古的原始社会为蓝本，无为而治的理想社会其实就是人类文明的"婴儿期"。

道家思想的集大成者
浪漫诙谐的庄子

庄子（公元前367—前279）生于战国中期，宋国蒙地人，与孟子同代，跟惠施是好朋友。庄子曾任蒙的漆园吏，生活困苦，以编织草鞋为生。著有《庄子》一书，分内、外、杂三篇，大部分是寓言故事，一般认为只有内篇及部分外篇才是庄子的手笔，其余的都是庄子后学所作。庄子的思想十分丰富，个人认为，《齐物论》和《逍遥游》的主张较为重要。

诸子著作的文体及发展

诸子著作 \ 文体	寓言	韵文体	问答体	影响
《论语》			★	论说文的萌芽
《孟子》			★	以对话的形式结构成具有论说文性质的篇章
《墨子》			★	由对话为主向专论为主的过渡，奠定论说文的基本范式
《庄子》	★			摆脱了语录体而发展成专题性论文
《老子》		★		
《荀子》			★	标志论说文体的成熟
《韩非子》				成为后世论说文体的楷模

就文体而言，先秦诸子散文与以《左传》《国语》《战国策》为代表的先秦历史散文不一样，后者的主要特点是"叙"，属于记叙文，而诸子散文的主要特点是"论"，重在表达思想主张与哲学观点，属论说文。

■ 破生死、通人我：庄子教我们超越对生死的执着

庄子的思想可以说是继承老子并且有所发挥。老子认为世间事物充满相对性和无常性，因此叫人不要迷恋执着，否则会带来痛苦和不安。庄子则认为人最执着的事物莫过于自己，特别是自己的生命。事实上，人生必有一死，但又有谁不畏惧死亡呢？死亡正是我们痛苦和不安的来源之一。庄子要教我们的就是，如何超越对生死的执着。

庄子认为，人的形躯跟万物一样，都是由气所形成，生死不过是万物之间的转化，所谓"人之生，气之聚也，聚则为生，散则为死"（《庄子·知北游》）。明白万物一体的道理，就能顺应自然的变化，做到适时处顺，哀乐不入，不再好生恶死。

除生死之外，人生很多执着都是源于人我之别，正因为我是我，你是你，我和你才会产生矛盾，引起争执。而庄子所讲的寓言如"庄周梦蝶""鱼之乐"等则旨在打破人我之别，展示"通人我"的道理。在万物一体的立场之下，去除人我之别，使人的精神得到解放，达到物我两忘的境界。

庄子主张万物一体，也即《齐物论》中的"齐物"。从道的观点看，万物都没有差别，齐物就是将万物等视，无贵贱之分。

不过，有人却从唯物论的角度去解释道家，但我认为并不恰当。古希腊哲学家伊壁鸠鲁是唯物论者，不相信有死后的生命，他认为，人只是原子的组合，死亡不过是原子的分离，所以人根本不应该惧怕死亡，因为我们生存的时候，死亡还未到来；待死亡到来，我们已经不存在了。表面上看，伊壁鸠鲁用原子的结合和分离来解释生死，跟庄子用气的散聚来解释生死，有相似之处，都可用以化解对死亡的恐惧；但是，道家还有超越意义下的"道"，死亡也可以理解为回归于道，道就是本原。

庄周与蝴蝶

究竟是庄周梦蝶,还是蝶梦庄周?

"庄周梦蝶"打破人我之别,展示了"通人我"的道理。在万物一体的立场之下,去除人我之别,使人精神上得到解放,达到物我两忘的境界。

■ 泯是非、薄辩议：庄子否定一切是非争论

庄子认为不存在客观的是非，因为万物流变，确定性的知识根本无从建立；是非只是由人的成见而来，例如儒墨之争，争了三百年，都没有结论，各自困于自己的成见。

从道的观点看，一切是非之争都是相对的，所以庄子主张"泯是非"，即泯灭是非的对立，也即《齐物论》中的"齐论"，将一切言论等视，无高低之分。庄子认为是非之争不但没有结论，还会束缚人的心灵，造成困扰和执着。所以他又主张"薄辩议"，否定辩论的价值和意义。

庄子认为"辩无胜"，因为没有客观标准判断争辩双方的对错，即使有第三者做裁判，仍可以质疑其判准的客观性，所谓"辩也者，有不见也"（《庄子·齐物论》），争辩双方都是困于自己的成见。只有消除心中的是非，心灵才能得以安顿。

我同意应该放下是非的执着，但并不表示完全没有是非之分，辩论也非毫无意义。庄学的弊端就是容易流于相对主义。从逻辑的角度看，庄子很多推论都有问题，不过，庄子的文章实在太优美，令人不忍心批评。学写文章最好就是读《庄子》和《孟子》，但还是应该先理清逻辑，不然，就会被它们的优美文字而欺骗。

今天，在后现代主义思潮的影响下，相对主义又逐渐流行起来，理性讨论的客观性受到质疑，等而下之就是反智。很多人认为讨论往往没有确定的答案，解决不了问题；但这种想法只是以偏概全，比方说有十个问题，透过理性的讨论，可以解决六个问题，余下的四个问题虽然得不到共识，但经过讨论之后，也可了解对方的观点，清楚大家的分歧所在，可能是大家对事实判断有不同看法，也可能是双方价值观发生冲突。

庄子对是非之争有偏见

庄子认为是非之争不但没有结论,还会束缚人的心灵,造成困扰和执着,所以主张"薄辩议",否定辩论的价值和意义。

■ 逍遥无待：达致精神完全自由的境界

从以上的分析可见，生死之分、人我之别、是非之争等都束缚着我们的心灵，如果我们能够解除这些束缚，超越一切是非、利害、苦乐甚至善恶的时候，就能达致精神完全自由的境界，可称为"真我"的境界，即庄子所讲的"逍遥游"，这是一种能够观赏万物而不迷恋其中的自由境界，能够达此境界的人就是道家所追求的"至人"或者"真人"。

道家一方面讲"顺应自然"（顺应宇宙万物运行的规律——道），但另一方面又指出人生存在的目的是追求"真我"的境界，这是否有些矛盾呢？其实不是，因为当我们能够达致"真我"的境界时，就能够观赏万物的流变，也即能够体验这个宇宙万物运行的规律——道。

个人认为，道家所追求的人生可以理解为一种"艺术的人生"，因为这种"天地与我并生、万物与我为一"的物我两忘境界，跟艺术欣赏时那种审美状态实有相通之处。这种艺术化的人生是一种不受名利、是非和善恶束缚的人生，只有这样，我们才能以一种超然的心态去观赏万物。所以，虽然说道家思想是反文化（因为知识、科技和道德等都是束缚心灵的东西），但却能成就艺术。当然，老子和庄子都未曾正式讨论过艺术的问题，例如艺术是否有价值，但道家的思想实际涵蕴着艺术的精神，不过这种艺术精神要通过魏晋玄学才得以显露，才能对以后的艺术发展产生影响。

个人认为，这种精神自由十分重要，它可以强化自我，抵抗本能、强权和商业广告的影响。而艺术的一个重要功能，就是提升我们的精神上的自由；不过，古典艺术比当代艺术可靠，例如古典音乐（一般来说）能在抽象的层面提供极大的想象空间。

道家追求的人生境界

超越一切是非、利害、苦乐甚至善恶的时候,就能达致精神完全自由的境界,可称为"真我"的境界,即庄子所讲的"逍遥游"。

道家所追求的人生可以理解为一种"艺术的人生",因为这种物我两忘境界,跟艺术欣赏时那种审美状态实有相通之处。

■ 庄子的工夫论："坐忘""心斋"

如何达致与道为一的逍遥境界呢？庄子的修养工夫是"坐忘""心斋"。什么是坐忘呢？"堕肢体、黜聪明，离形去智，同于大道，此谓坐忘"（《庄子·大宗师》），意思是去除人形躯欲望和思虑知识所造成的束缚，使心灵得到净化。方法是"忘"，将注意力由外界收回内心，忘却外物、身体、利害计较、心中是非。

人常为外物（主要是名利和权位）所累，而现代人更被繁杂的意念所缠绕，例如拼命保持美好的体形，将自我局限在形躯之中。

"心斋"又是什么呢？"耳止于听，心止于符，气也者，虚而待物者也，虚者，心斋也"（《庄子·人间世》），心斋是保持心灵的虚静，方法是炼气，使精神集中于内。所谓炼气，即呼吸的修炼法。庄子说："真人之息以踵，众人之息以喉。"（《庄子·大宗师》）得道的人，呼吸时的气能到达足底，普通人只能到达肺部。老子也说："专气致柔，能婴儿乎？"（《老子·第十章》）将气集中在一处，就能锻炼出一种婴儿般的柔软性，可随机应变。

无论是"坐忘"或者"心斋"，目的都是使人的内在精神达致专一，上可通于道，对外则应万物而不伤。"坐忘"是偏重于心的作用，而"心斋"则着重于气的作用。

个人认为，"坐忘"和"心斋"的理论跟后来道教的打坐和气功有很大的关系。

顺便提一句，佛家修持的方法中有禅定和呼吸法，目的都是为了达致精神的统一，禅定跟"坐忘"有相似之处，而呼吸法亦跟"心斋"有共同的地方。

禅定和呼吸法属于佛家所讲的"戒、定、慧"中的定，由定得慧，慧即智慧；所以我们也不妨说，"心斋"和"坐忘"是得到道家智慧的方法，道家的智慧称为"明"。

为什么心斋（呼吸修炼法）有助于心净？

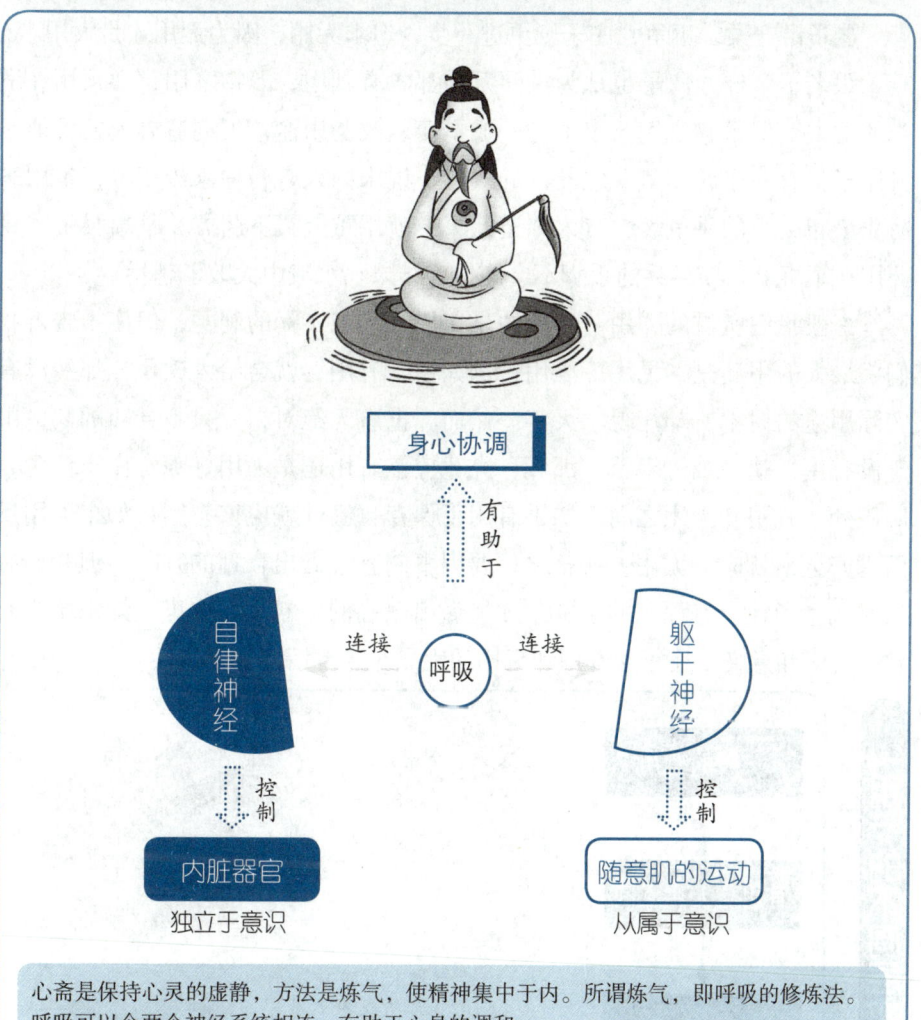

心斋是保持心灵的虚静，方法是炼气，使精神集中于内。所谓炼气，即呼吸的修炼法。呼吸可以令两个神经系统相连，有助于心身的调和。

■ 无用之用：庄子的处世之道

老子讲守柔、不争，庄子则更进一步，追求无用，因为无用才是大用。

跟老子一样，庄子也认为世间万物都各有其用，万物之用，必须用在适当的地方。但事物之用，也不是一成不变，改变用途，可创造更大的价值。《庄子》有一个"不龟手之药"的故事，说宋国人有一种家传秘方，本用来防止染布工人的手龟裂，有人知道此事，就用重金买下药方，献给吴王，将药用在军事上，使吴兵的手脚不会冻伤，结果在水战中大败了越兵。

一般我们所讲的"用"，指的是实用或带来实际的利益，但庄子告诉我们，最大的用还是"无用"之用，例如树木有用，就会给人砍伐，那些没有实际用途的树木，却能得享天年。然而，世事无绝对，一只不会叫的鹅，由于没有用，就会被人宰杀。那么，究竟应该有用还是无用好呢？庄子认为，应该处于有用和无用之间。如果有用可保存自己，就应该有用；如果无用反而更安全，就应该无用。换言之，要因事制宜，做出合理的判断。但我们必须对人生和社会有深刻的了解，才能做出正确的判断。在这里，知识始终有它的价值和意义。庄子对有用和无用的观点充满灵活性和创造性。

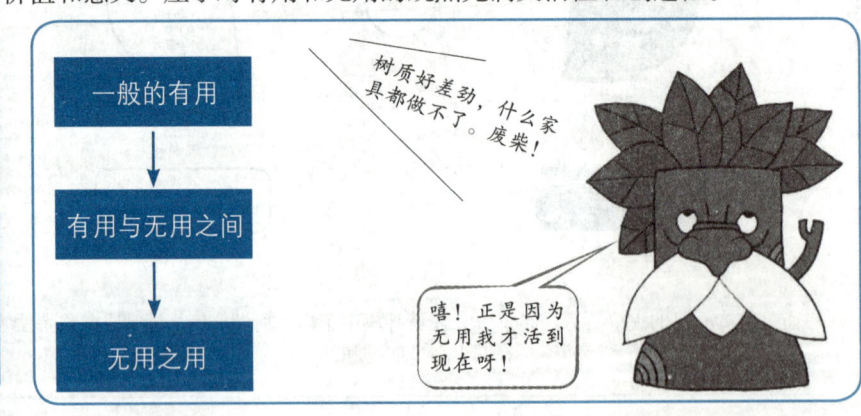

"用"的不同层次

做儒家和学道家有何区别？
儒道的异同

儒家虽然重视社会秩序，但还是以人为中心，重视人的利益和肯定人的内在价值；道家虽然重视个人，特别是人的精神自由，但却是以自然为中心。

从道家的角度来看，以人为中心的观念往往是自以为是、自作聪明，甚至是自取灭亡。当然，从儒家的角度看，就会认为道家这些隐士对社会没有贡献，不明白人伦的重要性，例如荀子就批评庄子"蔽于天而不知人"（《荀子·解蔽》）。

虽然如此，两家思想的差异，往往有共同之处，有时还可以互相配合。

在儒家看来，道家是无用的代名词吗？

儒家以人为中心，道家以自然为中心。

■ 道德之争：道家完全不重视道德吗？

道家经常批评儒家的仁义，是否表示道家反"道德"呢？老子说："绝圣弃智，民利百倍；绝仁弃义，民复慈孝；绝巧弃利，盗贼无有。"(《老子·第十九章》)由此可见，老子也重视"道德"，不然怎么会说"慈孝"和"利民"呢？儒家的仁义并非最好的道德，所谓"失道而后德，失德而后仁，失仁而后义，失义而后礼"，当然，到了韩非，就是"失礼而后法"，完全不用讲道德了。最高的道德是"道"，就是无为；相比之下，仁义是次等的道德，乱世需要忠臣孝子，正是因为没有了忠孝，那不是道德的堕落吗？

但仁义有什么不好呢？主要有三点。

第一，虚伪。不是说仁义本身是虚伪的，而是标榜仁义会令人变得虚伪，因为仁义成为社会认可的标准，大家就争着去模仿，外表符合了，但内心却不真实。

第二，容易被人利用。假借仁义之名，以此为借口进行侵略或报复。

第三，束缚人性。道家认为人性是朴实的，仁义却是外在强加于人，反而伤害人的本性。

公平地讲，虽然仁义会产生虚伪和被人利用等问题，但儒家强调的正是内心的真诚。我认为儒道的真正冲突在于第三点，从儒家的立场看，仁义是内在的，是人的真实本性，仁是爱心，义是责任，仁义需要表达，所以才有礼乐；但道家却认为人的本性是自然的，不需要刻意，仁义就是造作。什么才是人的本性呢？这是一个可以永远讨论的哲学问题，不过，儒道两家是有共同的地方的，就是真实，儒家讲的真诚就是真实。

从道家的角度看，仁义礼乐这些所谓文化，跟人的质朴之性有冲突。或者可以用孔子的话来调和两者，孔子说："质胜文则野，文胜质则史。文质彬彬，然后君子。"(《论语·雍也》)质是指人的朴实之性，类似道家所讲的人的本性，文就是文化，质胜文则野指的是文化太少，就会落后和野蛮；但文化太多，亦会掩盖人的本质，令人太造作，所以两者要保持平衡。

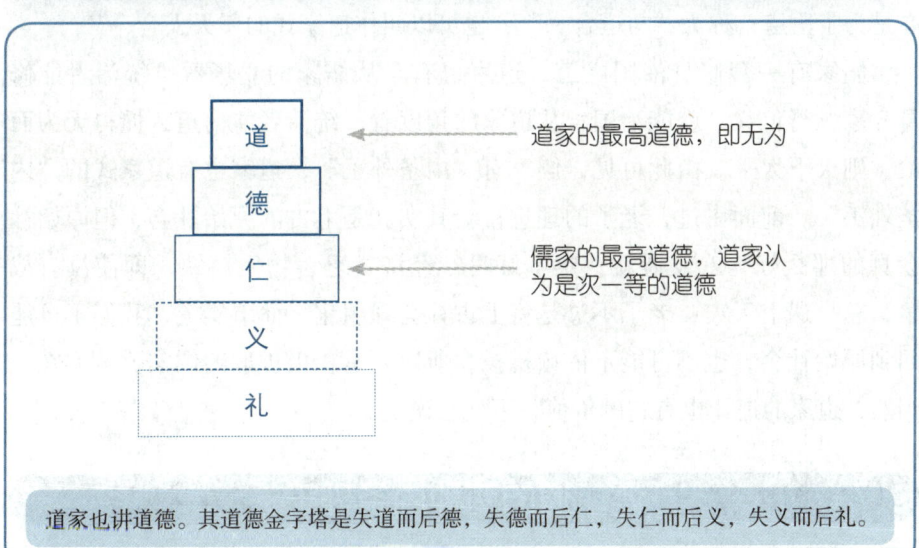

道德的几个层次及道家的道德观

道家的最高道德，即无为

儒家的最高道德，道家认为是次一等的道德

道家也讲道德。其道德金字塔是失道而后德，失德而后仁，失仁而后义，失义而后礼。

■ 儒道各有一套"内圣外王"

前面说过，儒家重视社会，强调人对社会的责任，所以儒家讲"见利思义"，碰到利益就要先考虑有没有违反道德；道家重视个人，反对动不动就要牺牲自己，成全社会，但也不要为了短暂的利益而令自己受害，所以道家主张"见利思害"，勿因小失大。

做儒家，要尽责任，必须先修养自己，培养德行，才能成功；学道家，要全身自保，也需要修养自己，培养德行，才能有效。儒家的主要德行有仁、义、礼、智；道家的主要德行则有慈、俭、不争。儒家的理想人格叫作君子，更进一步称为圣人；道家的理想人格叫作至人或真人。儒家的修身能体验道，就是孟子讲的尽心、知性、知天，也即"天人合一"；道家的修身亦是为了悟道，称为"与道合一"，也可以叫作道家式的"天人合一"。

儒家有一套修身治国之道，道家也有。从儒家的立场看，统治者能修身齐家，行仁义，就能治国；从道家的角度看，统治者能悟道，懂得无为而治，则天下太平。由此可见，儒家有"内圣外王"，道家也有道家式的"内圣外王"。前面讲过，老子的理想社会其实就是上古的原始社会，但原始社会真的那么好吗？发展就一定不好吗？经济贫乏、物质短缺，即使没有战争，总会遇上天灾，老子不过是将上古社会理想化。而事实上，我们不可能回到原始社会，也不可能不依赖科技，所以还是积极进取的儒家比较实在，当然，道家的退让也有它的价值，下面会说明。

儒、道的两种内圣外王

■ 重视秩序、儒道互补

虽然儒道两家有着不同的主张，但两者都重视秩序。当然，儒家重视的是人伦的秩序、社会的秩序，而礼仪就是维持秩序的方法；道家重视的是自然秩序，也关注人的内心世界，及如何跟自然保持和谐的关系。

对儒家来说，社会的整体秩序比个人的利益重要，所以儒家要求个人节制情欲，以符合社会的规范，所谓"克己复礼"也有这个意思。第一章讲过，礼制其实是维护了既得利益者（即贵族）的利益，而事实上，社会充满了不平等和利益的冲突，单靠规范不足以消解潜在的冲突，所以，礼之外，还需要乐。正如《礼记》所说："乐者为同，礼者为异。"礼正显示出人的差异性和不平等性（包括人为和先天），音乐是讲求和谐的，所以乐的作用就是使这些差异不会产生冲突，并达致和谐的状态。

道家虽然比儒家重视个人，但也同样主张节制情欲，目的是寻求内心的平静。面对事物之间的冲突，老子基于"反"的规律，主张用转化来消除，庄子则以万物一体来消解。儒家和道家，分别从不同的领域主张和谐，儒家寻求的是伦理社会的秩序，道家则讲求自然世界的秩序。两者正好互相合作，提供一个和谐的世界观。到了今天，中国领导人仍然坚持和谐的重要性，除了现实的需要外，实有着文化的因素。

在传统中国社会，儒家要求读书人努力进取，但官僚体制和科举制度等又会对人产生很大的压制，幸好有道家帮忙消解压力，虽然孟子也说"穷则独善其身，达则兼济天下"（《孟子·尽心上》），但前者则要靠道家来成全。在当代社会，儒道互补有了新的意义，儒家积极进取，正好促进社会的发展，有研究指出，亚洲四小龙的经济奇迹就是受儒家伦理所影响；但社会急速发展，又会产生很多问题，例如破坏环境，带来污染，在这个时候，就需要道家思想来节制一下，用回归自然来限制急速的发展。

儒道如何形成互补？

社会要正常发展，需要积极进取的思想，儒家能提供正能量。

如果社会有病，就要靠道家，因为道家是良药。

道家是最有人生智慧的哲学

结语

上一章讲墨家时，我说过，如果依照西方哲学的标准，墨家最有资格称为哲学，但如果将哲学定义为追求智慧之学，特别是人生智慧的话，则道家会是最好的哲学，因为它最有人生智慧。道家教我们从"道"的角度看事物，即从整体的角度看事物，能见其大，助人培养豁达精神，化解内心的执着。

■ 老、庄之别：老子偏智，庄子重慧

老子是道家的祖师，庄子是最重要的继承者，两者的关系就像孔子和孟子。老庄都主张自然、无为、虚静及反文明，不过，二人仍有明显的分别。

老子讲道，着重的是其本体意义和客观规律，而庄子则强调道的一体性，将其客观意义化作人生的精神境界，显示出人的自主性。道家重视个人，当然重视生命，但生命里最重要的就是自由，自由中最重要的就是精神的自由，在这一点上，我认为庄子比老子有更好的发挥。

而事实上，老子和庄子的生命情调也很不同，老子冷静理智，庄子灵锐跳脱；老子叫人退让不争，庄子则索性追求"无用"；老子老练，庄子潇洒。读《老子》跟读《庄子》的感受也很不同，《老子》虽然只有五千言，但句句充满智思，需要人用理智去解读；《庄子》则不同，大部分都是寓言故事，要靠人领悟个中的道理。如果说道家是最有人生智慧的哲学的话，则老庄之别就在于，老子偏智，庄子重慧。智者重思考，慧者重感悟；智者不愚，慧者不痴。故读《老子》能得智思，读《庄子》则可长慧见。

儒家跟道家比，儒家重社会，道家重个人；老子跟庄子比，老子较关心政治，庄子主要关心个人的精神自由。老子关心政治，为统治者献谋献策，所以老子也讲权谋，后为法家所继承；老子也讲兵道，又为兵家所用。老子讲的无为而无不为，有治国的实际效果；庄子所讲的无用之大用，只用在个人的逍遥。

老子比庄子关心政治

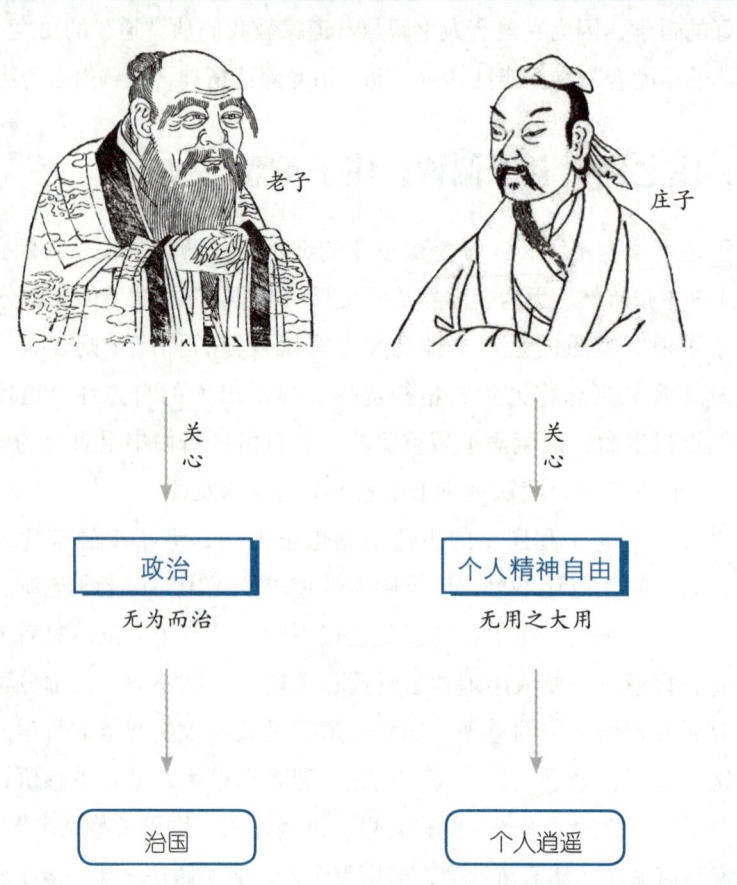

* 老、庄虽同为道家大师巨匠，但如从人道和政治实践的角度予以划分衡量，二人却要属于不同的文化模式和思想体系。
* 老子与早期儒家以及其他先秦诸子趋向一致，而庄子则独立于诸子百家之外。

■ 道家的影响

上面提到,老子的思想影响了法家和兵家,所以有人说,法家和兵家都是出于道家。韩非是法家的代表人,著有《喻老》《解老》两篇文章,可见他对老子的重视,不过韩非将老子的"无为"和"虚静",转化为君主控制臣子的"术",即帝王之术。现在通行的《老子》版本,又叫作《道德经》,道经在前,德经在后,但在长沙马王堆出土的《帛书老子》,则是德经在前,道经在后,照理应称为《德道经》,有学者认为,这是法家所传的版本。

至于兵道方面,虽然老子谈得不多,但也有七八处,跟孙子讲"兵者诡道"有相似之处(见第六章第三节)。但老子始终是反战的,兵乃不祥之器;不过,既然战争不可完全避免,所以老子得劝谏统治者应以哀礼来对待用兵之事。

秦任法而早亡,楚汉相争又对社会造成很大的伤害,所以汉初奉行黄老之学,采用道家的无为而治,使社会得以休养生息,这是道家首次成为官方思想。虽然后来汉武帝独尊儒家,但黄老之学一直受到统治者的重视,所谓内用黄老,外示儒术。

道家思想的另一个影响是道教,道教出现于东汉,奉老子为教主,将老庄说成是得道的仙人。但道教所追求的长生不死,其实违背了道家顺其自然的思想,庄子所讲的"养生"是指养其精神自由的生命,并不是保持形躯生命的长久。不过,道教主张修炼身心,的确跟道家有密切关系。

到了魏晋时代,由于政治黑暗,知识分子为免惹祸,于是崇尚清谈,探讨形而上的问题,称为玄学。玄学中的三玄就是《周易》《老子》和《庄子》,三玄中有两部是道家作品,还有王弼注《老子》、郭象注《庄子》,可见道家思想受欢迎的程度,某种意义下,魏晋玄学是道家思想的复兴。不过，魏晋名士大多忽视道家的修养功夫，而且甘愿受形躯欲望的支配，或是放纵食色之欲，以求生理满足；或是怪言怪行，以求心理的宣泄。

个人认为，魏晋玄学的成果是继承了道家所涵蕴的艺术精神，并有进一步的发展。在魏晋玄学的影响下，产生了很多艺术理论著作，有讨论绘画的，有讨论文学和音乐的，而这些理论著作又进一步指导着具体的艺术品创作。

劳思光先生认为，韩非、道教及魏晋玄学都扭曲了道家的思想，但魏晋玄学较为接近道家的精神，即观赏万物的精神自由。我则认为，道教较为接近道家思想，因为道教主张身心的锻炼。崇尚道家，但又不修养身心，就会流于放任、懒惰和不负责任。

道家思想的影响

	老子	庄子
法家	帝王之术	
兵家	兵道	
黄老之学	无为而治	
道教	小私寡欲，摄生	养生
魏晋玄学	形而上的问题	艺术精神

无事则国富,有事则兵强。

——《韩非子》

第四章

法家：君王们明贬暗行的思想

严格来说，法家不算是一个学派，因为法家人物并没有直接的传承关系。法家也没有明显的创始人，但有发源地，就是当时商业繁荣的地方，由此可见，法家思想的出现跟商业兴起有密切的关系。当时社会产生急剧的转变，传统礼制已难以维持社会秩序，法治的需求变得越来越重要，法家思想实是反映了时代的需要。

法家富国强兵的理论很受诸侯欢迎，法家人物也多得到重用。相反，儒墨两家四处奔走，都是徒劳无功。

虽然法家没有明显的创始人，却有一个集大成者，那就是韩非。

法家如何应运而生？

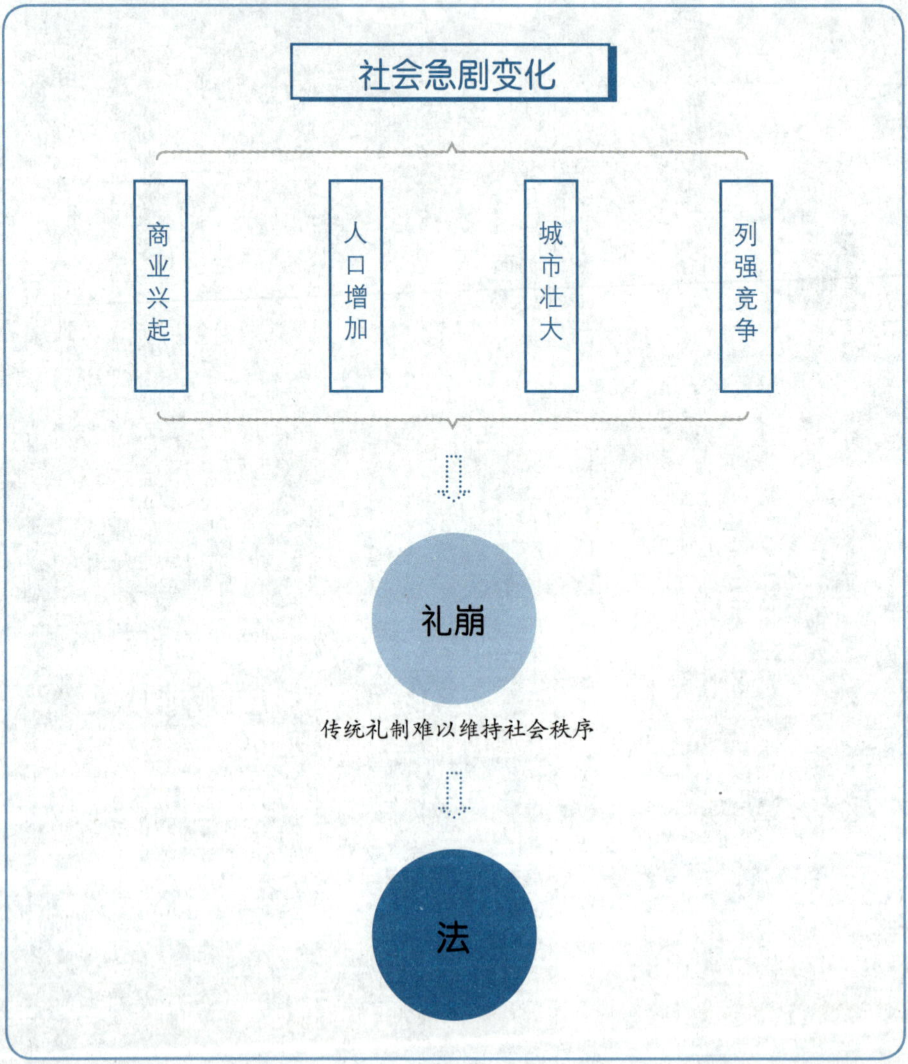

社会急剧变化

- 商业兴起
- 人口增加
- 城市壮大
- 列强竞争

⇩

礼崩

传统礼制难以维持社会秩序

⇩

法

没有真正的代言人
前期法家

法家是以其主张来命名的。法家主张以法治家，法的特点是成文和公开。公元前536年，郑国宰相子产作刑书，将法律写在鼎上，就是要公开律法；晋国的大夫叔向写信给子产，批评这种做法，因为将法公开，人民知道了法的内容，就不再忌上，而且会想办法逃避法律的制裁，及据此来互相争夺。但二十五年之后，出于现实的需要，晋国也铸刑鼎了，这次轮到孔子提出反对了，孔子认为礼治比刑治好，因为礼治可培养人的德行。

西周是礼刑并用，《礼记》说："礼不下庶人，刑不上大夫。"礼用来规范贵族，而刑则用来管治平民。法虽出于刑，但它不同于西周时的刑，主要有两点，第一，刑只用于平民，但法却对所有人有效，包括贵族，法讲求的是公平；第二，刑不会公开，故作神秘，令人民有所畏惧，但法是公开的，让人民知道该遵守什么。

礼与法有何不同？

	礼	法
适用对象	贵族	所有人
特点	没有强制性	有强制性
	别贵贱，定亲疏，有阶级性	打破阶级，有平等性
	惯例，不成文	成文
	不公开	公开
目的	培养德行	用刑罚阻吓犯罪

子产不算是纯正的法家，因为他是礼法并用。其实最早提出法治思想的人是春秋时的管仲，但他也重视礼治，思想驳杂，亦不足为法家的代表人。

法家基本上反对礼治，法家的法，都是严刑峻法，目的是维持君主的绝对权力，以及富国强兵。除了法之外，法家还主张"术"和"势"。法主要是用来管治人民，而术则用来对付臣子。势就是权势，君主必须巩固自己的权力，才能有效使用法和术。前期法家的三个代表人物中，商鞅重法，申不害重术，慎到重势。

其他法家人物

	个人经历	主张
管仲	齐国宰相，辅佐齐桓公成为霸主	是最早提出法治思想的人，有"什伍法"的主张
邓析 也是名家的代表人物	郑国大夫，因好辩得罪当权者，被处死	作刑简，比铸刑书方便，更易于流动
李悝 子夏的学生，儒家出身	魏国宰相，辅助魏文侯	集诸国之法，著《法经》，但失传
吴起 也是兵家的代表人物	卫国人，先后在鲁、魏及楚任大将，明法令，行耕战，不惜与贵族对抗	与商鞅的路线相同

■ 商鞅：死于非命的以法治国者

商鞅（公元前390—前338）生于战国中期，卫国人，与孟子同时代。商鞅虽是卫国贵族，但当时卫国已沦为魏国的附庸，商鞅得不到魏惠王（即梁惠王）的信任，于是去秦国游说，得秦孝公的重用，被任命为相，进行变法，令秦国强盛起来。商鞅死后，有人将他的言论集结成书，称为《商君书》。

商鞅主张以法治国，反对礼治。他说："民本，法也，故善治者，塞民以法。"（《商君书·画策》）由此可见，法是用来控制人民的。能控制人民，就能用人民去耕作和战争，达致富国强兵。商鞅认为只有严刑峻法才能管治人民，因为"刑重者，民不敢犯，故无刑也"（《商君书·画策》），刑重则人民不敢犯事，那就无须用刑，这就是"以刑去刑"。根据这个道理，战争和杀人都有它的价值，就是"以战去战，以杀去杀"。

前面提到，法家的法都是严刑峻法，例如商鞅主张"连坐法"，将人民以十家为一单位，如果一家犯事，其余九家都要受罚，目的是令人民互相监视，不敢作乱。又例如有法规定，不务农而经商或者不勤力耕作，妻儿都要收为官奴，目的是鼓励农耕，增加生产力；又有法规定，禁止人民私斗，但在战场上每杀一敌军，就可晋爵一级；又有法规定，不努力战斗的人，其家人都要处死，这些都是为了提高战斗力。

从今天法治的角度来看，法家的法并不合理，因为根本就不是用来保障人民的利益的，但商鞅至少做到了两点，那也是法治的要求：公开和公正。所谓公开指法是成文的，并且大家都会知道；公正指法是对所有人有效的，不论贵贱，只要犯法，一律受罚，即使太子犯法，商鞅也敢治罪，当然，最后是惩罚了太子的老师（公子虔）作为替代。

商鞅推行法治十年，的确改善了秦国的治安，正如《史记》所说："道不拾遗，山无盗贼，家给人足。"但却得罪了不少人，特别是贵族，因为用法治、去礼治就是损害他们的既得利益。秦孝公一死，太子即位（即秦惠王），就有人告发商鞅谋反（多数是诬告），太子乘机报仇，最后商鞅被判车裂之刑。

中国古代的刑罚

■ 申不害：以刑名之术巩固君主权力

申不害（公元前400—前337）生于战国中期，郑国人。韩灭郑之后，申不害向韩昭侯游说得到重用，被任命为相，令韩国富强起来。申不害主张"术"，即刑名之术，目的是巩固君主的权力。申不害著有《申子》一书，但已失传。

申不害认为臣子若拥有过大的权力，最终会威胁到君主的统治地位，所以首先要明确君臣的关系，那就是"君尊臣卑"。君主要掌握大权，臣子则负责处理日常事务，但不可倚重一臣，最好是一臣一职，直接向君主负责。如果臣子不能做好他名下的职务，就要受到处分，此乃"以名责实"。

申不害还认为臣子会研究君主的喜好，找出其弱点，加以操控，甚至谋朝篡位，所以他主张君主要有"无为之术"，用以对付臣子。所谓无为之术就是喜怒不形于色，令人无法揣测。

由此可见，"术"是驾驭群臣的手段，第一种是"以名责实"，可称为"课能之术"，是公开的，并以法为依据；第二种是"无为之术"，即君主故作神秘，高高在上，令臣下无从钻空子。

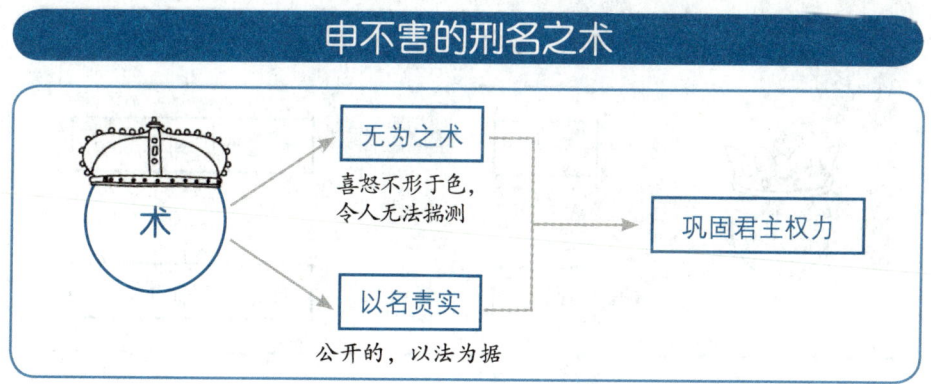

申不害的刑名之术

慎到：君主应用利禄令臣子为其服务

慎到（公元前395—前315），赵国人，曾游学于稷下学宫，学习黄老之术，但没有从政。慎到是援道入法的重要人物，对韩非的思想有重要的影响。慎到遗留下来的作品有七篇，但都残缺不全，称为《慎子》。

在治国方面，慎到主张"君主无为，臣子有为"（《慎子·民杂篇》），君主不用实际参与事务，只需命令臣子做事，这带有道家"无为而治"的色彩。但治国必须有所依据，那就是"法"。所谓"法制礼籍，所以立公义也"（《慎子·威德篇》），有了法，就有客观的是非标准。慎到也注意到法不完善的问题，他说："法虽不善，犹愈于无法，所以一人心也。"（《慎子·威德篇》)有法总好过无法，因为有法就可统一人民的思想和行为。

但最重要的还是"势"，势是权力，没有权力的话，法就难以推行。慎到又反对"尚贤"，因为这会使贤者跟君主争势。势除了权势之外，还有另一个意思，就是事物的倾向，即情势。慎到对道家"顺其自然"的思想加以发挥，认为万物各有其性，发展也有一定的规律，人应该顺其"势"，所以主张"因循之道"。

慎到的重君之势

势 → 情势 → 君主应用利禄驭下

势 → 权力 → 有权力才能推行法

口吃的法家思想集大成者

韩非：与众不同的贵族学者

韩非（公元前281—前233）生于战国晚期，韩国贵族，受业于荀子，跟李斯是同学。韩非患有口吃，但善于著书立说，留下《韩非子》一书。《韩非子》有很多寓言故事，为后世留下不少成语，例如"自相矛盾"等。

韩非虽有治国的主张，但不像其他法家人物，四出游说诸侯（也许因为口吃），也不像儒墨两家，以拯救天下为己任，他一心只想拯救自己的国家，眼见韩国衰弱，便上书韩王，却没有得到重用；反而秦王欣赏他，甚至不惜出兵以得到他，于是韩非出使秦国，但被李斯陷害而死，真正是为国牺牲。

韩非的思想渊源

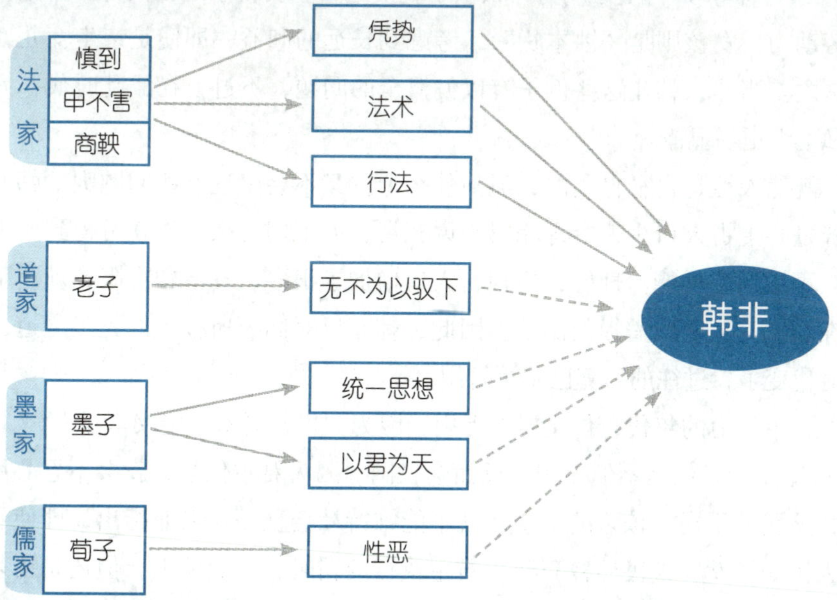

学派	人物	思想
法家	慎到	凭势
法家	申不害	法术
法家	商鞅	行法
道家	老子	无不为以驭下
墨家	墨子	统一思想
墨家	墨子	以君为天
儒家	荀子	性恶

韩非是法家的集大成者，将法、术、势三者统一起来，令法家思想更加完整。除了前期法家，韩非也受荀子、老子和墨子的思想影响。

■ 人性论、利益的交换：对刑法的坚持源于对人性的悲观

荀子认为人性虽倾向恶，但可以用礼去改善，但韩非对人性看法更加悲观，认为非用刑法不可。个人认为，韩非对现实人性的观察比荀子更深刻。韩非说："好利恶害，夫人之所有也。"（《韩非子·内储说上》）韩非能正视人求利避害的本性，发现人与人的交往，也就是利益的交往，即使是君臣，也是如此。韩非说："且臣尽死力以与君市，君垂爵禄以与臣市。"（《韩非子·难一》）不但君臣如此，连基于骨肉亲情的父母子女也是一样，韩非说："且父母之于子也，产男则相贺，产女则杀之……虑其后便，计之长利也。"（《韩非子·六反》）为什么生子就贺之，生女就杀之？因为男孩是将来的劳动力，女孩则是"蚀本货"，考虑到长远的利益，即使是亲生女儿，也可杀之。当然，韩非这些例子有以偏概全的问题，不过，在战乱时代，人的自私本性更易显露。

既然人性是自私自利的，但为什么上古又不会出现这些问题呢？韩非的解释是，上古人口少，资源相对来说充裕，人不用怎么工作就可得到所需，所以不用刑法也能治理好；但现在人口增加了很多，资源却有限，就会引起争夺和混乱，所以需提倡法治。因此，韩非反对儒家所推崇的先王之道，因为时代变了，过往的一套已不再管用。

在争气力的年代，仁义根本无用，因为"贵仁者寡，能义者难"（《韩非子·五蠹》）。仁义不但无用，反而会亡国。因为君主仁爱，就会不忍心用刑罚，该罚的不罚，该杀的不杀，就不能维持社会秩序。韩非指出，即使君主待人民如子女，人民照样犯罪，君主执行刑罚时，一面流泪，但还是要杀，爱根本没用。韩非说了一个故事：楚国有一个人，见父亲偷羊，于是告发

他,但却被以"不孝"之罪处死;鲁国有一个人,每次打仗都逃跑回来,原因是要照顾父亲,结果被称为"孝子",孔子还推荐他做官。因此,韩非认为重视孝道就会以私害公,损害国家的利益。

■ 法、术、势的结合:君王该如何治国?

前面说过,商鞅重法、申不害重术、慎到重势,韩非则三者皆重,并将它们结合起来,目的是建立君主的绝对权力。韩非不是无条件接受前期法家思想,而是批判地继承,例如他指责商鞅以斩首之功为官,是不当的;又批评申不害有术无法;对于慎到讲的势,也有所补充。

韩非认为法律必须明文写下来,并公布出来,让人民知道,这样法就有了客观性和公开性。有了明确的规范,人民就知道应该遵守什么。法律对每个人都有效(除了君主),犯了过错,即使是贵族或大臣也不能网开一面;立了功,即使是庶民也得受赏。这样法就有公平性。韩非认为刑罚必须重,这样法才有阻吓作用,也就是之前讲的"以刑去刑"。

以上几点,前期法家人物都有提及,而韩非更注意到立法的依据及法的适时性。韩非说:"凡治天下,必因人情,人情者有好恶,故赏罚可用。赏罚可用,则禁令可行,而治道具矣。"(《韩非子·八经》)立法的依据是人情,人情就是好利避害。

韩非又主张法必须因时而变,因为"时移而法不移者乱,世变而禁不变者削"(《韩非子·心度》)。法要适应时代的需要,必须与时俱进;但法又不可以随便更改,他说:"法令更则利害易,利害易则民务变。"(《韩非子·解老》)他批评申不害"有术无法",就是指他的法"朝令夕改"。

法、术、势的关系

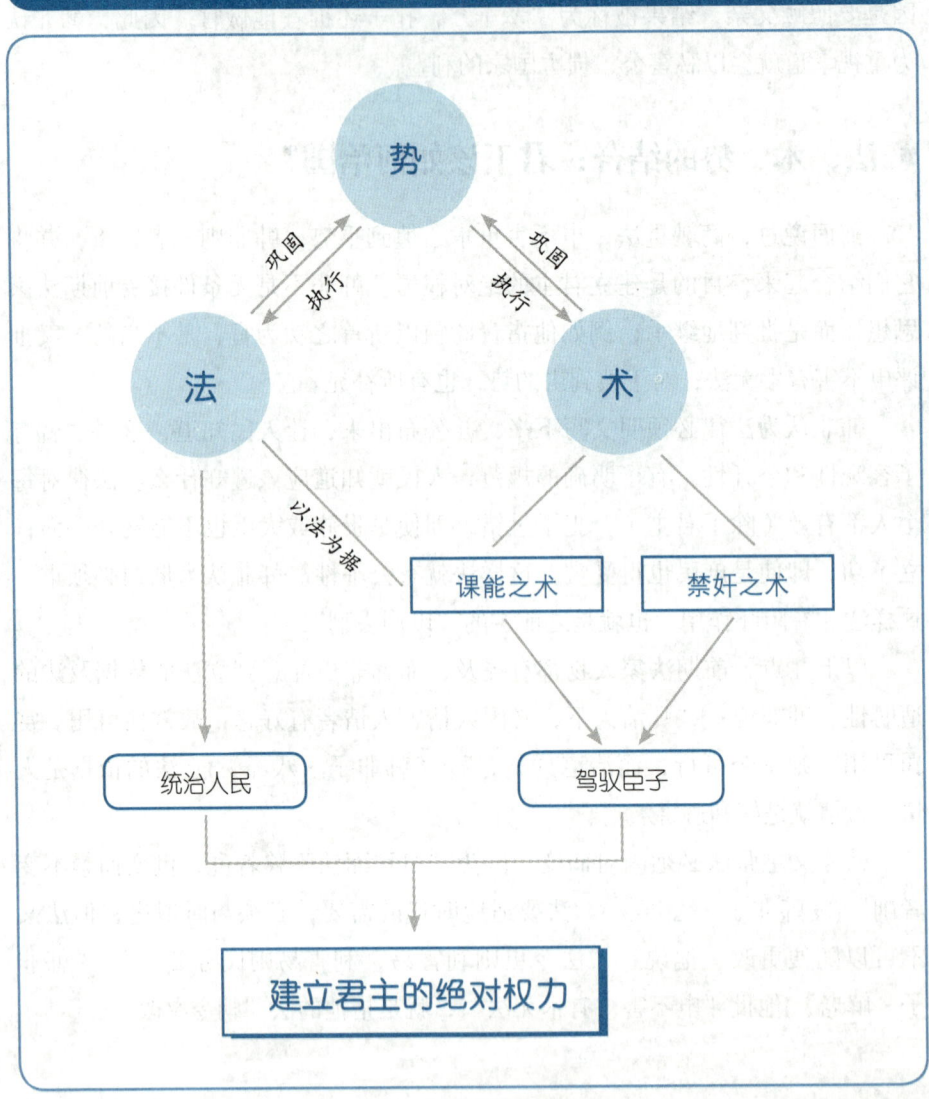

春秋战国时的罪与罚

罪	罚	国家
弃灰于公道（随地抛垃圾）	断其手	秦国
窃驾君车（私下驾驶国君的马车）	刖刑	卫国
马踏到王宫的雨沟	驾车者判死刑，马要杀掉	楚国

但君主要有实质的权力，即势，才能推行法治。如何保证君主的权力呢？就是要牢牢操控二柄，"二柄者，刑德也"（《韩非子·二柄》），刑就是罚，德就是赏，即赏与罚。为什么赏罚如此重要呢？因为人性是求利避害的，拥有赏罚的权力，就能控制臣民，有效治理国家。

韩非将慎到所讲的势称为"自然之势"，另外主张一种"人设之势"。自然之势，指的是生而具有的权位，这权位是继承得来的，例如君主之位，非人力所能得到；而继承人有智有愚，也不是人力可以改变的。韩非要讲的是，人力可以改变的，那就是人设之势，操控赏罚二柄，巩固自己的权力，法才能生效，此乃"抱法处势"，不待贤者。

君主需要臣子为他办事，但不可以让他们分享权力，因为这样做很危险，臣子随时会叛变；臣子也会想尽办法取悦君主，以图谋利或颠覆。韩非分析了八种臣子操控君主的手段，称之为"八奸"。

所以，君主要学习术来驾驭群臣。术分两种，一种是前面讲的"课能之术"，用赏罚令臣子尽力完成他的工作；另一种是"禁奸之术"，是防止臣子以下犯上。"课能之术"以法为依据，是客观的；但"禁奸之术"则是主观运用，其中包括阴谋诡计，例如设耳目监视臣子的言行，又例如用说错话或说反话的方式，试探臣子。术要运用得成功，需要有虚静无为的修养，不将个人的喜好表现出来，令臣子无从揣测；也不要多说话和做事，令臣子无法猜度。这类似于申不害的"无为之术"。

韩非反对儒家的仁义，当然也反对儒家圣人治国的主张。韩非认为，圣王跟暴君一样，千世才有一遇，实在难求，大部分君主都是资质平庸之辈，大部分人也是如此（暴君其实也很聪明）；期望圣王出现，根本就是守株待兔。但用他的方法：法、术、势，普通人也可以把国家治理好，即使遇上暴君，也不过是治千世才有一乱，但用儒家的方案，期望圣王的来临，却是乱千世才有一治。韩非这种说法有一定的道理,也可见其对现实的冷静观察。相比儒家圣君贤相的方案,更切实可行。韩非称理想的君主为"明主",以别于儒家的仁君圣王的主张。不过,要当韩非的"明主",其实也不是那么容易。

韩非分析八奸及防奸的方法

	八奸	防奸
同床	取悦君主的妻妾、妃子,使她们用美色迷惑君主,答应所求	君主可娱其色,但不要答应私下请求
在旁	贿赂君主的亲信,改变君主的决定	君主要责其任,不让他多说话
父兄	贿赂君主的亲人,以图其利	君主要听其言责其功
养殃	令君主沉迷于玩乐之中	君主不要让臣下知其喜好
民萌	利用国家钱财给人民恩惠,博取名声	君主要亲自处理有利于民的事,不要让臣子行私德
流行	养辩士、说客制造舆论,破坏君主的声望	辩士和说客乃国家害虫,君主要消灭之
威强	私下养兵,威胁君主	君主要赏军功,罚私斗,不许臣下行私
四方	结交外国势力,胁迫君主,以图其利	君主要拒绝诸侯的不法要求,不许臣下挟外力自重

■ 历史观：韩非不主张复古

某种意义下，儒、墨、道三家都是复古主义，并且一个比一个古。孔子推崇周公、文王，墨子则主张回到夏禹时代，孟子又推举更早的尧、舜之道，老子则索性回到伏羲时期。三家都主张以先王之道治国，唯独法家主张变古，与时并进。

韩非认为，时代环境改变了，治国的方法也要转变。韩非将古代历史分为三个时期，就是上古、中古和近古。上古时代，野兽为害，有巢氏教人造屋安居，就是圣人；中古时代，洪水为患，夏禹治水有功，就是圣人；近古时代，有夏桀和商纣暴君为乱，汤伐桀、武诛纣，就是圣人。对人民有重大贡献的才有资格称为圣人，但同是圣人，由于时代不同，出现的问题也不同，解决方法也不一样。

古代是有德者为王，但时代会改变，到了当世就不需要道德了，韩非说："上古竞于道德，中世逐于智谋，当今争于气力。"在这里，上古包括以上所讲的中古和近古，中世就是春秋，而当今就是韩非身处的战国时代，仁爱或兼爱，德治或礼治，尚贤或尊贤，都是不管用的，在争气力的年代，只有法治才可以富国强兵，才是切合时代需要的。在当世还崇拜和效法尧舜、夏禹或汤武等圣人，根本是无济于事。

相对于儒、墨、道的法先王，韩非主张法后王及尊君（这是受荀子的影响）。除了时代不同，先王之道不适用之外，韩非更批评先圣，他认为尧舜的禅让，根本不值得歌颂，因为当时做君主是一件苦差；汤武的革命其实是以下犯上，某种意义上，他们都是乱臣贼子。当然，韩非对先圣的批评是有点过分，但也未尝没有道理，因为从他的角度看，君主若能够抱法处势，就能长治久安，也无须禅让或革命。

儒、墨、道三家一方面将古代理想化，以为回到先王之道就天下太平；另一方面又不能正视社会的转变。

正如前面所言，春秋战国时期出现重大的社会结构转变，那就是城市壮大，商业兴起，法的出现实是时代的需要。在这一方面，法家的确是与时并进。不过，可惜的是，法家只将法视为一种工具，为君主建立绝对的权力，又不能正视商业的价值及社会进步的意义。

法家是反对商人的，韩非称五种有害于国家的人为"五蠹"，商人就是其中一种。韩非反对商业的主要原因是商人不事生产，投机取巧，只靠买卖就可致富，而富者又可用钱买到官位，变成贵者；那么，社会就会有越来越多的人从商，影响国家的实力，因为国家的实力在于耕战。

韩非只看到商业有害的地方，却看不到其对社会发展的积极意义，反而不及儒家。

孟子一早就看到商业的价值，他说："子不通功易事，以羡补不足，则农有余粟，女有余布，子如通之，则梓匠轮舆皆得食于子。"(《孟子·滕文公下》)，商业扮演交换的角色，通过商业活动，各行各业的人都可得到需要的东西，社会需要分工，而商业正好满足交换的需求。由商鞅开始，重农抑商就是法家的立场，先秦儒家并不反对商业，孔子的学生子贡就是一个很出色的商人。后世重农抑商的政策，其实是儒法合流的产物。

我觉得奇怪的是，韩非竟然看不到商业的重要性。一方面，法的出现跟商业兴起有密切关系；另一方面，韩非重视经验，他的人性论就是利益的交往，商业不就正是利益的交往吗？而且他又注意到经济条件和历史的关系，为什么他不能正视商业的价值呢？

五蠹（五种有害于国家的人）

说客，纵横家之流
利用外国势力，牟取个人之利

带剑者，墨家之徒
结党同盟，以武犯禁，违反国家法律

五蠹

近贵者（接近君主的人）
收受贿赂，利用私人关系走后门，损害国家利益

文学之士，儒家之徒
主张先王之道，迷惑君主，以文乱法，怀疑法律

工商业者
将差的货品伪装成高档货，又囤积奇货，牟取暴利

■ 批判论：韩非其实未弄清逻辑

战国百家争鸣，互相批评，韩非也有自己的一套批判论，简单来说，这套批判论有两大利器：一是经验；二是逻辑。

韩非重视经验，善于分析。他说："因参验而审言辞。"（《韩非子·奸劫·臣》）"参"是比较，"验"是经验，意思是言辞的真伪要通过检验才能确定。换言之，知识的确立要通过验证，他以此来批评那些没有经验证据，只管空谈的言论，例如儒墨都自称是依据尧舜之道，但两者却争论不休，其实两者都缺乏充分的证据。"参验"也是韩非的认识论，他的人性论和历史观都据此而确立，所以有相当程度的客观性。当然，他的判断也有偏颇的地方，例如将人性自私的一面推向极端，事实上，父母为拯救子女而牺牲自己的生命也是有的。

至于逻辑，韩非的拿手好戏就是批评对方"自相矛盾"，例如儒家主张厚葬久丧，墨家则主张薄葬短丧，同时赞成这两种主张就是自相矛盾。而事实上，"自相矛盾"这个成语正是出自《韩非子》一书，故事中的卖武器者，对人说"我的矛能够刺穿所有的盾"，但同时又说"我的盾能够挡住所有的矛"，于是被人质问："用你的矛去刺你的盾会怎样？"不过，用"矛盾"去翻译contradictory 其实是不妥当的，因为"我的矛能够刺穿所有的盾"和"我的盾能够挡住所有的矛"并不是contradictory的关系。两句话既不能同真，又不能同假，才是contradictory的关系，例如"我的矛能够刺穿所有的盾"和"有盾能挡住我的矛"。而"我的矛能够刺穿所有的盾"和"我的盾能够挡住所有的矛"这两句话虽不可同真，但可同假，它们的真正关系是contrary，即"对立"。

韩非虽然善于揭露对方的"矛盾"，但由于混淆了"矛盾"和"对立"，对传统中国人的思考也造成一些不良的影响。例如双方的主张只是"对立"，却误为"矛盾"，于是见到对方错，就认为自己一定对，其实两者可同时为假，很多不必要的纷争都是由此而来。

■ 对韩非的评价：中国古代政治学之父

先秦诸子中，我最敬佩的是孔子和墨子，因为他们人格伟大；最欣赏的却是庄子和韩非，欣赏庄子那种不受名利权位羁绊、超脱生死、重视精神自由的生命形态。至于韩非，我欣赏他对现实冷静敏锐的观察，对人性阴暗面的正视，虽然他对事实的认识有所偏颇，但不会用道德来美化现实。而且韩非之死，也算死得壮烈，因为是为国而死，秦王就是担心韩非会令韩国强盛起来，破坏他的统一大计。韩非虽死，但其学说却成为秦国的指导思想，真是讽刺。

当然，我并不同意韩非那种君权至上的思想，秦始皇焚书坑儒，其实是来自韩非，韩非主张禁私学，而儒士是"五蠹"之一，也必须清除。韩非重功利，是受墨子的影响，但墨子追求的是天下人之利，韩非主张的却是君主个人的利益。虽然韩非说是公利，是国家的利益，但所谓国家利益，不就正是代表君主一人的利益吗？厉行耕战，无事就耕种，有事则强兵，全国皆兵，将整个国家弄成一台战斗的机器，或许在争气力的年代是有必要的，但一定不是长治久安的方法，因为在这种极度专制的统治下，人民不但没有自由，也不会幸福。韩非为的只是君主，并不是人民。

在思想方面，我认为韩非最有价值的地方就是将政治从道德中区分出来，赋予政治独立性。西方文艺复兴时期的马基维奇，被称为西方政治学之父，就是因为他主张政治的独立性，其实韩非跟马基维奇的思想十分相似。

韩非之死

1. 韩非是韩国宗室，不被韩王重用，抑郁不平。秦王为韩非的才气所动，遂急攻韩国，逼韩非出使秦国。

2. 李斯进谗言陷害韩非，令韩非被囚禁，并给韩非送去毒药，令其自杀。韩非欲向秦王自陈，不得见；待秦王后悔，令人赦罪，韩非已自杀。

马基维奇写了一本书叫《君王论》，就是教君主如何运用阴谋诡计，这不就是韩非所讲的术吗？

二人不但思想相似，连遭遇也相像，马基维奇也是贵族出身，也是参与政治而被敌人囚于狱中，但比韩非好运，最后免于一死。

儒家将政治看成是道德的延续，看不到政治有独立的问题要处理，那就是权力的问题。

韩非认识到政治涉及权力的问题，也注意到权力不当使用的问题，但他却没有进一步探讨权力理据和转移的问题。韩非以为只要君主将权力集于一身，在法的规范之下行使权力，就可防止权力滥用，但这种想法其实经不起考验，君主集立法、行政和司法权于一身，权力过度集中，一定会出现权力滥用的问题；因为"权力使人腐化，绝对的权力使人绝对腐化"。西方启蒙运动哲学家孟德斯鸠就认为，君主专制跟法律根本不能共存，因为在君主专制中，君主只会用自己的意志来行事，所谓"朕即法律"，法律根本形同虚设。

法治本来有它的好处，就是公正和客观，不同于人治，没有了偏私和人亡政息的问题，但法家的法治将权力高度集中于一人，结果又演变成一种人治，一种以法治为手段的人治方式。

我认为，主要的问题是只考虑法律的实用性，并没有深入探讨法律背后的理据。又或者可以这样说，中国文化一直欠缺对法律的哲学性讨论，为什么呢？可能跟孔子的思想有关，孔子为了强调人际关系的和谐，反对诉讼；换言之，孔子并不重视人争取自己的合法权益。在这方面，我们的确要向西方文化好好学习。

表面被排斥实际被暗中奉行的法家

结语

■ 儒、道、墨、法的比较：法家最符合时代需要

我们已先后介绍过儒、道、墨、法四家思想，它们都是春秋战国的显学，也分别提出治乱的方法，现在不妨一起比较。

儒家主张以仁义治国，墨家则主张兼爱和尚同，道家却主张无为而治，而法家主张以法治国，建立绝对君权。

从法家的角度看，无论是儒家的仁爱，还是墨家的兼爱，都是没有用的，因为人性自私自利，只有法才能约束人的行为；道家的放任自由当然更加不行。

正如前面所讲，法治是社会繁荣的产物；又如韩非所说，战国是争气力的年代，要增强国力，重耕战及君主集权是最可行的方法。加上连年战争，人民早已厌惧，希望有人可以一统天下，战争是国与国的事，只有一个国家，当然就不会再有战争。四家之中，只有法家最符合时代的需要，要一统天下，当然要靠武力，也只有任用法家主张最能有效达成。所以，法家人物得到重用，最后由任法最彻底的秦国来统一天下，也就合乎情理。

儒、墨、道实现的大一统分别是怎样的？

先说儒家。虽然我认为荀子的礼法并用比孟子的仁政王道更有实践性，但荀子并没有明显的统一蓝图，反而孟子有。孟子反对以武力称霸，当然也反对以武力统一天下。孟子主张行仁政，所谓仁者无敌，行仁政得到人民的爱戴，四方的人都会前来归附。孟子也意识到周是不可能复兴的，所以提出政权转移的根据，就是民心。孟子选择了齐国为其游说的对象，也有他的道理，一方面齐国是当时的大国，又有地利上的优势，国内是大平原，四面有大山或深海阻隔，称为"四塞之国"，易守难攻，跟韩国为"四击之国"形成强烈的对比；另一方面，当时的齐宣王也算是明君，天下名士，大多来到齐国。换言之，齐有力称霸，齐宣王也有一统天下的野心，所以孟子希望游说他行仁政。孟子也不是完全反对武力，例如他赞成齐愍王伐燕，因为当时的燕王哙是一个昏君，燕国内政混乱，人民死伤无数，伐燕就是吊民伐罪，乃正义之战。即使齐王能行仁政，天下归心，但这种统一也极有可能是维持西周那种国家联盟制，即以齐为共主，多国并存。

接着说墨家。墨子主张尚同的政治秩序，但最大的问题是，如何选举一个大家都认同的贤者为天子呢？我认为，共推天子的做法根本不可行，但并不表示墨子的政治理想就不可能实现，只要墨家能找到一个实践其主张的国家，行兼爱，为人民谋幸福，我相信也可以吸引很多人前来归附，变得越来越强大。不过，墨家跟儒家一样，根本没有君主听他们的。但墨子其实有一个机会，当时楚惠王想封地给他，墨子却不接受。如果墨子以此为根据地，实践其主张，以墨家这样组织性强且重视功利，又善于防守的优势，我相信很快就会变得强大。加上墨家有潜质成为宗教，别小看宗教的力量。只是当时墨子并没有选择这条路。假使墨子真的成功，尚同这种制度，也很有可能变成西方教会那种政教合一的专制，但权力高度集中，滥权和腐化似乎又是逃不了的命运。

至于道家，老子主张无为而治，小国寡民，无意一统天下，而且他也没有讲如何实现其主张，当然，老子根本不会四处游说。即使有国家实践他的主张，也不会变得强大，因为老子主张守弱，在当时的环境下，弱小的国家是最快被消灭的。

总的来说，在当时的形势下，法家毫无疑问是最有机会一统天下的思想，其次是墨家，然后是儒家，最后是道家。但能够一统天下的思想，并非就是长治久安的思想。

儒、道、墨、法的比较

	儒	墨	道	法
价值观	仁义	天下人之利	个人自由	君主的利益
治国方法	礼治	尚同	无为而治	法治
君臣关系	合伙关系，共同实现"道"	既有合作实现"道"，也有利益关系	不详	纯粹利益交换关系，臣子要绝对服从君主
对战争的立场	赞成讨伐暴君	非攻，反对侵略	反战	赞成侵略战
对商业的态度	重视商业的交换价值，但要打击垄断	商业对整体利益有贡献，商人可用财富换取爵位	自由放任	批评商人不事生产，牟取暴利，抑制商业行为

■ 法家思想的影响：中国历史少不了法家的阴谋

如果以管仲为法家的开端，法家开始也不是那么差，管仲目的只在于富国强兵，不在于建立君主的绝对权力；到商鞅以法治国，人民已经没有自由和幸福可言，所谓国家利益也不过是统治者的利益；到韩非说"君尊于法"，就是将君权凌驾于法之上，虽然韩非也说明君主应该守法，"抱法处势"的另一个含意就是以法制权，但这明显是失败的。

秦任法而早亡，原因是法家刻薄寡恩，暴政令人民起来反抗。从此之后，就没有人再公然主张法家，但这并不表示法家思想就绝迹于中国的历史，法家的严刑峻法一直保留着，法家主张的君主专制也没有消失。政治上，大家口中不会讲法家的主张，但暗地里用的却是法家的手段，只要读一读历史，在争夺权力的过程中，就少不了法家的阴谋诡计。

作为秦的官方意识形态，法家已经为专制极权打下基础，但秦暴政之后，法家已失去国家意识形态的资格，哪个思想可以成为新的意识形态呢？成功的意识形态必须获得被统治者的认同，但同时又能维护统治者的利益，儒、墨、道三家之中，只有儒家最合适。一来儒家继承传统，二来儒家讲的仁义道德动听。结果汉武帝看中了儒家，将儒家定为一尊，事实上却是儒法并用，或者是外儒内法。

但儒家如何跟法家结合呢？首先要多谢的是董仲舒的"三纲说"，所谓"君为臣纲，父为子纲，夫为妇纲"，臣子必须无条件服从君主。"三纲说"不是来自儒家，而是法家，韩非说："臣事君，子事父，妻事夫，三者顺，则天下治，三者逆，则天下亡。"（《韩非子·忠孝》）儒家讲的五伦是以父子为首，但汉儒则以君臣为首，可见法家的影响。"三纲说"将儒法结合起来，为"君尊臣卑"奠定理论基础。

但韩非不是批判过儒家的孝道会损害国家的利益吗？如何化解儒法两家这个矛盾呢？那就是"移孝作忠"，忠君就是大孝，君主变成了人民的父母。儒家的孝道至上，跟法家的君权至上，经过汉儒的努力，竟然巧妙地结合在一起，提倡孝道就是巩固君权，恐怕连韩非也会感到意外。

法家虽不能标榜，但其赏罚法治实为武力统治的机制；儒家则负责提供意识形态（当然是被法家改造过的），掩盖其中的剥削和不平等。由汉武帝开始，儒法就成为维持大一统君主专制的必要工具，即使改朝换代，也离不开这个模式，直到清末，在西方文化的冲击下，这个模式才被打破。

儒法是如何结合搞定中国古代政治的？

物莫非指,而指非指。

——《公孙龙子》

第五章

名家：被忽视的逻辑和语言哲学

春秋战国百家争鸣，学派之间互相批评，自由讨论之风兴盛，也造就了一班专注辩论之术、以研究名词概念为乐之士，统称为名家。名家好辩，也叫作辩者，他们大多以教授辩论之术为生，类似于西方古希腊时期的"诡智学派"。但名家的声誉一直不大好，因为以儒家为主流的传统，认为名家爱玩弄概念，颠倒是非，制造怪论，实为诡辩之士。

名家的学说真是毫无价值吗？用现代的标准看，名家之学主要是逻辑和语言哲学，也涉及知识论和形上学的问题，也算得上是学术研究。

名家有三个主要人物，分别是邓析、惠施和公孙龙；主要分为两派，"合同异"和"离坚白"，前者以惠施为代表，后者则以公孙龙为代表。

名家的先行者

邓析：春秋时最早的讼师

邓析（公元前545—前501），郑国人，与孔子同年代，因不满子产的刑书，故作刑简，对原有法律加以修改，加上刑简方便流通，最后被郑国采用了，邓析也因此被视为法家人物。邓析不但熟悉法律，也善于辩论，很多人都跟随他学习诉讼的技巧，他是最早被称为名家的人物。邓析的著作已失传，今天所见的《邓析子》是伪书。

■ 两可之辞

邓析最出名的辩论术就是"两可之辞"。根据《吕氏春秋》记载，有一次郑国发生水灾，一个富翁浸死了，尸体被人捞到，于是这人就向富翁的家人索要高价，不给就不交还尸体。富翁的家人找邓析想办法，邓析对他们说："不用急，因为尸体只能卖给你们。"富翁的家人听了之后，就很放心；但轮到捞尸人着急了，又请教邓析，邓析又跟他说："不用急，因为他们只能向你买尸体。"

"两可"的意思就是两边都可以，邓析就是凭着两可之辞，在诉讼中无往而不利。例如"唱无过"（《墨子·经说下》），一个犯罪案件有主犯和从犯，主犯称为唱的一方，从犯则为和的一方，邓析也是利用两可之辞，为他们脱罪。他帮主犯打官司说，主犯没有亲手作案，所以无罪；帮从犯打官司却说，从犯是被指使而作案，所以无罪。

但如此一来，岂不是没有人需要为罪行负责？邓析凭着"两可之说"的伎俩，似乎喜欢怎样说都行，在他心中，根本没有客观是非可言。据说因这种颠倒是非的辩论之术败坏民风，邓析被当权者诛杀，罪名是"好辩乱法"。

不过，即使他们是诡辩，难道不可以用讲道理的方式去破除诡辩？非要杀人不可吗？更何况，他们所说的不一定全是诡辩。更基本的问题是：什么是诡辩？

144

西洋版的"两可之辞"

1. 普罗泰戈拉是古希腊"智者学派"的代表人物,与邓析一样,教授辩论之术为生。

如果法庭判我胜诉,依法庭判决,则学生要交学费。
如果法庭判学生胜诉,依我和学生的合约,则学生要交学费。
我胜诉或者学生胜诉。
————————————
学生要交学费。

2. 根据普罗泰戈拉的论证,学生无论如何都要交学费。

■ 何谓诡辩？

诡辩就是利用似是而非的手法来推论，但立论却是违反事实和真理的，由此可见，诡辩包含伪与诈。

个人认为，以上"唱无过"是诡辩，但"捞尸人"的例子则不完全算是诡辩。

先说"唱无过"，正如《墨经》所批评："唱和同患，说在功。"主使作案和亲手作案两者皆有罪，只是罪的轻重有别。事实上主犯和从犯都有罪，而邓析却用似是而非的手法去推论出两人无罪，这就是诡辩。其中不当的手法有"双重标准"，邓析帮主犯打官司时，用了"亲手作案"为有罪的标准；但帮从犯打官司时，却换了"指使作案"为有罪的标准。

至于"捞尸人"的例子，邓析叫富翁的家人不用急，因为尸体不能卖到别处去（这个前提是真的），这是合理的推论；而邓析叫捞尸人不用急，因为只有到他们这里才能买到尸体（这个前提也是真的），这个推论也合理。只不过这两个推论都没有必然性。而且，两者的"不急"可以并存，没有矛盾。当然，富翁的家人和捞尸人也有急的理由，因为尸体会腐烂；但此"急"跟邓析所要论证的"急"并不是同一个意思，所以我认为在这个例子中，邓析不算是诡辩。

不过，我们也有将它当成诡辩的理由，因为邓析做推论时隐瞒了一些很重要的信息，误导了对方。例如，对捞尸人来说，邓析隐瞒了他对富翁家人所说的一番话，以及急的原因：尸体会腐烂，在思想方法上，犯了"片面引导"的谬误。

■ 妪有须、卵有毛

根据《荀子》的记载,邓析还有其他主张,例如"妪有须"和"卵有毛"。

女人有须,鸟蛋有毛,似乎违反我们的常识,但我们的常识一定是对的吗?妪是指年纪大的女人,由于女性荷尔蒙分泌减少,也有可能像男性般长胡须,我在希腊就见过一个有胡须的女人。至于卵有毛,当雏鸟即将破壳而出时,不是也可以说卵有毛吗?由此可见,这些"怪论"也不是毫无道理。它们的问题其实是"以偏概全",比如偶然见到有一两个老妇有须,就说成所有或大部分老妇有须。

我认为,邓析其实很留心事物变化,及注意到事物的多样性,所以才会提出这些异于常识的说法。这其实是人类心智成长的必经阶段,只可惜这些"琦辞怪说"不容于所谓正派人士,邓析之死,在某种意义下,也可以说是为言论自由而牺牲。

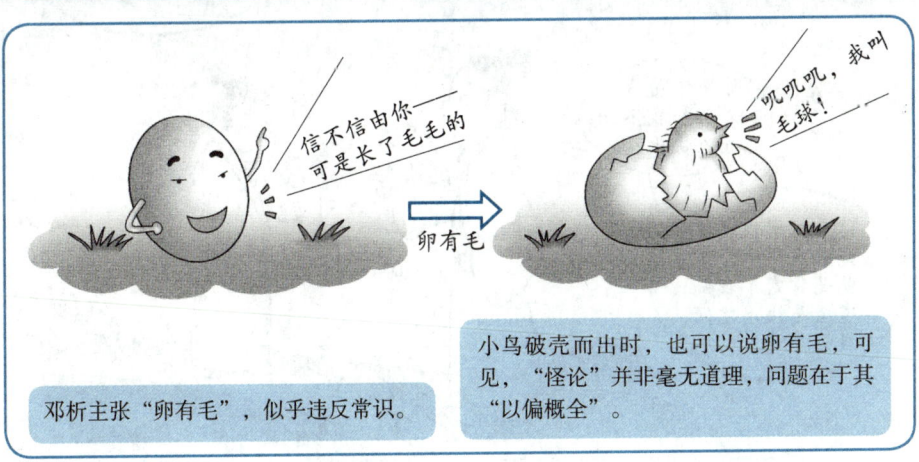

为什么说怪论不一定毫无道理?

邓析主张"卵有毛",似乎违反常识。

小鸟破壳而出时,也可以说卵有毛,可见,"怪论"并非毫无道理,问题在于其"以偏概全"。

庄子的辩论对手
惠施：比庄子还善辩？

惠施（公元前370—前310），生于战国中期，宋国人，曾任魏国宰相，跟庄子是好朋友，两人时常辩论切磋，流传下来的有濠上之辩。惠施的著作也失传，今天我们主要从《庄子》一书得知其思想。

濠上之辩

■ 合同异

惠施认为所有事物的差异都是相对的，而万物都是"物"，所谓"万物毕同"，故主张合异于同。

"合同异"很有万物一体的意味，这跟庄子的主张十分相似。虽然庄子也是从齐物开始，提出"天地与我并生，万物与我为一"的主张，但庄子比较强调这是一种主观的精神境界。惠施则从考察事物开始，然后提出这个主张，客观判断的意味较重。惠施探究事物之后所主张的十个论点，传统称为"历物十事"，"历"就是考察的意思。

■ 历物十事

"历物十事"载于《庄子·天下》，但只有论点，没有论据。历来对它们都有不同的解释，我不打算逐一讨论，只提出我认为最合理的解释。

①"至大无外，谓之大一；至小无内，谓之小一。"

"至大无外"指的是无穷大，"至小无内"指的是无穷小；无穷大和无穷小虽然不同，但就"无穷"这一点来讲是相同的。

②"无厚，不可积也，其大千里。"

"无厚"指的是几何的平面，是至薄，但其面积可以无穷，又是至大。

③"天与地卑，山与泽平。"

天与地、山与泽在高度上有差别，但从"无穷"的角度看，其差异几乎不存在。

④"日方中方睨，物方生方死。"

太阳的运行、生物由生到死，都跟时间有关，从"无穷"的角度看，即使很长的时间，也都像是眨眼之间。

⑤ "大同而与小同异，此之谓小同异。万物毕同毕异，此之谓大同异。"

事物同中有异，异中又有同；有时是大同小异，有时又可以是小同大异。

⑥ "南方无穷而有穷。"

南方可以一直走下去，故是无穷，但南方特定的一个地方则是有穷的距离。

⑦ "今日适越而昔来。"

今日动身去越国，到达越国时，出发当日已变成昨天。

⑧ "连环可解也。"

连环本不可解，但在某个意义下（两个环并没有真的连在一起），却是可解的。

⑨ "我知天下之中央，燕之北，越之南是也。"

既然空间是无穷的，任何一个地方都可以作为中心。

⑩ "泛爱万物，天地一体。"

万物既然一体，就应无分彼此，泛爱万物。第①、②、③、⑥和第⑨事是关于空间的无穷；第④和第⑦事则是关于时间的无穷。在空间上，事物有大小、高低、厚薄、远近之分，但这些区分都是相对而言，从无穷的角度看，根本没有什么分别。在时间上，事物的运动或变化也有长有短；但从无穷的角度看，这些差异又仿佛不存在。事物存在于时空之中，打破时空的差别，也就是打破事物的差别，由此可带出第⑤事，事物既异且同，同异只不过是人为的观念。打破人为的观念，这是第⑧事，连环可解也；经验上事物是存在差别，就好像连环一样，而解连环就是从观念上着手，打破对观念的执着，就可达到第⑩事，这是天地一体的境界，由此回到实际的人生，发挥爱人爱物的精神。根据以上的分析，第⑩事就是最后结论，其余的都是用来支持它的。

历物十事的关系

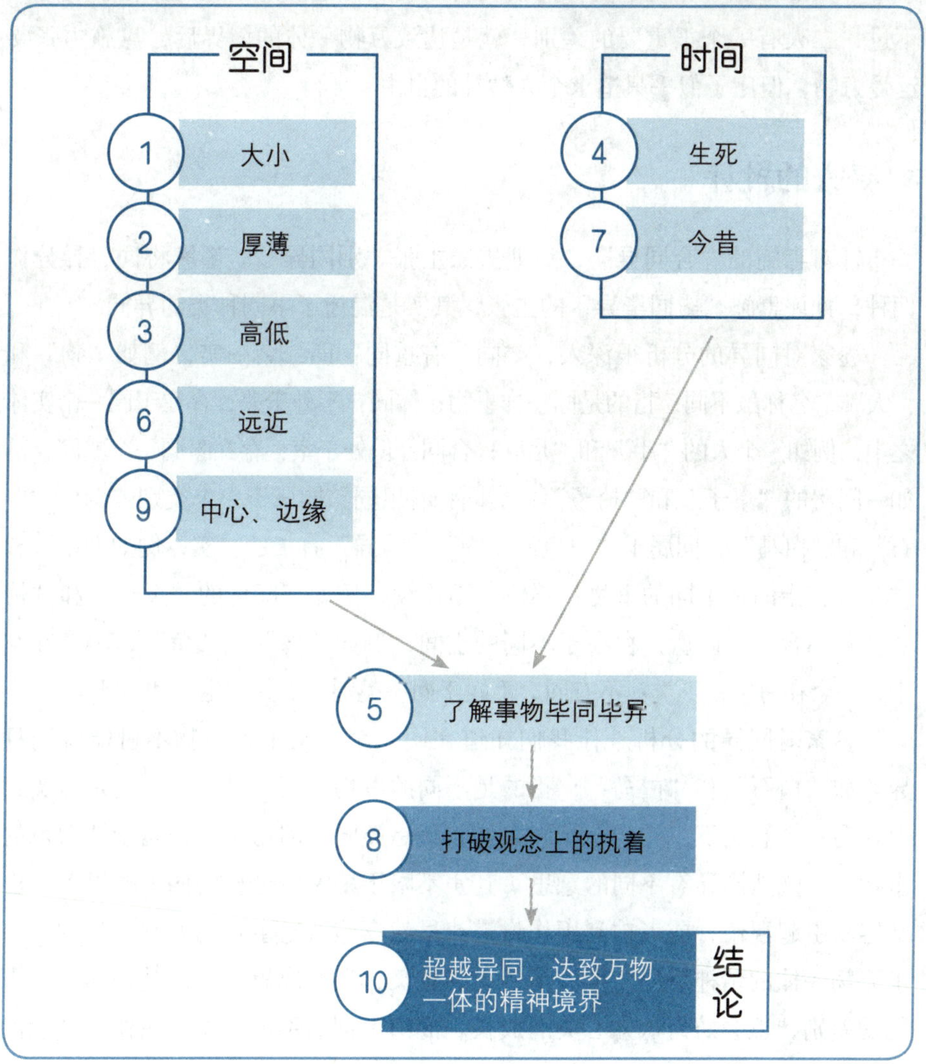

空间
- 1　大小
- 2　厚薄
- 3　高低
- 6　远近
- 9　中心、边缘

时间
- 4　生死
- 7　今昔

↓

5　了解事物毕同毕异

↓

8　打破观念上的执着

↓

10　超越异同，达致万物一体的精神境界　**结论**

前面说过庄子万物一体的精神跟惠施的主张相似，惠施所讲的"十事"，大部分庄子也说过类似的话，所以我认为他们的思想是互相影响的。不过，二人有一个很重要的差别，就是达致万物一体的境界后，惠施主张要泛爱万物，但庄子似乎只追求个人精神的自由。

■ 墨家的批评

针对惠施的"合同异"，后期墨家主张"别同异"。墨家将同、异分作四种，批评惠施"毕同毕异"的主张，其实是混淆了不同种类的异同。

墨家对同异的分析很深入，"同"有重同：即二名一实，例如"狗"和"犬"，名称虽不同，指的是同一样事物；体同：不外于兼，存在于同一个实体之中，例如一个人的"手"和"足"；合同：俱处于室，存在于同一个空间，例如一间房的"桌子"和"椅子"；类同：有以同，同属于一个类别，例如"白石"和"白马"，同属于"白色的事物"。"异"有二：二实，例如"牛"和"马"，指的是不同的事物；不体：不连续，例如一间房的"桌子"和"椅子"；不合：不同所，存在于不同的空间，例如"鸟"和"鱼"，一个在空中，一个在海中；不类：不有同，不属于同一类别，例如"生"和"死"。

墨家对同异的分析，让我们知道在同一个意义下，事物不可能既同且异。如"白石"和"白马"，指的是不同的事物，当然是不同，这是二实；但在另一个意义下，它们有相同之处，就是类同，因为它们都属于"白色的事物"。既然同异有不同的意思（其实不限于墨家所分析的四个意思），也就容易引起混淆，或者被利用作诡辩。虽然惠施否定事物的差别，目的是追求万物一体的精神境界，但混淆概念的意义，会造成思考的混乱，而泯除事物的差别，也会妨碍认知心灵的成长。混淆字词的不同意思，叫作"概念混淆"，是一种常见的诡辩手法。

名家中的名家

公孙龙：混淆黑白的家伙？

公孙龙（公元前325—前250），生于战国末期，赵国人，在平原君家中当门客达数十年之久。公孙龙可谓名家中最具代表性的人物，主要原因是只有他有著作传世，称为《公孙龙子》，使人更加清楚他的主张。

■ 公孙龙的成名之论：白马非马

"白马非马"可谓公孙龙的成名之论，一般认为"白马是马"，公孙龙却主张"白马非马"（《公孙龙子·白马论》），究竟他有什么理由呢？

公孙龙说，如果你要马，我们可以给你白马、黑马或者黄马；如果你指定要白马的话，就不可以给你黑马或者黄马，由此可见，白马不等于马。公孙龙又说，"马"是指形体，"白"是指颜色，"白马"就是形体加上颜色，当然也不等于形体。

公孙龙说得没错，"白马"不等于"马"；但"非"其实有两个意思，一个是"不等于"，另一个是"不属于"，"白马"当然属于"马"，在这个解释下，"白马非马"明显是错的。公孙龙的诡辩不过是混淆了"非"这个字的两个不同意思："不属于"和"不等于"，这正是上一节讲的"概念混淆"。在思方学上，"概念混淆"属于一种语害：概念滑转。

不过，有学者指出，公孙龙的"白马非马"论其实涉及"个别"和"共相"的讨论。

在当时的用语中，复名指的是具体的个别事物，所以"白马"的意思应该是"此白马"；而单名指的是抽象的类，即共相，例如"马""白"。公孙龙认为"马""白"等性质能够独立于个别事物而存在，共相的存在性属于形上学的论题，在下一节"离坚白"会再说明。

诡辩常用的手法："语害"与"谬误"

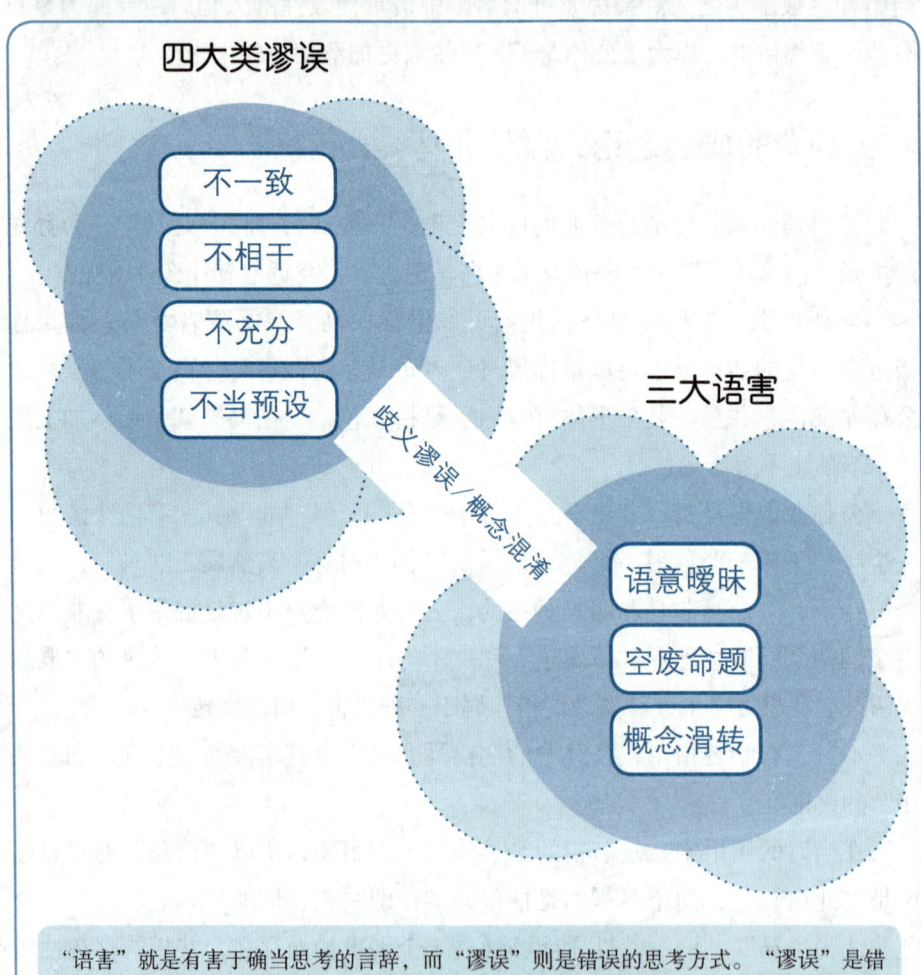

"语害"就是有害于确当思考的言辞，而"谬误"则是错误的思考方式。"谬误"是错误，但"语害"不一定是错误；不过，刚好"概念混淆"也可以说是错误的思考方式，所以又可归类为"谬误"，称为"歧义谬误"，属于"不相干"的谬误。

■ 公孙龙的著名论题：离坚白

"离坚白"是公孙龙的另一著名论题。一般认为，一块坚硬的白色石头，可称为坚白石；公孙龙却认为，我们用眼睛去看，才可断定石头是白色，但不能看到石头的坚硬，同理，我们要触摸到石头，才能知道它是坚硬的，但不能触摸到它的颜色。所以我们只可以说坚石，或者白石，不可说坚白石，坚和白这两种性质是分离的。

公孙龙说："离也者，藏也。"（《公孙龙子·坚白论》）换言之，事物的性质能独立于具体事物而存在。

我们可以将这些性质称为"共相"或一般概念，公孙龙称之为"指"，它们不是具体事物，不可以感知，却又存在。这些一般概念"相兼"而成为具体事物，公孙龙称之为"物"，是可以感知的。例如"马""白"是一般概念，是"指"，它们结合之后就成为"白马"，是具体事物，即"物"。

公孙龙的"离坚白"其实涉及知识论和形上学的问题。知识论的一个主要问题就是"人如何获得知识？"不错，人是靠感官知觉来认识事物，但人也有统合知觉及理性推论的能力，公孙龙忽略了人这方面的能力，才会有"离坚白"的诡辩。

针对"离坚白"，墨家主张"盈坚白"，坚白是"同"在一石，即同在一处，根据前面对"同异"的分析，这可以说是"合同"或"体同"。至于共相是否独立于具体事物而存在，涉及我们如何了解"存在"这个概念，在这里不打算讨论。

■ 公孙龙的怪论：鸡三足、目不见

除了"白马非马"和"离坚白"之外，公孙龙还有很多怪论，例如"鸡三足"和"目不见"。

公孙龙说："谓鸡足一，数足二，二而一故三。"（《公孙龙子·通变论》）意思是当我们说"鸡足"时，已经有一鸡足，再数鸡足的数目有二，所以共为三。很明显，这是诡辩，因为事实上鸡只有二足，但当时的人并不能拆穿其诡辩，例如孔穿（孔子的五世孙）跟公孙龙辩论"羊有几多只耳朵"，就给公孙龙用相同的方法诡辩说"羊有三耳"。其实公孙龙的诡辩把戏是，混淆了集和元素，当他说"谓鸡足一"，这是指"鸡足"这个集（或类），"鸡足"这个集有两个元素（或分子），即有两只鸡足，将集的数目和其元素的数目相加，也属于概念混淆。因为"鸡足"这个词既可指称鸡足这个集，也可以指称这个集中的元素。

"目不见"的意思是我们只是借眼睛见到事物，但眼睛本身不能见到事物；正如我们是借着火光见到事物，但火光本身不能见到事物。问题是，公孙龙如此辩解是违反了日常语言的用法，因为当我们说"眼睛看到事物"，大家都明白是什么意思，或者说"我的眼睛看不到事物"，可能是光线不足，也可能是眼睛有问题。"目不见"这种诡辩是违反了日常语言的用法。

当然，今天我们很容易就看穿这些诡辩，因为跟事实不符；但如果概念所指称的不是具体事物而是抽象事物，就不是那么容易分辨了。例如"平等"就是一个充满歧义的语词，这样我们就很容易将不同的意义混淆，产生思想上的混乱。有人说："没有人是平等的，因为贫富差距一定存在，那些争取平等的运动根本毫无意义！"那些争取平等的人，要争取的却是大家都有平等的权利和机会，并不意味经济收入的平等。我们也可以说："人是平等的"，因为不论人是贫贱或是富贵、聪明或是愚笨、贤良还是不肖，所有人都会有同样的结果，那就是死亡。

公孙龙的鸡怎么有三只脚?

1. 大家都知道,鸡有两只脚。

公孙龙:当我们说"鸡足"时,已经有一鸡足,再数鸡足的数目有二,所以共为三。

2. 公孙龙的诡辩把戏是,混淆了集和元素,属于概念混淆。

4 公孙龙时代还有哪些诡辩？
辩者二十一事

除了公孙龙之外，同时代还有很多辩者，例如桓团、毛公、田巴、魏牟等等。他们所讨论的论题统称为"辩者二十一事"，有些从邓析开始已经存在，但它们都只有结论，前提却不可考察，于是有很多不同的解释，在这里也只能讨论我认为最合理的解释。

前面也讨论过其中四个，就是"妪有须""卵有毛""鸡三足"和"目不见"，其他的还有"狗非犬""火不热""犬可以为羊""郢有天下""轮不辗地""龟长于蛇""白狗黑""凿不围枘""矩不方规不可以为圆""黄马骊牛三""飞鸟之影未尝动也""镞矢之疾而有行不止时""孤驹未尝有母""一尺之捶，日取其半，万世不竭""丁子有尾""山出口"和"指不至，至不绝"等。这些立论大多跟事实不符，而且大部分都是诡辩，而诡辩的手法则大致有下列几种：

■ 概念混淆

"狗非犬"跟"鸡三足"和"白马非马"一样，都是概念混淆的产物。字词一般是用来指称事物（概念则是字词所代表的意义），例如"狗"就是用来指称有四只脚、一条尾、会吠的动物；但字词有时也用来指称字词本身，例如"狗"是一个中文字。换言之，任何一个字词都有两种意义或用法。"狗"和"犬"所指的是同一种动物，它们的意思相同；但它们是不同的字，所以在这个意义下，它们的意思不同，例如认识"狗"这个字的人，未必也认识"犬"这个字。混淆了这两个不同层次的意义，也是概念混淆。

"龟长于蛇"也是概念混淆，但可以有两种解释。第一种解释，"长"有两个意思，一个是"长度"，另一个是"寿命"，在"龟长于蛇"中，"长"应该是长度，将它解作"寿命"，意思就变成"龟的寿命比蛇长"，这就是混淆了"长"这个概念的两个意思。第二种解释，"龟"和"蛇"的意思是指字词本身，不是指这两种动物，那么"龟"这个字就比"蛇"这个字的笔画长。这也是概念混淆，混淆了概念不同层次的意义。

"一尺之捶，日取其半，万世不竭"，凭常识已可判断一尺之捶不可能无穷分割下去，因为这是经验上不可能；无穷分割只存在于抽象的数学概念上。将经验上的一尺之捶，转换为数学概念上的一尺之捶，属于偷换概念，也可以看成是概念混淆，就是混淆了"分割"的两个不同意思："数学上"和"经验上"。

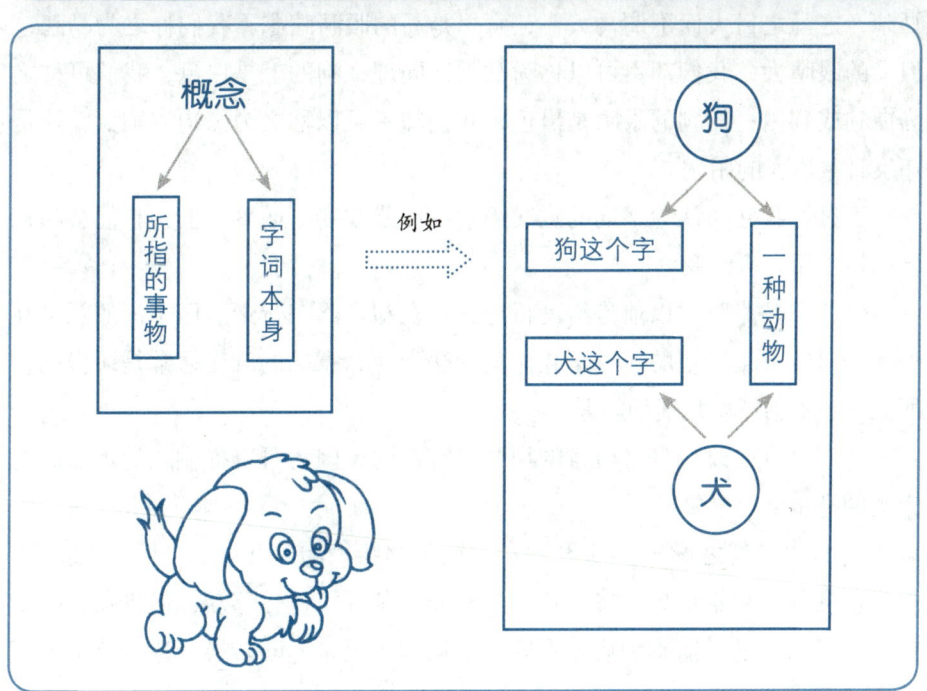

概念不同层次的意义

■ 违反日常语言的用法

"火不热"跟"目不见"一样，也是违反了日常语言的用法。"火不热"可以这样解释，热是人的一种感觉，火令人感到热，但火本身并不热。事实上，当我们说"火很热"，大家都明白是什么意思，正是"火令人感到热"，说"火不热"就是违反了字词约定俗成的用法。

又例如，我们会说"山埃有毒"，意思就是山埃对我们有毒，说"山埃没有毒"也是违反日常语言的用法。

按一般的解释，由于白狗的眼睛是黑色，所以说"白狗黑"，但这也是违反日常语言的用法。《墨经》对此诡辩提出反驳，说"之马之目眇则为之马眇，之马之目大而不谓马大"，意思是马的眼睛瞎了，我们称之为马瞎；但马的眼睛大，我们却不可以称为马大；同理，狗的毛是白色，我们可称之为白狗或狗白；但狗的眼睛是黑色，我们却不可以称之为黑狗或狗黑，这是违反日常语言的用法。

不过，我并非认为字词的意义绝对不可能改变，而事实上，它们会随社会的转变而有所改变。

例如"马路"，以前是给马行走，现在却是给车行走。但字词的意义在一定的时空下是稳定的，否则我们就无法沟通，意义的改变通常是缓慢的，所以一般不会产生沟通的问题。

还有，有时改变日常语言的用法是有益的，因为可以提供新的观点，对人类的进步十分重要。

例如"飞鸟之影未尝动也"和"镞矢之疾而有行不止时"，其实可以提供新的视角来看世界。飞鸟移动的时候，其影子也在移动；但飞鸟是一实体，影子却不是，前影和后影不同，所以影子只是不断转换，造成移动的假象。当然，我们也可批评这种说法是违反了日常语言的用法，因为我们就是用"移动"来描述这种影像。但这种说法的确指出飞鸟移动和其影子移动的分别，电影的原理不正是如此吗？在一秒中连续播出二十四格菲林，制造运动的假象。由此可见，创造和发明往往源于用新的观点来看事物。

■ 概念扭曲

用哪一个字词去指称某类事物，只是一种约定，没有任何的必然性，但约定之后，就不可以任意更改。

譬如说，最初我们可以用"犬"来指称羊这类动物，但如果现在我们（毫无理由）这样做，说"犬可以为羊"，随便改变字词的意义或用法，就是严重违反日常语言的用法，称之为"概念扭曲"。概念扭曲跟概念混淆一样，属于"概念滑转"这种语害。

■ 以偏概全

"丁子有尾"跟"卵有毛"和"妪有须"一样，犯了"以偏概全"的谬误。丁子就是蛙，蛙的成长要经历蝌蚪的阶段，蝌蚪是有尾，但长成为蛙之后就没有尾，说蛙有尾明显是违反事实。由蛙的某个成长阶段有尾，而推论出任何阶段都有尾，这就是以偏概全。在事物的发展过程中，某个阶段如此并不表示所有阶段都是如此，毛病跟"卵有毛"一样。

要驳斥这种诡辩很容易，只要将事实展示出来，诡辩者就无所遁形，例如展示一只没有尾的青蛙，就可反驳"丁子有尾"的说法。

诸子常见的谬误及诡辩

谬误或诡辩	例子
概念混淆（语害）	白马非马
违反日常语言的用法	火不热
概念扭曲（严重违反日常语言的用法，语害）	犬可以为羊
以偏概全（谬误）	妪有须
模拟谬误	水向下流，人性向善
自我推翻（谬误）	道可道，非常道
双重标准（谬误）	两可之辞

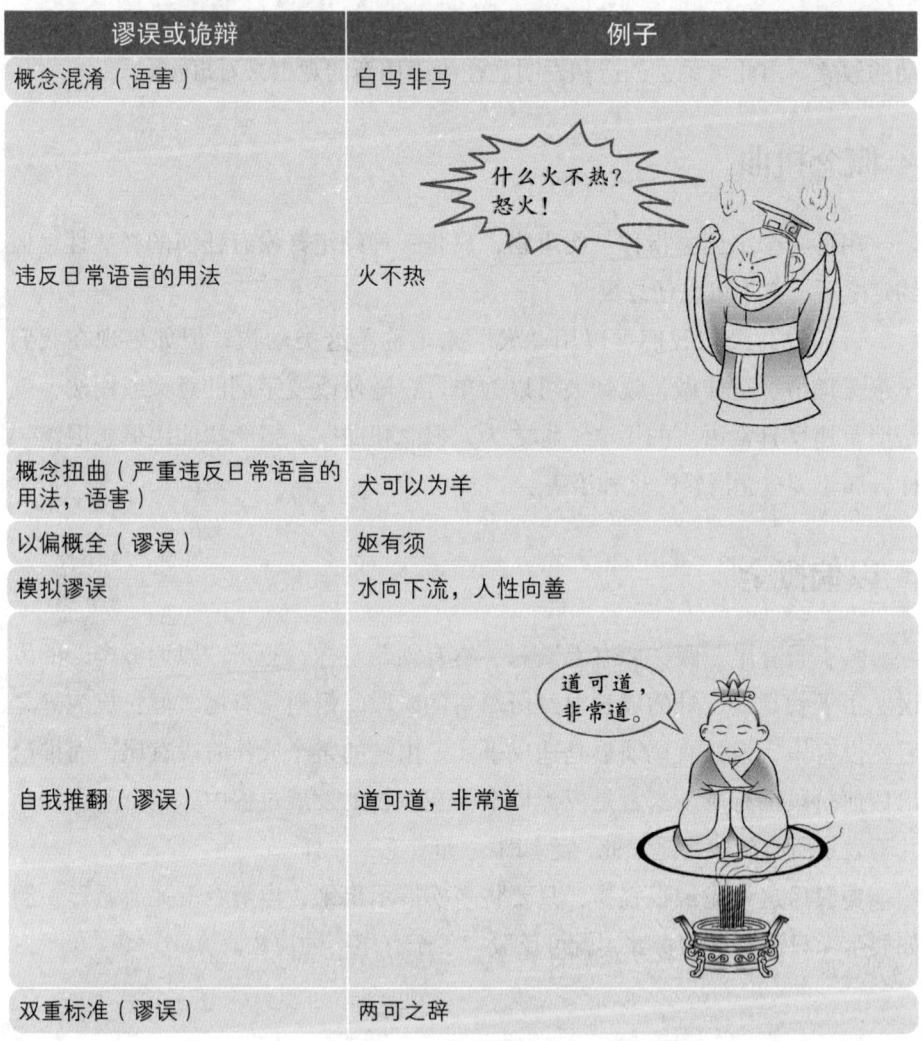

名家真的毫无价值吗？

结语

名家：被忽视的逻辑和语言哲学

前面说过，名家有两大派：合同异和离坚白，这两派可以说是各走极端。惠施夸大了事物的普遍相同之处，及事物变化的不确定性，结论是万物一体；公孙龙则夸大了事物的差异性，及事物的不变性和独立性，结论是万物相离。

前面已指出他们诡辩的地方，但撇开诡辩的问题，其说法也有可取之处。惠施之说可以帮我们打破观念上的执着，有助于加深对万物一体的感悟，提升人的精神境界。而公孙龙之论则往往挑战我们的常识，令我们注意到事物的差异性及字词的多义性，亦有助于思考能力的锻炼。

名家两派各走极端

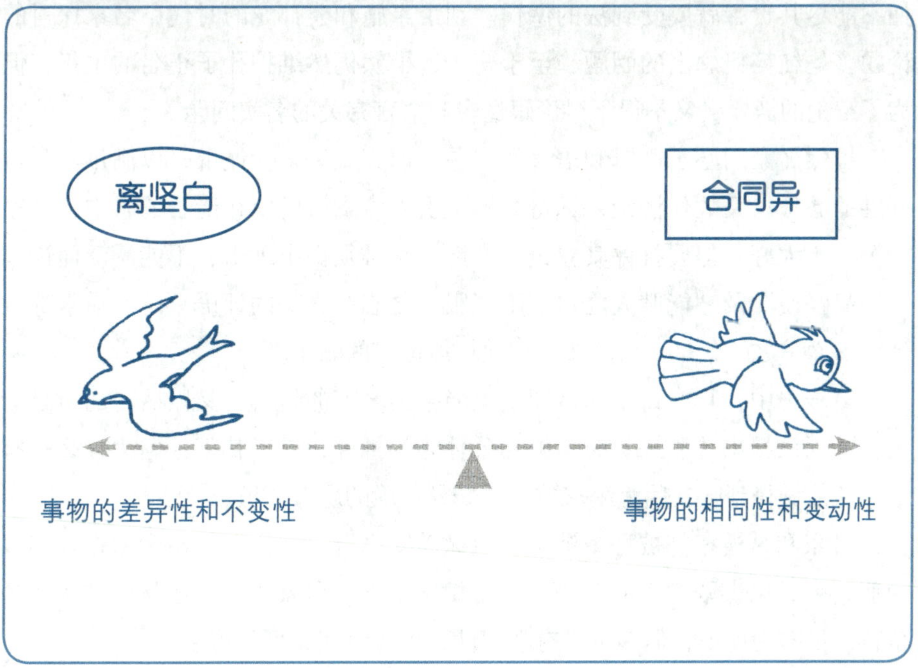

离坚白　　　　　　　　　合同异

事物的差异性和不变性　　　事物的相同性和变动性

■ 名家与诸子

　　自从孔子提出正名的主张，名实问题一直是诸子讨论的对象。不过，儒家主要关心的是正名和礼、义的关系。名的作用在于明贵贱，用以维护由礼制建立起来的等级秩序，例如君臣父子；义则要求有此名者，必须履行相应于其名之下的责任，例如父慈子孝。由此可见，孔子的正名属于伦理和政治的主张，而名家则专注于讨论一般的名实关系，名就是字词或概念，实就是现实存在的东西，这主要涉及语言和逻辑的问题。但比孔子更早的名家邓析，其实也很关心跟人事有关的名实问题，不过他是从法家的立场出发，最早提出循名责实的主张，身为臣子，即具臣子之名，就有其职责，此乃实，如不能尽其责，就要受到法的惩罚。到了惠施和公孙龙的时代，名家探讨的论题多是纯粹概念上的问题。至于荀子，虽然仍然维护孔子正名的主张，但为了辩论的需要，又不得不讨论跟逻辑和语言有关的名实问题。

　　虽然名家用心于逻辑和语言的问题，但其立论多为诡辩，以满足其强辩好胜的心理；又故作怪论，标奇立异，引人注意，所以在诸子的眼中，名家的名声不大好。但要批评其立论为诡辩，又必须提出理由，不能泛泛而论，"琦辞怪说"及"能胜人之口，不能服人之心"之类的评语只是低质素的批评，等而下之的就是给名家扣上"败坏道德"的帽子。

　　诸子之中，只有荀子和后期墨家能指出名家的诡辩，又以后者的贡献为大。前面已提出《墨经》对惠施和公孙龙的批评，现不赘言，但为什么只有墨家才能做得到呢？因为墨家致力于研究正确的思考之道。

　　名家和纵横家都被称为辩士，但纵横家之辩，主要以利益为依据，用以说服诸侯，以谋取个人的荣华富贵；相比之下，名家之辩，还是以"理"为依据，虽多为诡辩，但多少也有学术性，也比纵横家可爱得多。

诸子与名实问题

```
                    名实
                    问题
                   ↙    ↘
          伦理、政治      概念、事实
           ↙    ↘         ↙    ↘
        儒家   法家     名家    墨家
         正名  循名责实  多为诡辩  正确的思考
```

■ "辩"之真义

中国传统文化一直轻视辩论，视之为小道，以为好辩者只懂玩弄概念，目的只为求胜，当然，名家确实有这些问题，但这并不表示辩论就没有重要性及独立意义。孔子不喜争辩，孟子说自己好辩只是迫不得已，他们重视的是实践之学，却忽略了辩论的独立性，只有荀子稍为重视辩论的价值。其实辩论可以令我们发现真理，所谓"真理越辩越明"就是这个意思，即使单单是为辩而辩，也有其实用性，就是训练我们的脑袋，提升思考的能力，就好像运动一样，未必有什么外在的实用价值，但可锻炼我们的体力，有益身心。

儒家忽视辩论的独立价值，只将论辩视为支持其伦理政治主张的工具，但多少也对论辩有所肯定；道家就更糟，完全否定论辩的价值。道家注重的是对"道"的感悟，认为言说论辩对此毫无帮助。老子说："大巧若拙，大辩若讷。"(《老子·第四十五章》)庄子也主张"大辩不言"(《庄子·齐物论》)，认为即使论辩胜了，也不表示胜方所讲的就是真理，况且真理要靠"体悟"才能真正明白。其实道家这些说法很有问题，也带来不良的影响。首先，道家混淆了真理的不同层次，有些真理的确像道家所讲，要靠"体悟"，例如道家所讲的"道"、儒家讲的"仁义"、佛家讲的"不要执着"，甚至墨家所讲的"兼爱"；但有更多的真理不是靠"体悟"，需要的是思考、分析和讨论，例如像"白马非马"这些歪理，就要靠论辩将之驳斥。况且，即使是"体悟"的真理，也不表示思考和论辩对于明白它们毫无帮助，不然老子就不会写下五千真言、孔子也不会诲人不倦、佛陀更不会说法这么多年。

　　名家虽然好辩，却没有认真思考辩论的价值和意义，他们只将辩论视为一种技巧，通过辩论来展示个人的才智。诸子之中，只有墨家能道出"辩"的真谛。虽然在墨家那一章已讨论过，现在不妨重温一些重点。墨家认为"辩"是"争彼也，辩胜，当也"，合乎事实的就是胜，换言之，通过辩论可以发现真理，这就是"明是非"；除此之外，辩论还有"审治乱""明同异""察名实""处利害"和"决嫌疑"等功能。墨家还提出一点（在墨家那一章没有提及），是非常重要的，那就是"通意后对，说在不知其孰谓也"(《墨子·经下》)，意思是要先弄清楚对方的意思才作答，在思方学上，这叫作"语理分析"的思考进路，为什么要做这一步的工作呢？因为字词的歧义（多义）和含混（不清晰）常常造成意义不明，引起误解。

　　先秦比较重要的论辩有"仁内义外之辩""性善性恶之辩""有无生相之辩""学识有益无益之辩""义利之辩"等等，但由于没有做好墨家所讲"通意后对"这一步的工作，所以没有什么实质的成果。其实这些辩论有很多都是不对口的,因为双方所使用的字词并不是同一个意思,例如性善性恶之辩,根本就不是有实质意义的辩论,因为双方所讲的"性"并不是同一个意思,大家只是各说各话。所谓"真理越辩越明",条件是大家能厘清争论时的关键词眼,否则,就会变成"真理越辩越昏",而且还会带来一些不良的后果,令人以为辩论只是口舌之争,无用又浪费时间。可惜的是,墨家的论辩思想没有得到继承和发展。

如果庄子和惠施有墨家的思辨精神,濠上之辩可能就会引发出类似西方哲学的"我外心灵"问题;如果孟子和告子有墨家的思辨精神,"性善性恶之辩"也可能发展出一套融合性善和性恶的理论,孟子也可能进一步思考权力转移的合理性,发展出更实用的政治思想。

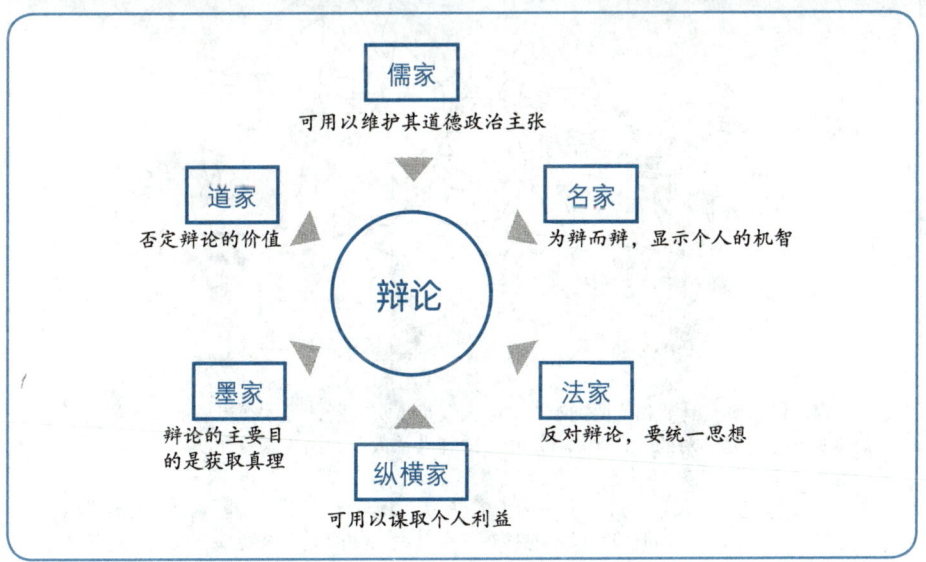

墨家也有诡辩？

墨家虽然主张正确的思考之道，但墨家也有跟事实不符的诡辩，例如主张"杀盗非杀人"，表面上看，跟"白马非马"的问题差不多，其实不然。墨家的全文是这样的："盗，人也。爱盗，非爱人也。不爱盗，非不爱人也。杀盗，非杀人也。"(《墨子·小取》)墨家肯定盗也是人，没有混淆"属于"和"等于"两个不同的意思，但为什么又会得出"杀盗非杀人"的说法呢？

要解决以上的问题很简单，因为"杀人是不对的"只是一般原则，总有例外的情况，如果不理会例外而应用一般原则，就犯了"以全概偏"的谬误。

* 墨家混淆了事实判断和价值判断，"杀人"是事实判断，墨家却当成价值判断，意思变成"杀人是不对的"，所以才会说"杀盗非杀人"，因为杀盗并没有不对。

* 墨家既肯定"杀人是不对的"（因为兼爱），又同意"盗，人也"，于是推论出"杀盗也是不对的"，但墨家又不愿接受这个结论，便产生"杀盗非杀人"的诡辩。

> 兵者，诡道也。
>
> ——《孙子兵法》

第六章
兵家：曾经被千防万防的学说

在先秦诸子之学的分类中，无论是司马谈的"六家"还是刘歆的"九流十家"，都没有兵家的席位。兵家一般都归入方技之学，只被当作技术，不配称为思想；但传统上，兵家的著作却是禁止一般人阅读，生怕人读了会学坏，会造反，由此可见，它本身不单是纯技术性的。

即使到了现代，写哲学史的学者都很少会将兵家当成哲学，例如劳思光先生的《中国哲学史》也没有讲述兵家的思想。但我认为这不过是出于对"哲学"的狭隘理解。如果哲学是追求智慧之学，兵家也够分量称为哲学，兵家其实就是军事学，战争涉及生死存亡之事，最能激发人的智慧，当然，这种智慧不同于儒、道两家的智慧，姑且称之为现实的智慧。现实人生充满竞争，可说是十分残酷，所以不妨称兵家为斗争的哲学；如果嫌这个名称太过残忍，也可称为制胜的哲学。

来自战争的残酷和本质

《孙子兵法》：兵法的始祖

春秋战国战事频繁，正好孕育兵家的思想。先秦兵家有三个代表人物，分别是孙武、吴起和孙膑，他们分别活跃于春秋晚期、战国早期和中期。三人都写下兵法之书，但《吴子兵法》已失传，现存的是伪书，孙膑的兵法又残缺不全，只有孙武的兵法最完整，此即《孙子兵法》，堪称兵法的始祖。

孙子（公元前535—前480），齐国人，与孔子同年代。孙子出生于武学世家，因避齐内乱来到吴国，向吴王阖闾献上《孙子兵法》，受到吴王赏识，被任命为将军，在柏举之战中大败楚国，后又击败齐国；但当吴王继续用兵攻越时，孙子却悄然引退，因为他明白"好战必亡"的道理。结果吴王被越王勾践所杀，其子夫差继位，终令吴国称霸。

孙子生长于春秋晚期，比起春秋早期，战争已变得越来越残酷，春秋时的争霸战，开始演变为后来战国的兼并战。争霸的目的当然是为了名誉和利益，但也有维持国际秩序的积极意义，所以战败国只需服从就可以了，战争也多以签订和约而告终；但兼并战争就不同了，是要灭人之国，所以战争的规模和惨烈都倍增。在这种背景下成长，孙子有机会认识战争的残酷，继而思考战争的本质，遂提出制胜之道，写下旷世奇书《孙子兵法》。

《孙子兵法》是一本逻辑缜密的著作，不但每篇的题目跟内容有直接的关系，十三篇也是互相关联，首尾呼应。不妨拿同时期的《论语》来比较，《论语》每篇只是用开头二字做标题，跟内容无关，而各篇之间也没有特别的联系。另外，《孙子兵法》只有六千余字，在先秦著作中，字数之少仅次于《老子》，可谓言简意赅。以下我主要分析孙子思想中所具备的普遍意义。

主要有目标为本、理性客观和应变精神，我相信这三者的普遍意义是超越古今、文化和国界的，也是人类可以共享的思想资源。

春秋和战国的战争比较

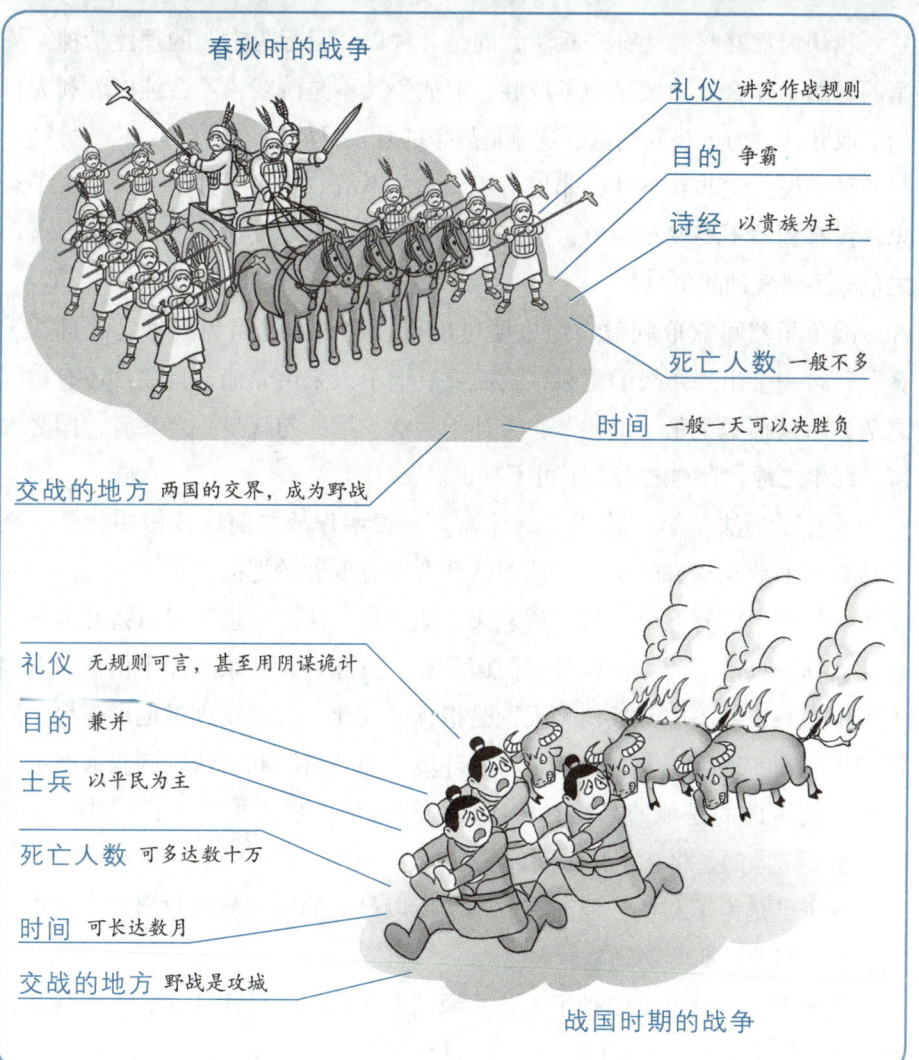

春秋时的战争

- 礼仪 讲究作战规则
- 目的 争霸
- 诗经 以贵族为主
- 死亡人数 一般不多
- 时间 一般一天可以决胜负
- 交战的地方 两国的交界，成为野战

- 礼仪 无规则可言，甚至用阴谋诡计
- 目的 兼并
- 士兵 以平民为主
- 死亡人数 可多达数十万
- 时间 可长达数月
- 交战的地方 野战是攻城

战国时期的战争

■ 目标为本：《孙子兵法》的精神线索

我认为贯穿整部《孙子兵法》的是一种以"目标为本"的理性精神。战争的目的是什么？当然是为了取胜，但战争又不是游戏，不会纯以胜利为目的，取胜就是为了获取利益，这才是战争的真正目的。

孙子说："非利不动，非得不用，非危不战。"（《孙子·火攻》）意思是没有利益不要发动战争，没有取胜的把握也不要发动战争，不到有灭亡之危亦不要发动战争。

战争虽然可获取利益，但也要付出很大的成本，因为战争是"日费千金"，每一个出外作战的士兵，就需要有七个人来供养他，打败仗还有亡国之危，所以孙子主张"慎战"，《孙子兵法》第一句就是："兵者，国之大事，死生之地，存亡之道，不可不察也。"

《孙子兵法》第一篇叫《始计篇》，说明作战之前应该做些什么，就是计算一下敌我双方的实力，从而估计有没有取胜的把握，孙子称之为"庙算"。计算主要有五个项目：道、天、地、将、法。"道"可以指开战的合理性，孙子只讲了两点，就是"民信"和"人和"，如果人民不信任，全国上下不齐心，就不应开战；"天"是指气候变化，"地"则是地形环境，所以"天"和"地"要考虑的就是自然环境；而"将"和"法"则跟人有关，"将"要考虑的是他的品德，依次序为智、信、仁、勇、严；"法"是军法，主要考虑的是将和士兵之间的关系。

战争虽是为了利益，但亦有成本，所以最大的胜利就是付出最小成本，获取最大利益，那就是效益最大化。

由此观之，就可了解孙子为什么说"上兵伐谋，其次伐交，其次伐兵，其下攻城"（《孙子·火攻》）。

"知"什么才能"胜"?

知	胜或败
知己知彼，知天地	全胜
知己知彼	百战不殆
知己不知敌	胜算只有一半
知敌不知己	胜算只有一半
不知己不知敌	必败

孙子十分重视"知"，知为智的基础，知兵知地更是胜败的关键。

为将五德

智	主要是谋略，也是深思熟虑、顾全大局、管理指挥的智慧
信	对下属讲信用，也包括下属对将领的服从，即威信
仁	爱护下属，得到士兵的拥护
勇	勇敢，但排在智和仁之下，要受两者的管辖
严	严格执行军法

为将最重要的是智，因为将不是兵，正所谓：兵要斗力，将要斗智。

伐谋是用计谋挫败敌人，成本最低，伐交就是用外交手段，两者都属于孙子所讲的"不战而屈人之兵"（《孙子·谋攻》）。

伐兵就是野战，如果野战不能挫败敌人，就得攻城；但攻城的成本最大，因为攻城就是要打到人家的国土上，补给线长了，沿途的消耗会增加，而且攻城需要更多的兵力（一般是守城的五倍兵力），也需要很长的时间，单是攻城的准备就要六个月。

所以孙子不喜欢攻城，正所谓"故兵贵胜，不贵久"（《孙子·作战》），因为时间一拖长，成本就会增加，即使攻下，也要折损三分之一的士兵，当然，最好是用谋略，不战而胜。

根据以上的分析，所谓"不战而屈人之兵"并不是什么反战思想，而是追求最大的效益。

从这个角度看，所谓"全国为上，破国次之；全军为上，破军次之"（《孙子·谋攻》），亦不是什么人道精神，保持敌人城池和军队的完整，目的就是要为本国所用，须知在当时，土地和人力都是很重要的资源。

孙子这种理性精神是以"知"为主，所谓"知己知彼，百战不殆"（《孙子·谋攻》），开战前就先要对敌我形势进行分析。

此外，春秋战国时的战争都是以陆地战为主，行军打仗与地形有密切的关系，除了知兵，还要知地。

孙子对地形有深入的研究，《行军篇》有四地之分，跟行军有关；《地形篇》有六地之分，跟打仗有关；《九地篇》则有九地之分。以下简单说明六地，后面会再讨论九地。

六地之分和九地之分都是因地形不同而提出不同的应对方法，不过，九地之分似乎强调的是进军过程中所遇到的地形变化。

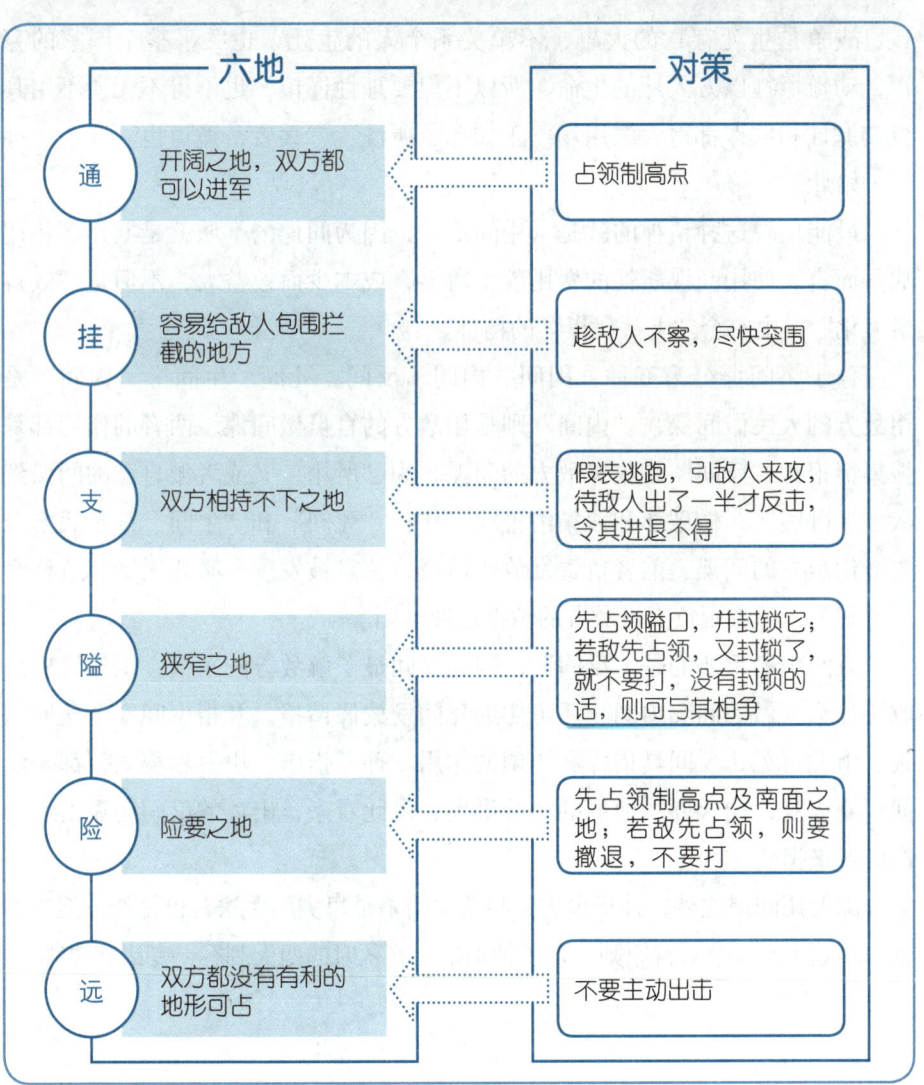

■ 兵以诈立：间谍、暗杀，无所不用其极

战争是生死存亡的大事，不单关系个人的生死，也关乎整个国家的存亡，动辄牺牲以万人计的生命，所以不但要理性谨慎，也不得不无所不用其极，诡计和欺诈都得大派用场，正如孙子所说："兵者，诡道也。"（《孙子·始计》）

最能反映这种精神的就是《用间篇》，因为间谍的本质就是欺诈。相比战争而言，使用间谍所耗的费用就少得多，成本少而效益大，不但是"效益最大化"，也符合"上兵伐谋"的精神。

孙子将间谍分为五种：因间、内间、反间、死间、生间。"因间"是用敌方的人民做间谍，"内间"则是用敌方的官员做间谍，两者的作用都是搜集情报；"反间"是收买敌方的间谍，为己所用，又或者派自己的间谍到敌方"卧底"，做破坏和搜集情报的工作；"死间"和"生间"都是我方派去潜伏敌方的间谍，前者负责发放假情报，一旦被发现，必死无疑，故称为"死间"，后者则负责将敌方的情报送回本国。

五间中最重要的是"反间"，因为反间最了解敌方的军情，也知道应该收买什么人做因间和内间，还可协助死间发放假情报，及帮生间安全送回情报。由此可见，反间具指挥和协调的作用。孙子指出，伊尹和姜太公都是反间，商灭夏，周灭商，他们的功劳最大，由此看来，出色的反间还需由道德高尚者来担任。

除使用间谍之外，孙子也主张暗杀。暗杀是卑劣的手法，也是诈，但成本低，功效大，符合效益原则。孙子特别推崇春秋时的两大刺客：专诸和曹刿。

反间是五种间谍的核心

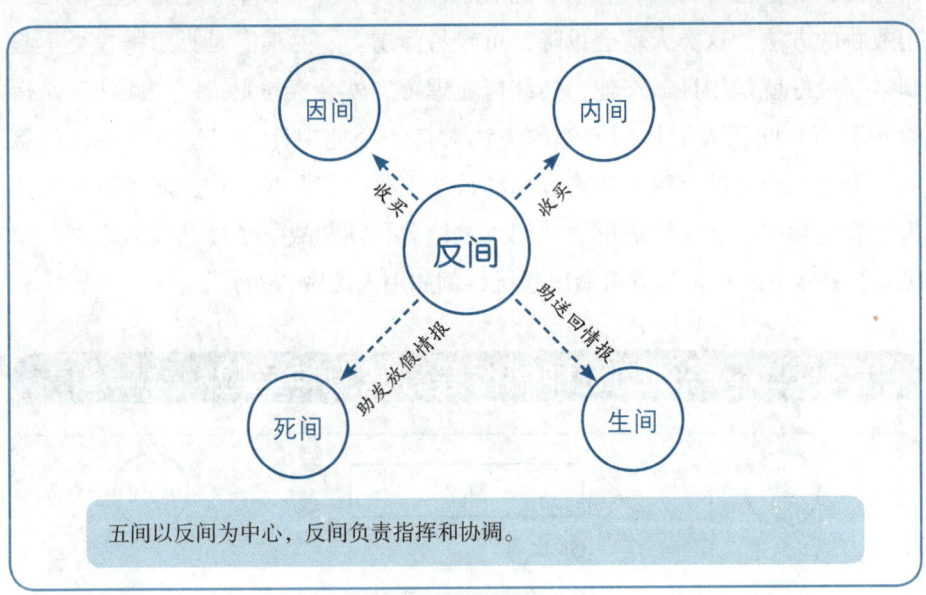

五间以反间为中心，反间负责指挥和协调。

孙子认为制胜的关键是先立于不败之地，如何立于不败之地？最重要的就是不要犯错，然后等待敌人犯错，把握机会，击败对方，此所谓"不可胜在己，可胜在敌"（《孙子·军形》）。足球赛事也是一样，例如世界杯那些实力相近的顶级球队，胜利的一方往往就是避免犯错，并且能把握对方的失误而得分。

但敌人不一定会犯错，那就要用计令敌人犯错，但如何用计呢？这必须针对敌军将领的性格弱点，孙子说："将有五危：必死可杀，必生可虏，忿速可侮，廉洁可辱，爱民可烦。"（《孙子·九变》）"必死"是指不怕

179

死,为将必须顾全大局,智最为重要,勇只是第四位,拼命三郎式的将领带兵打仗,必定鲁莽行事,容易中诱敌之计而被杀。"必生"是指贪生怕死,用威胁的方法,这类人就会投降,可轻易俘虏。"忿速"是指急躁,受不起刺激,最好就是用计激怒他,情绪掩盖理智,就会容易犯错。"廉洁"是指爱好名声,此类人最好用羞辱的方法对待,令他中计。"爱民"不是仁慈吗?为什么会是缺点呢?为将五德的首位不是"仁"吗?这岂非矛盾?我认为"爱民"在这里应该理解为"妇人之仁",须知战争是极其残酷之事,爱民就会被敌方利用,敌方可做出骚扰,例如用人民做"人盾"。

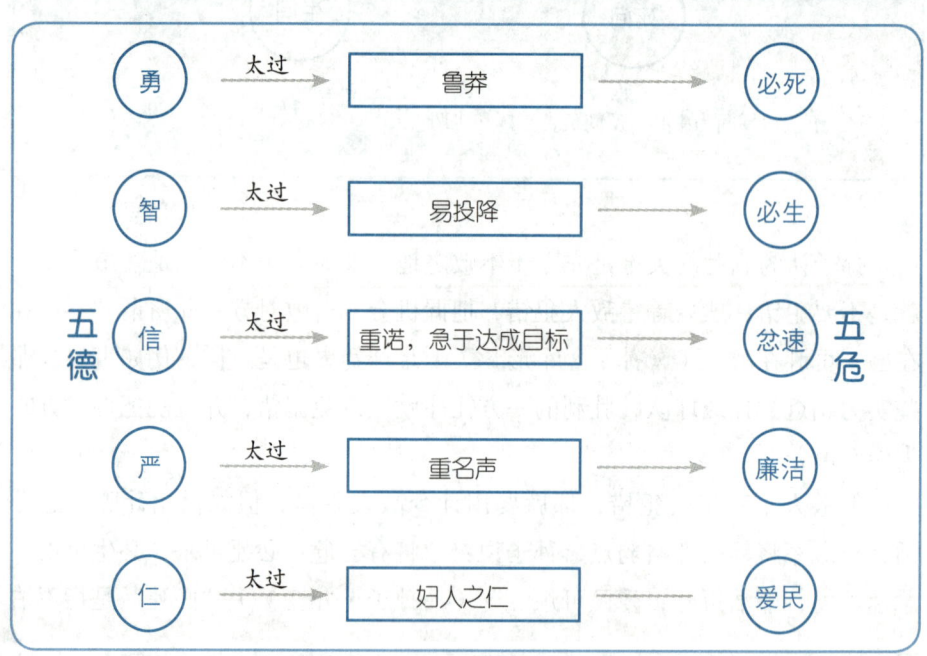

将领的五种德行会导致五种危险

兵以诈立，战争就是欺骗对手，综观孙子一书，其诡诈手法如下：

能而示之不能（能做到的假装做不到）；用而示之不用（需要的东西假装不需要）；近而示之远（明明很近，却假装很远）；远而示之近（明明很远，却假装很近）；利而诱之（给敌方小利而引其出战）；乱而取之（乘敌方有乱而击之）；怒而挠之（故意激怒对方，令其犯错）；卑而骄之（向对方示弱，令其大意）；佚而劳之（使休养久了的敌军四处奔走，令其劳累）；亲而离之（离间内部团结的敌人）；攻其无备（攻击敌人没有预备的地方）；出其不意（采取敌人意想不到的行动）。

孙子论兵，重视的是人，不是武器。《孙子兵法》十三篇，没有一篇是专论武器的，对孙子来说，战争是斗智多于斗力。在战士中，孙子最重视的是将领，因为将领的质素直接影响战争的胜败，在孙子所讲的"六败"中，最后都是归因于将之过。

六败的原因

六败		原因
走	士兵逃跑	将领指挥不当，使士兵以一敌十
弛	军纪不严	卒强吏弱，将领管理不当
陷	士兵陷于险境	吏强卒弱，将领对士兵太严苛，也是管理不当
崩	溃不成军	军官逞强，擅自出战，不听主帅的号令，主帅用人不当
乱	阵形大乱	主帅太弱，管理不严，以致毫无秩序
北	败北逃亡	将领不知敌情，以寡敌众，以弱应强，也是指挥不当

■ 应变精神：因敌变化而取胜者，谓之神

虽然在开战前可以根据"五事"来计算敌我双方的实力，从而对胜算做出估计，但一上到战场，可能又是另一回事。正所谓"兵无常势，水无常形，能因敌变化而取胜者，谓之神"（《孙子·虚实》），战场上形势千变万化，所以必须因应环境的转变而调整才能取胜；简言之，要具备应变的精神。

最能反映应变精神的就是《九变篇》，孙子说："故将通于九变之利者，知用兵矣，将不通九变之利者，虽知地形，不能得地之利矣，治兵不知九变之术，虽知五利，不能得人之用矣。"（《孙子·九变》）知兵和知地虽然重要，但不懂应变之术，还是不易取胜。但什么是"九变"呢？有学者认为，"九变"就是"九地之变"，前面讲过，行军打仗地形十分重要，所以必须因地制宜，地形改变了就要转换作战的方法。

不过，也有学者不同意"九变"的解释就是"九地之变"，但我不打算在这里讨论这个问题。至于什么是"五利"，也是有争论的，我认为"五利"跟"五所不"有关，孙子说："途有所不由，军有所不击，城有所不攻，地有所不争，君命有所不受。"（《孙子·九变》）按常理，有路必走，有军必击，有城必攻，有地必争，君命必从，但其实也有例外，"五所不"讲的就是反例，所以要懂得变通，由此得利，称为"屈伸之利"。

比方说，"凡处军相敌，绝山依谷，视生处高，战隆无登，此处山之军也"（《孙子·九变》），其中的道理是：在山地作战时，要占领高地，从高处向下面的敌人展开攻击。但不要将此奉为绝对真理，要因应情况而变，例如三国时魏军攻击街亭的蜀军，守军将领马谡就是将"占领高处，向下攻击敌人"视为死理，驻军在一孤山上，结果被魏军截断水源而大败，痛失街亭。

懂得变通，往往是制胜的关键，所以孙子特别重视"奇兵"的使用，

"凡战者,以正合,以奇胜"(《孙子·虚实》)。正兵就是常规军,用以应敌;奇兵就是特种部队,用以破敌。正所谓"出其不意,攻其无备"(《孙子·始计》),奇兵的运用,多少也有诈骗的成分。

九种地形下的应变

散地	战地在本国,士兵最散漫	⇒ 不要在自己国土开战	无战
轻地	战地虽在敌国,但离家门不远	⇒ 不可久留	无止
争地	战略要地	⇒ 战略要地被占就不要强攻	无攻
交地	两国的交界	⇒ 要快速通过	无绝
衢地	多国交界之地	⇒ 要靠外交保持良好关系	合交
重地	深入敌国,补给困难	⇒ 要掠夺敌人的资源做补给	掠
圮地	低湿难行之地	⇒ 要赶快离开	行
围地	被地形所围	⇒ 不宜硬拼,要用计突围	谋
死地	受敌所困,没有退路	⇒ 只有拼死一战	战

姜太公也写过兵书？

其他兵家思想

先秦兵书，还有《吴子兵法》《孙膑兵法》《司马法》《六韬》《三略》《尉缭子》，跟《孙子兵法》合称为武经七书。

《六韬》相传为姜太公所作，但学界认为此书成于战国时，是伪书；《三略》即传说中的"黄石公兵法"；《尉缭子》为战国末期魏人尉缭所著，可以说是兵书的总结之作。以下我会简单讨论一下《吴子兵法》《孙膑兵法》和《司马法》。

■《吴子兵法》：从伪书中一窥吴起的思想

吴起（公元前440—前381）是卫国人，曾受学于曾子和子夏，但在鲁国遭到排挤，于是投奔魏国，受魏文侯赏识，任命为将，击退秦兵，后奉命镇守西河，以防秦国。可惜魏文侯死后，继位的魏武侯听信谗言，吴起被撤职，后来秦兵攻占了西河，吴起也流亡到楚国，幸得楚悼王重用，进行种种改革，令楚国再度强盛起来。可是楚王一死，吴起就被因改革而利益受损的贵族所杀害。

在兵家中，吴起与孙武齐名，但吴起不但是军事家，也是政治家，由于他重法治，所以又被归入法家。现存的《吴子兵法》，学界判定为伪书，但即使是伪书，我想多少也可反映出吴起的思想。跟《孙子兵法》相比，《吴子兵法》的结构并不完整，可以说是一本残书，且有些观点跟《孙子兵法》差不多，例如《孙子兵法》讲的"慎战""知己知彼，百战不殆"等等，但亦有些观点比《孙子兵法》深刻。

例如《吴子兵法》探讨战争的起因就比《孙子兵法》详细，"凡兵之以起者有五，一曰争名，二曰争利，三曰积恶，四曰内乱，五曰因饥，其名又有五，一曰义兵，二曰强兵，三曰刚兵，四曰暴兵，五曰逆兵"（《吴子·图国》)。《吴子兵法》不但为不同起因的战争定性,并且说明应付之道,只可惜跟《孙子兵法》一样,只讲战争的原因,没有探讨战争的理据。

孙武只谈军事,很少讲治国之道,但吴起不同,他说:"内修文德,外治武备"(《吴子·图国》),何谓"文德"呢?"圣人绥之以道,理之以义,动之以礼,抚之以仁。此四德者,修之则兴,废之则衰"(《吴子·图国》),有此四德,社会就能和谐团结。吴起十分重视"和","不和于国,不可以出军;不和于军,不可以出阵;不和于阵,不可以进战;不和于战,不可以决胜"(《吴子·图国》),有此四不和,都不要打仗。吴起虽被归为法家,但其治国之道有很浓厚的儒家色彩,可见他确是受学于儒家。

孙、吴两人都重视将领的质素,不过侧重的地方各有不同,吴起说:"故将之所慎者五:一曰理,二曰备,三曰果,四曰戒,五曰约。理者治众如治寡,备者出门如见敌,果者临敌不怀生,戒者虽克如始战,约者法令省而不烦。"(《吴子·论将》)用现代的话讲,理是管理,备是备战,果是果断,戒是警戒,约是简约;换言之,为将者有五种东西需具备,就是善于管理,处事要果断,有高度警觉性和随时应战的准备,还要将法令简化,使士兵易于遵守。

至于士兵方面,孙子比较重视兵力的多寡,但吴起则力图提升士兵的素质,他在魏国西河时训练了一支精兵,称为"魏武卒",足以抵抗秦兵的入侵。"民有胆勇气力者,聚为一卒。乐以进战效力,以显其勇者,聚为一卒。能逾高超远,轻足善走者,聚为一卒。王臣失位,而欲见其功于上者,聚为一卒。弃城去守,欲除其丑者,聚为一卒。"(《吴子·图国》)一卒就是六百人,吴起共练得精兵三千人,凭着这支精兵,可以突破敌人的包围,也可以突击敌人的防卫。

■《孙膑兵法》：孙膑比孙武更好战？

孙膑（公元前？—前316）是孙武的后人，跟庞涓是同学，受学于鬼谷子。庞涓虽然任魏国的将军，但却妒忌孙膑的才华，于是陷害他受"膑刑"，后来孙膑受齐王赏识，任齐国的军师，在桂陵一战中大败庞涓的魏军，后在马陵一战中再败庞涓，还生擒魏国的太子。孙膑凭此两役闻名于世，但即辞官归隐，著述《孙膑兵法》。

孙膑既是孙武的后人，自然熟读《孙子兵法》，所以《孙膑兵法》也是继承《孙子兵法》而有所发挥，但《孙膑兵法》残缺不全，不能跟有完整结构的《孙子兵法》相提并论。在这里，我主要探讨该书跟《孙子兵法》相异的一些观点。

孙膑比孙武更肯定战争的价值及其必要性，这跟战国中期战事的惨烈性有关，战争是以灭国为主，所以不得不战。孙膑说："战胜，则所以在亡国而继绝世也。战不胜，则所以削地而危社稷也。"（《孙膑·见威王》），又说："战胜而强立，故天下服矣。"（《孙膑·见威王》）他更否定仁义礼乐的治国价值，明显是针对儒家，认为只有武力才能一统天下，消灭战争。

孙武不喜欢攻城，因为成本太大，攻城是下策，是迫不得已才用，但孙膑却详述攻城之法，可见他对攻城的重视，原因之一是当时打的是兼并战，另一个原因是攻城的技术已有所改进，例如有攻城用的云梯，攻城的准备也不用六个月那么长了。孙膑比孙武更重视进攻，他甚至因应齐国的地理位置，为齐威王定下"必攻不守"的战略。不过，孙膑并非好战，他也提出"乐兵者灭"的道理。

孙武所处时代的战争是以战车为主，到了孙膑的年代，已发展出步兵和骑兵，所以孙膑特别重视阵法，他分析了十种阵法，以应不同的形势。

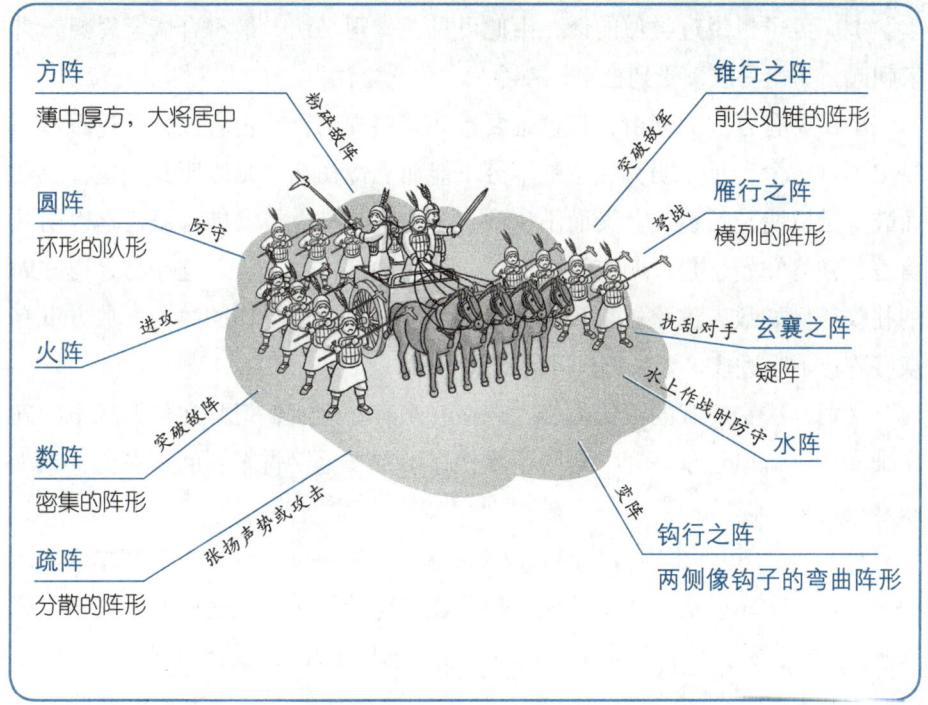

《司马法》：仁义之法

《司马法》（亦称《司马兵法》）相传为司马穰苴所作，司马穰苴是齐国人，比孙子略早。公元前531年，晋、燕两国联合出兵攻打齐国，齐国节节败退，后来齐景公任用司马穰苴为将军，司马穰苴整顿了军纪，结果大败敌军，收复失地。

《司马法》认为"好战者必亡",战争必须正义,"杀人安人,杀之可也;攻其国而爱其民,攻之可也;以战止战,虽战可也"(《司马法·仁本》),孟子也说过类似的话,由此可见,《司马法》最符合儒家思想,自宋朝起,《司马法》受到推崇,被喻为"仁义之法"。

出兵要有合法的理由,打仗也要遵守某些规则,"古者逐奔不过百步,纵绥不过三舍,是以明其礼也;不穷不能而哀怜伤病,是以明其仁也;成列而鼓,是以明其信也;争义而不争利,是以明其义也;又能舍服,是以明其勇也;知终知始,是以明其智也"(《司马法·仁本》),这些都是遵守周的礼仪,例如敌人逃跑过百步不可再追、不可再攻击受伤的敌人、敌方没有摆好阵势不应进攻、要善待投降的敌人等等。

《司马法》所载的军法内容,现在看来有些迂腐,但是在早期战争中确实被奉行过,以至于恪守"君子不重伤,不禽二毛"古军礼的宋襄公,在泓水之战中丧师损兵。

公元前638年,宋国与楚国交战于泓水,宋军驻兵于岸边,而楚军则渡河而至。由于宋军较弱,子鱼就向宋襄公建议待楚军渡河半途就开始攻击,但宋襄公坚持古礼,要待楚军全数过河,摆好阵势才开战,结果大败。

《司马法》所讲的正义战争,其实已触及西方正义战争理论的两个要点:战争必须符合两类规则,第一类是开战的合理条件,第二类是战争时应遵守的规则。当然,西方的正义战争理论要完备得多,因为它是经过长期的讨论而成的。

有关西方正义战争所要遵守的规则,可参考本章最后一节结语的图解。

泓水之战：仁义之战=迂腐+失败？

宋襄公坚持的古礼，正是《司长法》所推崇作战时遵守的规则，可惜被打破有限战争规则的楚国打败，此后"兵者诡道"的军事战略开始盛行。

战还是不战?
兵家和诸子的关系

■ 兵家出于道家?

先讲兵家与道家的关系。

常有人说,兵家出于道家,孙子受老子思想影响,究竟是否属实呢?不错,《老子》一书的确有几处是论兵的,而且跟《孙子兵法》有相似的地方,例如老子说:"善为士者不武,善战者不怒,善胜敌者不与。"(《老子·第六十八章》)"不武"就是不好斗,好斗有什么不好?就是孙子讲的"必死可杀";"不怒"就是不愤怒,愤怒又如何呢?正如孙子所讲"忿速可侮";"不与"则是不跟敌人交战,为什么不交战呢?因为这才符合孙子的"不战而屈人之兵"。又例如老子说"以奇用兵"(《老子·第五十七章》),跟孙子的"兵以诈立"也有关。

不过,说孙子受老子影响,也可以倒过来说,《老子》受《孙子兵法》影响,因为一般认为《老子》成书于战国中期,孙子则生于春秋晚期。

不论是《老子》影响《孙子兵法》,还是《孙子兵法》影响《老子》,我认为两者对战争的态度是截然不同的。

基本上,老子是反战的,而孙子则主张通过战争而获取利益。老子说:"兵者,不祥之器也。"(《老子·第三十一章》)战争虽是不好的,但有时却必须战争,所以老子主张"言以丧礼居之也。杀人众,以悲哀泣之;战胜,以哀礼处之"(《老子·第三十一章》),即使是战争胜利,也应以丧礼来对待,因为战争是要死很多人的。

老子尚智,孙子也重智,但两者之智却截然不同,孙子之智是以"知"为基础,重的是利益的计算,是现实的智慧;老子之智是以"去知"为方法,修养心身,是人生的智慧。

《老子》和《孙子兵法》对战争的态度有何不同？

老子是反战的,而孙子则主张通过战争而获取利益。

■ 兵、儒不两立？

兵者诡道，战争只为利益；儒家则重义轻利，两者是否势不两立呢？

有人认为孔子是轻视军旅之事，因为当卫灵公问有关军事方面，孔子却答："俎豆之事盖尝闻之矣，军旅之事未之学也。"（《论语·卫灵公》）其实孔子并非不懂军事，只是卫灵公无道，又要向外发动战争，孔子只是不屑与他交谈而已，正所谓"国之大事，在祀与戎"（《左传》），祀是祭祀，戎就是军事，孔子岂会轻视呢？

举个例子，公元前500年，鲁国和齐国会盟，孔子就对鲁定公说要有武力防卫的措施，所谓"有文事者，必有武备，文武之事不可相离"（《史记·孔子世家》）。

武备是必需的，因为要保卫国家，但出兵又怎样呢？这方面孟子倒是答得十分肯定，推翻暴君的革命是合理的，例如周灭商。当然，基本上孟子主张施行仁政，令天下归附，反对以武力一统天下。

最主张仁义之师的是荀子，荀子较重现实，除了有《富国篇》，也有《议兵篇》，出兵是以仁义为本，他说："彼仁者爱人，爱人故恶人之害也。义者循理，循理故恶人之乱也。彼兵者所以禁暴，除害也，非争夺也。"（《荀子·议兵》）要维持国际秩序，防暴除害，武力是必需的，用兵只是济仁义之不足。虽然荀子用兵的态度较孔孟积极，但也是反对侵略夺利的战争，不同于孙子和吴起。

在出兵的合法性上，除了人和之外，儒家与兵家（《司马法》除外）完全不同，儒家要合乎仁义，兵家要合乎利益；前者理想，后者现实。至于作战时兵家主张兵不厌诈，这似乎跟儒家的道德有冲突，但其实荀子某种程度上也肯定了诈的必要性，他说："兵之所贵者势利也，所行者变诈也。善用兵者，感忽悠暗，莫如其所以出，孙吴用之，无敌于天下。"（《荀子·议兵》）

■ 兵、墨相反？

兵家尚攻，战争纯为了利益；墨家非攻，反对一切侵略性的战争。很明显，两者的立场相反；但两家也有相同的地方，都是利益的计算。当然，墨家所讲的利是众人之利，而兵家只考虑本国的利益，不过墨家认为战争对任何人都没有好处，即使是胜利者，也往往是害多于利。

为什么墨子不主张投降呢？

老子是反战的，而孙子则主张通过战争而获取利益。

墨子讲兼爱，反对侵略性的战争，固然理想崇高，但也注重现实，他的非攻不是只讲道理，而是身体力行，帮助小国抵抗大国的侵略，所以他十分注重防守。兵家主攻，墨家重守，也可以说是两者相反之处。墨子在《备城门篇》中讨论如何防守，他分析攻城的方法，总共有十二种，并提出对策，例如有一种叫"蚁传"，是像蚂蚁一样攀登城墙，其实是人海战术，对策就是从城墙上丢石头或倒热水之类。

除了技术之外，墨子更重视组织人民来守城，守城是总动员，以五人为一单位，然后是十人、百人，逃跑的人会被处罚，守城成功则获奖赏，墨子更用文书来通告，以确保大家都知道自己的职责。墨子跟孙子一样，重视情报；孙子用间，墨子则要设法找出间谍，例如发放身份证明书，有助于找出间谍。兵、墨两家都重视管理，前者是组织士兵作战，后者是组织人民防守。

攻城十二法

临	临车是一种可以移动的塔楼，主要用作视察城内的活动
钩	钩车带有钩爪，用来破坏城墙
冲	冲车是用来撞破城墙的
梯	云梯前端有钩，用来搭在城头上
堙	是人工斜坡，贴在城墙上，让士兵登城
水	用水灌城
穴	火攻
突	突门是守方主动出击的地方，所以要攻破它
空洞	掘地道
蚁传	人海战术
轒辒	是一种运兵到城墙的装甲车
轩车	结合云梯和战车来攻城

■ 法家和兵家的潜在冲突

法家是治国之学,兵家是用兵之学,治国和用兵,即政治和军事,关系十分密切,吴起不就既是法家,又是兵家吗?

法家的"法",其中一个精神是信赏必罚,我怀疑这是出自兵家的军法;另外,孙子有《势篇》,对法家的"势"也有所启发;还有,法家的"术",不就是"兵以诈立"的精神体现吗?举个例,商鞅为秦相之前,曾在魏国做官,跟魏国太子熟稔,有一次商鞅领秦军攻打魏国,刚好魏的太子是统帅,于是商鞅使诈,骗太子出来相聚,结果生擒了他,不战而胜。由此可见,法、兵两家的道理是相通的。

法家喜欢讲"富国强兵",强兵不就是兵家的专长吗?按道理,法家和兵家应该连在一起,一个安内,一个对外,但法家的集大成者韩非却排斥兵家,为什么呢?韩非说:"境内皆言兵,藏孙吴之书者家有之,而兵愈弱。言战者多,被甲者少也。"(《韩非子·五蠹》)。我认为兵家重智,又强调应变的重要性,阅读兵家的人无形中会肯定思想自由这种价值观;然而,法家只关心建立君主的绝对权力,所以韩非要统一思想,反对学术自由,我认为这才是法家和兵家的潜在冲突。

不错,法家最后变成一种君权至上的集体主义,只要求服从,那当然是言论自由和思想自由的死敌。

春秋战国虽然是一个残酷的时代,但却思想自由,百家争鸣,并没有任何一位学者是因言论而被杀害(韩非是被李斯陷害而死),所以也称得上是一个宽容的年代。可是,当秦始皇用法家成功统一天下之后,就开始焚书坑儒,控制言论。

诸子对战争的态度

老子
反战，以哀礼对待用兵

韩非子
主张用武力一统天下

墨子
非攻，主张防守的保卫战

孙子
要获取最大利益，作战时要用诡诈

孔子
要有武备保卫国家，反对侵略战

孟子
赞成推翻暴政的革命战争，反对用武力统一天下

荀子
用兵以济仁义之穷，主张以仁义之师一统天下

4 兵家思想该被封杀吗?

结语

兵家：曾经被千防万防的学说

■ **对兵家的评价：兵家=诡诈?**

自汉武帝独尊儒家之后，标榜以"仁义"治国，从此儒者喜欢讲"以德服人"，轻视带兵的将领；宋以后，更是重文轻武，兵书也一直被列为禁书。尤其是以《孙子兵法》为首的兵家思想，主张兵以诈立，常被所谓"正统"的儒者蔑视。

不过，如果撇开开战的合法性不谈，纯以军事而论，《孙子兵法》所讲的实是千古不易的道理，难怪《孙子兵法》可以扬威国际，受到不同国家的军事学家赞赏，可见其具备超越时空的普遍意义，连军事强国美国也将《孙子兵法》列为军事学院的必修科。西方的军事代表作是十九世纪克劳塞维茨的《战争论》，但《孙子兵法》比它早两千多年，而且言简意赅，经典的地位不可取代。

即使我们考虑到战争的正义性，《孙子兵法》跟西方的正义战争理论也是可以兼容的。

虽然孙子认为战争是为了获利，但跟正义战争理论所讲的开战合理性并不一定有冲突，例如第一次波斯湾战争，美国出兵是为了驱逐入侵科威特的伊拉克军，理据充分，但美国同时也是为了石油的利益，两者并无冲突。事实上，战争花费庞大，没有利益的话，又有谁会主持正义呢？

而且根据正义战争理论，即使出兵合乎正义，但如果胜算不大，也不应出兵，这跟孙子的思想是一致的。

至于开战时要遵守某些条件，可以将孙子所讲的"诈"用于这些规则以外的地方。正如足球赛事中，球员用"假动作"欺骗对手也是"诈"，但并没有犯规。

正义战争要遵守的条件

	开战条件	战时规则
主体	由一个合法的政权宣战	目标达成后必须停止战争，抢掠、滥杀、强暴、虐待战俘等行为都必须禁止
理由	必须有正当的理由	不要攻击非作战人员和非军事设施
必要性	宣战是最后的途径，也要考虑成功的机会	
目的	是人工斜坡，贴在城墙上，让士兵登城	

■ 兵家的应用：也可用于商业

今天，《孙子兵法》的应用已经超出了军事的范围，诸如球赛、商业、管理，甚至是医疗，都有人应用《孙子兵法》的思想而取得若干成就。《孙子兵法》之所以有巨大的应用性，如前所述，主要的原因就是目标为本，以理性客观对待事物，也兼具应变的精神。

不过，亦有人担心孙子"兵以诈立"的精神会带来不良的影响，例如商业上讲诈，那不是叫人欺骗顾客和拍档吗？我认为这确实有点过虑，因为我们还有法律和道德，违反法律就会受到惩罚，违反道德亦会受到谴责。事实上，《孙子兵法》有很多概念可应用于商业，日本人在这方面谈得最多，例如在商业管理上，孙子所讲的"将"就是领导人，"五事"也就是企业所具备的重要条件。

战争和商业都是追求利益的，争夺土地也可比拟为占领市场，孙子对"地"的分析也可启发我们对市场的了解。而孙子的名句"不战而屈人之兵"，也可应用于商业，例如有些大企业以低于成本的大减价来"消灭"竞争对手，就是孙子所反对的"消耗战"，应该用合作或收购的方法来应付。又例如在敌强我弱的形势中，孙子也有以弱胜强的方法，就是集中力量攻击敌人的弱点；在商场上，大企业就是强者，但强者也有弱点，比方说：不够灵活，或不专长于生产某类产品，那就可以集中力量，生产这类产品，占领市场。《孙子兵法》可比拟商业管理的地方还有很多，也甚具启发性。

"六地"可对应市场

> 安民之本,在于择交。
>
> ——《战国策》

第七章

纵横家：备受诟病的古代外交家

虽然刘歆的"九流十家"有纵横家的席位，但在以儒家为主流的社会中，纵横家一直受到道德的批判，主流观点认为纵横家之流逞口舌之辩，颠倒是非，为操控国际形势不择手段，目的只为一己之利，实有术而无学，不配为一家之言。不过，儒家的道德批判其实过于偏颇，抹杀了纵横家的价值和贡献。可是纵横家没有著作传世，我们唯有从《战国策》《史记》及《战国纵横家书》等作品了解其思想。

根据刘歆的"王官论",纵横家出于"行人之官","行人"又分为"大行人"和"小行人",在周的官制中,"大行人"是接待诸侯等外事的主要负责人,"小行人"则处理具体事务,到了春秋时期,行人还兼负出使外国的职责,用今天的话讲,"行人"就是外交官。纵横家其实就是外交家,纵横之学也就是外交之学。当然,纵横家只是出于"行人",两者并非等同,因为"行人"隶属于自己的国家,而纵横家则是说客,哪个国家重用他就为其服务。当时出色的纵横家如张仪和苏秦,其权力都比现在的外交官大得多。纵横家也实际参与政治和军事的决定。

纵横家出现于战国,可以说是时代的产物,因为战国时打的是兼并战,国家之间时而对战,时而结盟,纵横家乘势而起,游说诸侯国组成联盟,建立国际秩序,完成个人的事业。纵横家主要分为两大派,合纵派和连横派,合纵派以苏秦为代表人物,连横派则以张仪为代表人物。

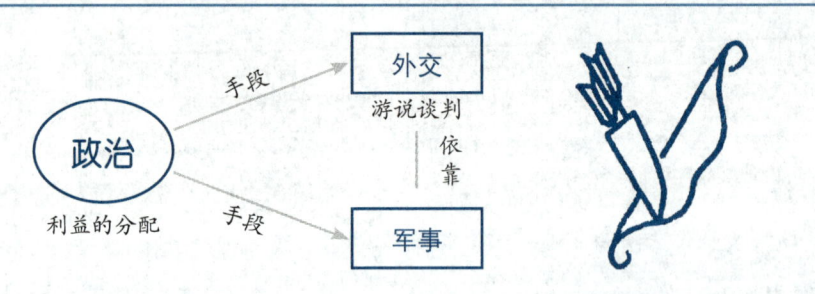

政治、外交和军事的"三位一体"

政治是处理众人之事,而众人之事中最重要的就是利益的分配,军事和外交是对外获取利益的方法,所以政治绝对离不开军事和外交。

是大话精还是外交奇才？
子贡：纵横家的先驱

子贡是孔子的十大弟子之一，精于言语，是成功的商家，据说孔子周游列国都是由他资助。由于子贡口才了得，也曾担任鲁国的外交官（即行人），出使他国，维护鲁国的尊严和利益。

有一次齐国要攻打鲁国，子贡临危受命，出使齐国，说服齐王放弃攻鲁，改为伐吴；然后代表齐国出使吴国，却又动之以利，成功游说吴王救鲁伐齐；又再代表吴国前往越国，奉命说服越王朝吴；但到了越国之后，反过来游说越王乘吴伐齐之际，出兵攻打吴国；回到吴国之后，又诡称越王归顺吴国，于是吴王举兵伐齐，同时子贡又来到晋国，劝说晋君与吴国决战，结果吴军大败，而越王则乘机出兵消灭吴国，成为春秋最后一个霸主。

子贡不但拯救了鲁国，更改变了当时的国际形势，靠的就是其外交才能和言语技巧，不愧为后来战国纵横家的先驱。

不过，子贡出使游说，为达目的，不惜使计用诈，谎话连篇，似乎有损儒家正派的形象。对于子贡的评价，历来分为两派，一派是以儒家正统自居，批评子贡这种出尔反尔的欺诈行为；另一派则为子贡辩护，说子贡纯粹是为了拯救自己的国家，不像纵横家之流，只为个人的利益。

除了外交行径之外，子贡的个性也跟张仪、苏秦等人相似。孔子评论子贡："赐不受命，而货殖焉，亿则屡中。"（《论语·先进》）不受命是什么意思呢？其中一个解释是孔子希望子贡能宣扬道德之学，子贡当然敬佩孔子的学问和道德，但他的个性独特而进取，不会像颜回般以道德修养为人生目的，他要追求事业上的成功，所以从事商业活动，并取得很大的成就。子贡也没有后来儒者的狭隘道德观，比较能客观地做评论，例如他评论纣王："纣之不善，不如是之甚也，是以君子恶居下流，天下之恶皆归焉。"（《论语·子张》）子贡认为纣王之坏，并不是后世所讲的那么严重，只是当权者做错事，其他人很容易就会将所有坏事都入他的账。

子贡令人"眼花缭乱"的外交游说

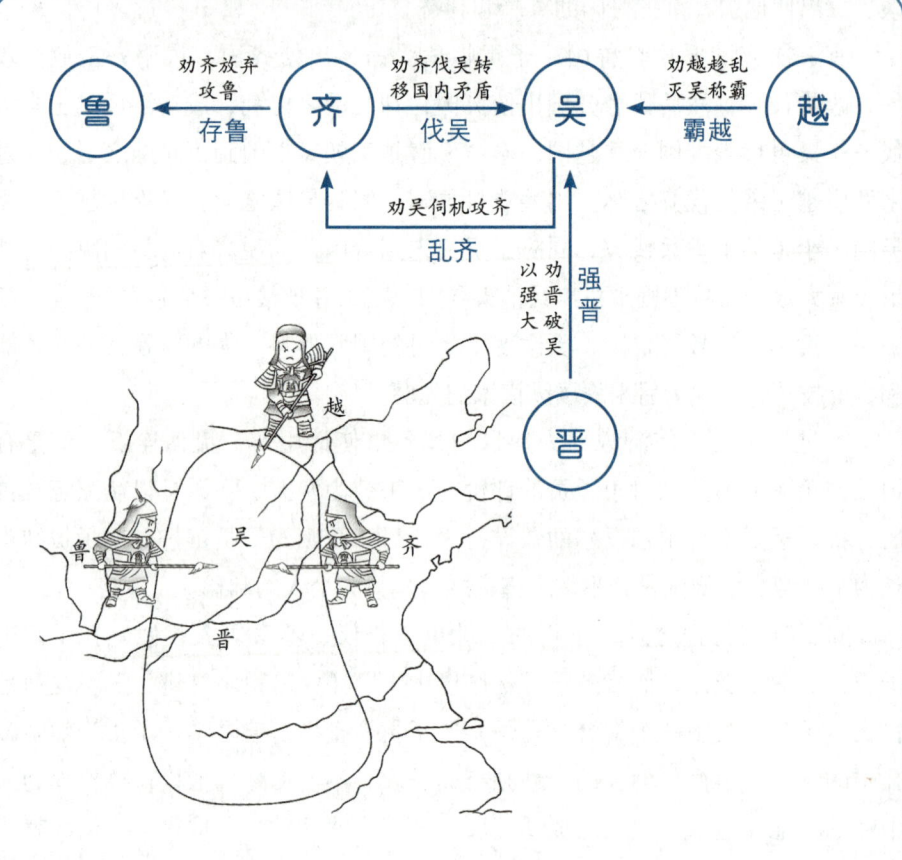

子贡一出,存鲁,乱齐,破吴,强晋而霸越。子贡一使,使势相破,十年之中,五国各有变。(《史记》)

苏秦、张仪为何能兴风作浪？

合纵连横

■ 战国时的外交形势：因利益而结盟或敌对

公元前403年，三家分晋，变成了韩、赵、魏三国，标志着战国时期的来临；西面的秦国自商鞅变法之后，逐渐强盛起来，成为超级强国，加上齐、楚两大强国，及北方的燕国，合称战国七雄。在这些强国之间，还有一些小国如郑、宋、卫、曾、中山等。各国为着自身的利益，都会结盟抵御敌人，但政治上没有永远的敌人，只有永远的利益；结盟或敌对，也因应形势而有变。

大致上当时有两大政治集团，西面以秦为首，东面以齐为首；基本上有两大外交政策，合纵和连横。何谓合纵？"从者，合众弱以攻一强"（《韩非·五蠹》），就是六国由北至南联合起来，抵抗秦国的入侵；何谓连横？"横者，事一强以攻众弱"（《韩非·五蠹》），就是强秦联合东面的国家，东西连横，破坏合纵。合纵连横要成功，就必须依赖外交游说，这就是为什么纵横家在当时那么吃香。

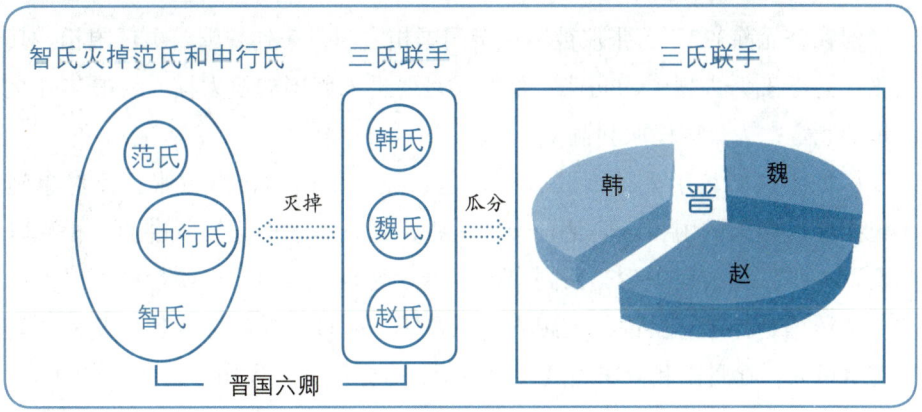

207

■ 张仪与苏秦：翻云覆雨的连横、合纵派

张仪和苏秦，分别为连横派和合纵派的代表人物。据《史记》所载，张仪跟苏秦是同学，受教于鬼谷子，学习权谋之术，苏秦最先发迹，成功联合六国抗秦，佩六国相印；但苏秦要维持个人的声望和利益，必须制造一个强敌，于是用激将法令张仪发奋，并暗中资助他到秦国游说。换言之，张仪是由苏秦一手培养出来，一个讲合纵，另一个讲连横，正好维持国际形势的平衡，这两个同窗好友就这样摆布了国际形势近三十年。

可是，这只是一个有趣的故事，并非史实。1973年马王堆出土的《战国纵横家书》，清楚说明苏秦是在张仪死后才开始到燕国游说，跟张仪同时代的合纵主张者是公孙衍和惠施。

张仪是魏国人，他最先是到楚国游说，但由于出身贫穷，遭人轻视，甚至被冤枉偷窃，受辱后离开楚国，回家苦读。公元前329年，张仪来到秦国游说，终得秦惠王重用。张仪主张秦王连横魏国，因为魏国分别跟秦国、齐国和楚国相连，须知齐楚都是强国，控制了魏国则进可攻，退可守。张仪威迫利诱，成功说服魏惠王跟秦国结盟。

但在公元前322年，张仪被罢免秦国国相之职，来到魏国，出任国相。其实张仪是秦王派去魏国的间谍，目的就是要进入魏国的权力核心，参与外交政策的制定，为秦国谋取利益。

例如张仪破坏了公孙衍联合韩、赵、燕、中山的合纵主张；反对惠施（也担任过魏国的国相）联楚抗秦的主张，这就是《史记》所讲的"相魏以为秦"。张仪完成任务后，回到秦国，继续受秦王重用，出使楚国，以美色和土地诱惑楚怀王，游说楚王跟齐解除联盟。张仪成功破坏齐楚联盟，令秦国有机可乘，在丹阳和蓝田之战大败楚国，令楚国元气大伤。

秦惠王死后，秦武王继位，张仪不获信任，担心会重蹈商鞅的覆辙，于

是设计离开秦国，返回魏国。

苏秦是洛阳人士，公元前308年，由周入燕，进行游说，但燕国又不是强国，为什么苏秦会前去呢？因为之前燕国经历内乱，齐国又"趁火打劫"，攻占了燕国十座城池，新即位的燕昭王立志重建燕国，于是接受郭隗的建议，礼贤下士，重金招聘，结果很多能人异士都前来，除了苏秦之外，还有名将乐毅和阴阳家邹衍等。

苏秦知道燕王想报复齐国，就提出强燕弱齐的方案，并且自告奋勇出使齐国，利用秦燕的姻亲关系（燕王是秦王的女婿），威吓齐愍王，说秦会代燕复仇，向齐国讨回被占领的十座城池。苏秦展示了外交才能，获得燕王的信任，于是订出强燕弱齐的具体方案："西劳于宋，南罢于楚，则齐军可败。"（《战国策·燕策一》）意思是令齐国跟宋国和楚国发起战争，借此削弱齐国的实力，为燕国复仇做好准备。其实齐王一直想吞并宋国，又跟楚国不和，因为齐楚都想当东方的老大，苏秦不过是顺应这个形势来制订强燕弱齐的方案。

苏秦先出使齐国，说服齐王出兵宋国，他在齐国待了五年，终获齐王的信任，任命为相。但宋国一直依附秦国，齐王担心出兵会激怒秦国，苏秦则提议组成多国部队，以抗秦国，于是他展开游说的工作，第一站当然是燕国，因为燕王一定同意，然后依次是魏、赵、韩，苏秦终于组成五国部队，有效地阻吓秦国，制造了齐国侵宋的机会。

苏秦其实是燕王派去齐国的间谍，组成合纵部队的目的只是让齐王侵宋，他又暗中破坏魏、赵跟齐的联盟关系，当齐国灭了宋国，秦国大怒，立刻出兵齐国；燕国也乘机联合魏、赵、韩、楚四国攻打齐国，乐毅为主帅，大破齐军，一直打到齐国首都临淄，占领了七十多座城池。齐国经此一役，从此一蹶不振，苏秦强燕弱齐的任务成功了，不但为燕王复仇，也改变了国际形势，原本是秦齐两大国的对峙，现在变成了秦国独大。

燕齐两国的恩怨

1.齐国和燕国的关系良好。一次齐桓公出访燕国,燕王送别齐桓公竟到齐国境内五十里,于是齐桓公根据"诸侯相送不出边境"的古礼,将这五十里的土地送给燕国。

2.齐国两度出兵入侵燕国。燕文公死了,儿子易继位,齐国乘燕的国丧入侵;燕易王之子、糊涂的燕王哙让位给残暴的子之,导致内乱,齐国乘乱入侵。

3.燕昭王为报仇雪恨,用了二十年的时间准备,最终燕国大将乐毅大败齐军,几乎灭了齐国。

纵横家没有思想和立场？
纵横家的外交学

一般认为，纵横家只有游说之术，并无思想和立场，虽然他们没有著作传世，但可从他们的言行中归纳出其政治外交主张，及人生处世的价值观。

■ 政治外交思想：以外交安邦定国

合纵连横只是具体的外交政策，背后还有纵横家的政治外交思想，可以用苏秦的话来阐明："安民之本，在于择交；择交而得，则民安；择交不得，则民终身不得安。"（《战国策·赵策》）简单来说，就是"择交安民"，意思是要懂得选择盟友，才可保证国家的安全。从儒家的角度来看，这种治国的方针只是因势利导，投机取巧，不是正路的做法，那纵横家又如何看待儒家的德治思想呢？

苏秦说："仁义者，自完之道也，非进取之术也。"（《战国策·燕策一》）苏秦认为仁义的作用只限于个人修养，却无助于富国强兵、治理天下。例如"孝"的作用只止于"养其亲"；"信"不过是"不欺人耳"；"廉"也只是"不窃人之财"；"忠"若贯彻实行，连国门都不会出；"义"做到像伯夷一样，就宁愿饿死都不做武王的臣子。总而言之，仁义道德对治国安邦毫无帮助。

苏秦一再强调："仁义所以自为也，非所以为人也。自复之术，非进取之道。"（《战国策·燕策一》）孔子也表达了相近的看法："古之学者为己，今之学者为人。"（《论语·宪问》）"为己"就是仁义道德之学，"为人"就是建功立业，安邦定国。当然，孔子认为先要完善自己，才能够真正为他人谋幸福，此所谓"己欲立而立人，己欲达而达人"（《论语·雍也》）但纵横家却不同意这种"先内圣而后外王"的思想。从儒家的角度看，纵横家的安邦定国是急功近利，走歪路；但纵横家却认为只有积极进取，才能真正"为人"。由此可见，纵横家的政治外交思想就是"择交安民，进取为人"。

纵横家只会动嘴皮子？

张仪开发蜀中，修建水利

纵横家常会给人巧言善辩、不择手段、把持国际形势的负面形象，但其实他们也有做富国强兵的实事，特别重视农业和商业的发展。

纵横家充分认识到战国是一个"国际社会",充满激烈的竞争,绝不能独善其身,必须投入这个国际社会,通过外交结盟或战争来谋取国家的利益。但国际形势多变,必须顺应形势来调整外交路线,正如苏秦所说:"圣人从事,必藉于权而务兴于时,夫权藉者,万物之率也,而时势者,百事之长也,故无权藉,倍时势,而能事成者寡矣。"(《战国策·齐策五》)除了获取权力,还要因应时势。举个例,范雎是继张仪之后入秦为相的纵横家,他因应当时的形势,对连环的外交政策做出调整,提出"远交近攻"的主张,以后秦国一直实施这个策略,结果将六国逐一击破,完成一统天下的大业。

■ 游说的方法

纵横家的政治思想重视外交多于军事力量,外交又以游说为主,但游说并不容易,韩非一再强调游说的困难,并写了《说难》一文。

当初,韩非因游说韩王失败,愤而写下《说难》一文,以说明说服之难,及探讨说服的方法。全文有以下五个重点:

1. 说服之所以困难,在于了解君主的心意,又要采用适当的言辞。例如君主表面上要扮清高,心中却好财利;如果劝他追求名誉,他会收留你,却暗中疏远你,如果劝他追求财利,他会暗中照你的方法去做,却不会收留你。
2. 游说会遭遇十五种危害自己生命的情况。例如你说出君主心中的秘密,即使没有泄露出去,也会有生命的危险。
3. 探讨取得君主信任的方法。如夸君主得意事,掩饰他觉得羞耻之事。
4. 说明游说之难不在于拥有学识,而是如何运用。例如讲出实情,说出道理,却往往会得罪君主。
5. 说明游说时必须注意君主对你的爱憎,不可冒犯君威。

张仪说秦王

纵横家的游说着重权谋，很多人受儒家的影响，以为纵横家巧言善辩，用谋作诈，纵横家的确有这一面，但不仅仅如此。

其实要游说成功，言辞也必须合情合理，那些国君和臣子又不是傻瓜，只不过纵横家讲的多是"利害之理"，并不是儒家的"仁义之理"，因为大部分人都趋利避害。利害要分析恰当，又必须对国君、国情及国际形势有真切的了解。

例如张仪能够成功游说秦王，就在于他对秦王的心意、秦国的国情和国际形势有真正的认识。

国情不同，游说的方法也不一样，例如苏秦游说燕、韩、魏等弱国时，用的多是威吓的方法；但面对齐、楚等强国，则多用利诱的方法。

认识国情和国际形势，并做出客观的分析，相对来说，比了解人的心意容易，因为人往往会隐藏自己的真正想法。所以，揣摩人的心意就变成游说过程中最重要也是最困难的一环。要揣摩人的心意，除了鉴貌辨色之外，就是不但要听其言，还要观其行，看他实际上做些什么；也可用试探得知人的心意。

试探的方式有很多，例如《鬼谷子》主张要利用时机，捕捉实情，认为人在高兴和恐惧的时候，就容易暴露真正的想法，所以我们要抓住时机，设法令他更高兴或更恐惧。

对国君的心意、国情和国际形势有充分的了解，说辞合情合理，也不保证能游说成功；因为身为国君，难免有过强的自尊，要令他乐意或易于接纳自己的主张，也要讲求策略，其中的关键就是引导他，令他自己得出你的主张，但其中又有什么具体的方法呢？

纵横家常用的方法有两种，一种是比喻法，另一种是质问法。比喻就是用具体易明的事例，去解释一些比较抽象的东西，比喻恰当，说服力会大增。

《鬼谷子》的说服三部曲

《鬼谷子》相传为鬼谷子所作,书中主要探讨说服和谈判的技巧。

取得信任

先得到对方信任

《内健篇》探讨亲近之法,及如何运用策略取信于人。

知道实情

了解游说对象的心意

◆《反应篇》探讨听言之道,从对方的说话了解其心意;

◆《揣篇》和《摩篇》探讨揣摩人心意的方法;

◆《飞箝篇》探讨如何用言辞钩取对方的真情欲求,加以控制。

出谋献策

令对方接受你的主张

◆《权篇》是针对对方的个性,使用适当的言辞;

◆《谋篇》则探讨如何献计;

◆《决篇》是协助对方做决定。

三部曲虽是三个步骤,但也不是固定不变,而是互相支持。例如有时要先出谋献计或知道对方的心意,才能取得信任。

至于质问法，则是当别人问你意见时，不直接说出你的想法，而是透过反复的质问，让对方得出你的主张。

如何通过质问，让对方接受你的主张？

秦王邀请齐王一起称帝，齐王询问苏秦的意见。苏秦通过两次反问，促齐王思考，使之明白应该放弃称帝。

既利己又利他
纵横家的人生观

　　一个哲学家的人生观往往受他的世界观和人性论所影响，例如墨子相信有一个有意志的天，能对人间进行赏善罚恶，所以主张人应该"兼爱"，以符合天意；孟子则认为人性本善，所以人应该将它扩充发挥，成就圣贤。

　　纵横家认为人死后什么也没有，亦不像儒、道两家有超越层面的向往，他们只注重现实，对人性的看法则倾向法家，是"好利恶难"（《战国策·楚策一》）。

　　人的本性既是如此，去贫就富就是必然的道理，就好像人必有死一样，既然人性是"好利恶难"，人与人的相争相斗似乎就无可避免。

　　虽然纵横家主张追求个人的利益，但他们同时也追求安民定国；对纵横家来说，利己与利他并无冲突。

　　他们积极进取的精神，既用于个人的荣华富贵，也用来实现安民定国的事业。而他们择主而从，亦可见其独立自主的个性。正如苏秦所说："臣进取之臣，不事无为之主。"（《战国策·燕策一》）

　　从儒家的角度看，纵横家四出游说诸侯，朝秦暮楚，待价而沽，出尔反尔，毫无立场；但从张仪和苏秦的经历看，他们始终都是忠于一国的君主，张仪忠于秦惠王，苏秦忠于燕昭王，更冒着生命的危险做间谍，时刻不忘完成自己的任务，张仪险些被楚怀王所杀，苏秦亦分别遭赵国和魏国扣留，命悬一线。张仪虽是秦国的间谍，但始终没有背叛自己的祖国，他任魏相期间，总算能令秦魏两国和平共处，可以说是双赢。

　　纵横家大部分来自低下阶层，但他们经过个人的努力，克服困难，终于获得成功。苏秦的"引锥刺股"正好体现了这种不屈不挠、努力进取的精神。

　　当然，人生观也有高低之分，纵横家的人生观算不上高，但其努力进取的精神却值得学习，人凭自己的力量争取想要的东西，这也是正确之道。

苏秦是怎么死的？

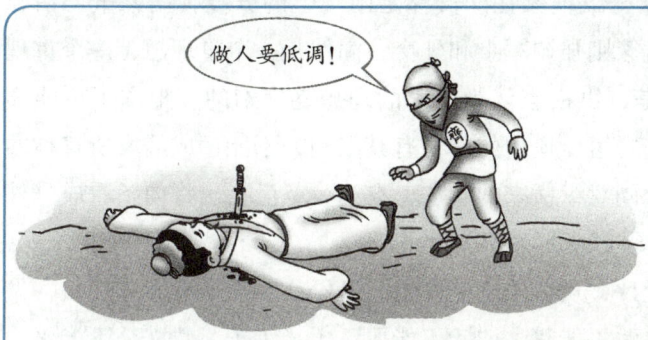

1.《资治通鉴》：苏秦得宠于齐王，齐国的大夫妒忌，派刺客暗杀了他。

2.《史记》：苏秦被刺身受重伤，临死前请齐王代为报仇，方法是向外公布他是燕国派来的间谍，刺客有功于国，应获奖赏。刺客果然出现，就被齐王捉住杀了。

3.《战国纵横家书》：苏秦的间谍身份暴露，被判以车裂之刑。

谁更厉害？

纵横家与诸子大PK

■ 纵横家与儒家及道家

前面已交代过儒家与纵横家在"安邦定国"上的分歧，儒家重德治，由个人修身开始，纵横家则强调军事和外交。固然是一个重理想，一个重现实，但更严重的分歧是，纵横家认为儒家的理想是虚幻的，根本不可能实现，因为仁义只是自完之道，道德的能力有其限制，不能达成儒家所宣称的外王事业。我个人部分同意纵横家的看法，在第一章已指出将内圣看成是外王必要条件所产生的问题。

儒家对纵横家的批评，从孟子已经开始，孟子认为纵横家不守礼仪，做不到"富贵不能淫、贫贱不能移、威武不能屈"（《孟子·滕文公下》），不算是大丈夫，不但不是大丈夫，还是"禽兽"（《孟子·滕文公下》）；荀子则批评纵横家为邪道，"苏秦、张仪以邪道说诸侯，以大显贵。孙卿退而笑曰：夫不以其道进者，必不以其道亡"（《孙卿书录》），儒家一直以正道自居，严守义利之辨，那纵横家当然是邪道，即使大显贵，也不值得效法。纵横家一生追求富贵，与儒家的安贫乐道正好形成强烈的对比。

儒家以其道德标准批评纵横家，未免过于狭隘；反而纵横家对儒家的批评较为中肯，尤其是当时的国际形势是以力争天下，即使是孔子门下的子贡，当他出使解救鲁国之危时，也不是跟苏秦、张仪一样，要用欺诈的手法，摆布国际形势吗？

纵横家擅长游说，而孔孟也很重视游说的技巧，孟子见魏惠王和齐宣王，就有很高的说话技巧，只不过作为儒家，到最后一定要坚持仁义的大原则。后世儒家那种直谏的呆板作风，主要是受宋儒那些道学家影响，其实孔子也不一定主张直谏，"孔子曰：忠臣之谏君有五义焉，一曰谲谏，二曰戆谏，三曰降谏，四曰直谏，五曰风谏，唯度主而行之，吾从其风谏矣乎"（《孔子家语·辨政篇》）。

纵横家与儒家同中有异

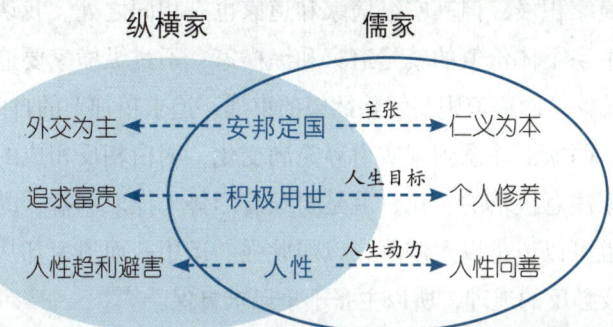

相对于道家，儒家和纵横家就积极进取得多，两者都有安邦定国的主张和个人的追求，但内容上却有很大的差异。

纵横家和道家异中有同

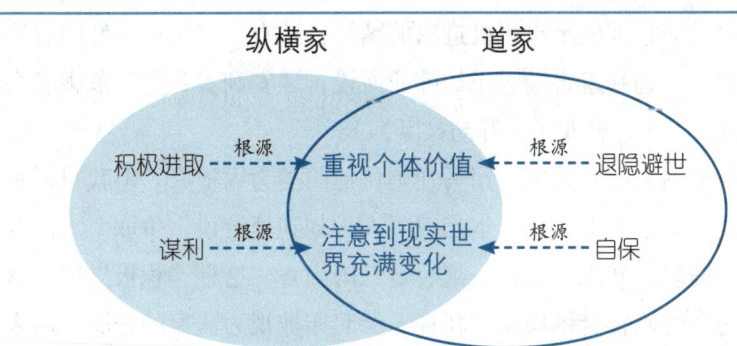

表面上看，纵横家与道家一个积极，一个退隐，人生观是相反的，但其实二者在根源上却有相同之处。

纵横家要积极争取个人的利益，而道家却主张少私寡欲、淡泊名利（儒家虽然轻视利益，但却好名），表面上看来，两者的人生观是相反的，道家退隐，纵横家积极，但其实纵横家和道家也有相同之处。我认为在先秦诸子之中，最重视个体价值的就是道家和纵横家；不过纵横家要追求的是个人在现实中的成就，而道家则要解除欲望的束缚，追求精神上的自由。

另外，两家都注意到现实世界充满变化，明白相反相成的道理，不同的是，纵横家注意世情的变化，就是要顺着形势来谋取利益，纵横家的游说可敌万军，也可以说是以柔制刚，以弱胜强的运用；而道家却从中体悟到祸福相依、物极必反的道理，所以主张不争以求自保。

从道家的角度看，纵横家要时刻追求成功，心灵得不到一刻的安宁，实是劳累的人生；但从纵横家的角度看，追求个人的成就，才是人生的意义。

■ 纵横家与法家及兵家

纵横家跟法家和兵家的关系十分密切，因为外交、政治和军事三者根本分不开，而且三家都展示出积极进取的精神；还有，三家对人性的看法基本上一致，就是"趋利避害"，正如韩非所说："安利者就之，危害者去之，此人之情也。"（《韩非子·奸劫弒臣》）

上一章提到吴起是兵家，司马迁则将他归类为纵横家，但我只同意他是纵横家的先驱。事实上，吴起本是卫国人，却到处游说，争取个人的利益及实现自己的理想，并先后在鲁、魏、楚三国当官，这种"积极进取，择主而从"的行为，的确符合纵横家的精神。吴起亦被视为法家的先驱，后来商鞅迁议令者到边疆，及立木南门，以明法令，取信于民的做法，也是向吴起学习的。

不过这三家思想似乎各自发展，并没有结合在一起，法家到了韩非，还对纵横家和兵家做出批评（对兵家的批评见上一章），韩非批评纵横家为只求个人利益的说客，是五蠹（五种有害国家之人）之一；并且站在韩国的立场，反对合纵连横的外交政策，因为两者都是亡国之策。

法家的理想是建立绝对的君权，人民只需要服从，可以说是某种集体主义；但纵横家的人生观却是积极进取，充满个人主义的色彩，纵横家的行为（如善辩）也显示出他们独立自主的个性，这些都不见容于专制极权的国家。

纵横家的价值观异于法家，但跟兵家的精神却十分合拍，尤其是《孙子兵法》，游说不就是"不战而屈人之兵"的最高境界吗？游说和打仗其实十分相似：两者都有对手，目的也是为了利益，打仗要战胜对手，游说则要对手接受自己的主张；孙子认为要知己知彼、知天时地利才能百战百胜，游说何尝不是一样？要先认识游说的对象，又要清楚国情和国际的形势；孙子主张"兵以诈立"，计谋欺瞒也是纵横家惯用的伎俩，难怪《史记》说孙膑、庞涓、张仪和苏秦都是鬼谷子的学生，兵家和纵横家很可能是同源的。

■ 纵横家与墨家及名家

纵横家跟墨家一样，重视利益，不过纵横家追求的只是个人和国家利益（但以个人利益为主），墨家追求的则是天下之利。如果说纵横家是利己主义者，墨家则是利他主义者。

纵横家跟墨家和名家一样，都重视论辩，不过，三者对论辩的看法各有不同。墨家认为论辩的主要目的是找出真相，再由此得出实用的价值；名家则多诡辩，或是在字词的不同意思之间游走，或是改变字词的日常用法，以展示个人的才智，其实是犯了谬误而不自知；至于纵横家，论辩不过是说服对手的方法，但他们的诡辩其实不多，最多的是隐瞒重要信息，或制造假情报，或做不真实的报道，用以欺瞒对手，犯的多是讹误。

由此可见，纵横家跟名家较接近。名家虽多为诡辩，但其对字词意义的研究，实有助于改善思考的能力。不过，名家的诡辩只能"胜人之口，不能服人之心"；但纵横家的目的是游说，必须令人接受其主张，所以不单要"胜人之口"，也要"服人之心"，所以，纵横家之辩不但是思考论辩，还包括很多说服的技巧；思考力属于逻辑方面，而说服技巧则属于心理方面。

纵横家与墨家、名家对辩论的看法

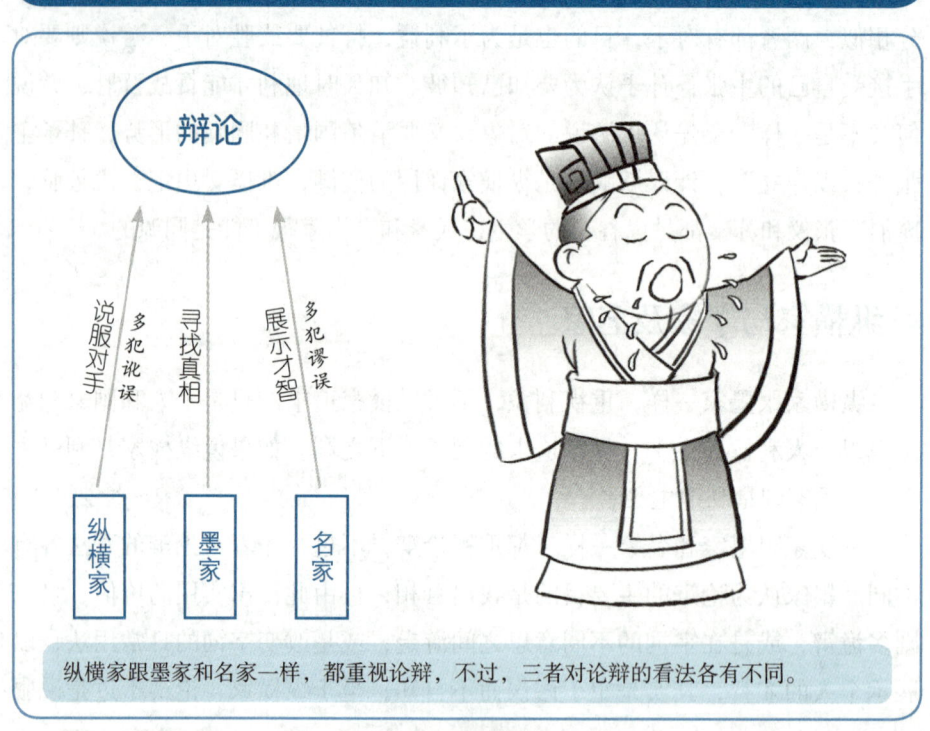

纵横家跟墨家和名家一样，都重视论辩，不过，三者对论辩的看法各有不同。

对纵横家的评价
结语

纵横家：备受诟病的古代外交家

前面讲过，纵横家的负面形象是我们受儒家影响所致，而儒家的道德批判又过于偏颇，不能给纵横家一个公正的评价。

当然，纵横家的个人操守是有问题的，纵横家之间也是互相斗争，例如张仪入秦挤走了陈轸（也是纵横家），后来陈轸在楚国当客卿，刚好张仪入楚当说客，陈轸则伺机报复。

战国虽战事频繁，但纵横家总算带来短暂的和平，例如苏秦组成的合纵联盟，有效阻吓秦国，也差不多维持了近三十年的安定，正如《战国策》序言说："秦人恐惧，不敢窥兵于关中，天下不交兵者二十有九年"。而我认为纵横家最重要的价值，就是其积极进取的精神，正如刘勰对纵横家的评论："一人之辩，重于九鼎之宝；三寸之舌，强于百万之师。"（《文心雕龙》）这种个人主义实是先秦诸子中少见的。

当然，儒家的道德修养也有自强的意义，只不过对于大部分人来说，人的"向善"能力，一般都弱于"趋利避害"的动力；而且在一统天下以后的专制极权体制中，儒者必须依附政权，形成了像"愚忠愚孝"这类人格自我萎缩的变态道德。

现实人生中虽然充满竞争，但其实竞争可以带来社会的进步，只不过我们需要公平的规则。

战国是乱世，正是失去规范的时代，根本没有公正可言，人只能使用赤裸裸的暴力追求利益；但现代社会不同，人权法治的确立，好让我们在公平的环境下竞争，获取利益。纵横家积极进取的精神其实很符合现代人的价值观。

只是纵横家较重视个人的现实利益，缺乏理想的价值，未能引导社会未来的发展。

纵横家与现代人

纵横家最重要的价值，就是其积极进取的精神，但是由于战国是失去规范的乱世，人只能使用暴力或诡计追求利益。

现代社会让我们在公平的环境下竞争，纵横家积极进取的精神符合现代人的价值观。

■ 纵横家与现代外交

虽然今天的世界跟二千多年前已经有很大的分别,但有些东西却是不变的,例如现代国家间的外交结盟,跟战国时一样,也都是为了利益。冷战时期美苏两大国,也好比当年齐秦两国,基辛格的穿梭外交也好像张仪、苏秦的四处游说。当然,现代国家的数目比战国时的更多,关系更加复杂,而我们也更需要外交人才。纵横家的外交策略和游说技巧,有很多仍适用于现代外交。例如合纵连横,今天仍然有其实用价值,对小国来说,当国际形势是两大集团对峙时,则应合纵以求自保;但当形势比较稳定时,则宜连横大国,谋求发展。我认为纵横之术的主要精神,就是抓住别人的弱点,来达到自己的目的,这其实是一门很高深的学问;但要知道,目的也不一定是为了个人的利益,所用的手段也不一定要违反道德。

现代外交的一个重要精神是"平等互利",虽然战国时的纵横家还未对此价值有所肯定,但他们的实际行为也隐约透出这种精神,例如燕本为弱国,但苏秦凭着出色的外交,打破了"弱国无外交"的惯例;公孙弘为孟尝君出使秦国,也提出大国不应欺凌小国,"秦昭王,大国也;孟尝君,千乘也,立千乘之义而不可凌"(战国策·齐策四》),那时的外交使者,为保障国家的利益和尊严,更不惜牺牲自己的生命。

要保障人不受伤害,除了道德之外,更重要的是法治;同理,国与国不相侵犯,就需要国际法。其实周礼就是春秋战国的"国际法",可是当时礼崩乐坏,失去了约束力;但现代社会却不同,随着全球的一体化,国际的仲裁组织如联合国会越来越有认受性,国际法也会越来越有约束力,国与国的利益纷争也可靠谈判来解决,诉诸战争的机会相对减少。由此可见,外交对于维持国际形势的稳定,会变得越来越重要。

纵横家的现代外交精神

1.孟尝君派公孙弘出使秦国，商谈被侵犯的封地的问题，秦王仗势凌人。

2.公孙弘为孟尝君保全了封地和尊严，其间透出现代外交的"平等互利"精神。

> 阴阳者，天地之道也，万物之纲纪，变化之父母，生杀之本始。
>
> ——《黄帝内经》

第八章
阴阳家：算卦、看风水的老祖宗？

根据刘歆的"王官论"，阴阳家出于"羲和之官"，羲和之官负责掌管天文历法之事，依天象日月的运行而推演历法，定出四时节气，教人民顺应时节而行事，在农耕社会是十分重要的。上古时代，天文学跟占星学也是不可分的，占星是透过观测天象，对人事做出预测，后来发展为术数之学。天文历法之事有其科学实用的一面，而术数之学则充满神秘色彩，其中不乏迷信的成分，阴阳家正好具备这两方面的知识。

古代有两种关于自然现象的理论，一种是阴阳论，另一种是五行说；阴阳家则将"阴阳"和"五行"的观念结合起来，提出阴阳五行的学说，第一位公认的阴阳家就是战国时的邹衍。

何谓术数？

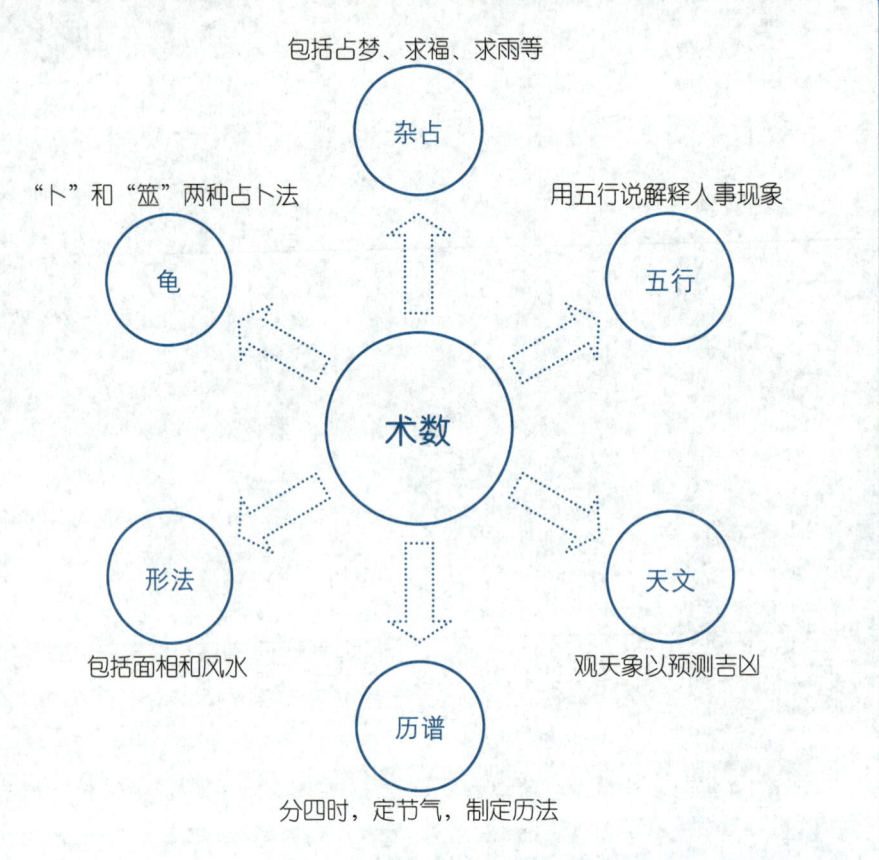

术数泛指中国古代预测的学问，也具有科学实用的成分，尤其是天文和历谱，其余的则较多迷信的内容。

阴阳是万物运行的法则

阴阳论："算命"的原理？

　　阴阳的原意是指日光的向背，向日者为阳，背日者为阴，正如《说文》的解释，"阳，高明也"，"阴，暗也。水之南，山之北也"。日光照射到的山之南为阳，照不到的山之北为阴。后来，"阴阳"引申为宇宙万物运行的基本法则，这种观念分别见于《周易》和《老子》。

　　《周易》包括《易经》和《易传》，《易经》中有两种基本符号：——，— —，代表的就是阳和阴，称为阳爻和阴爻。

太极图中的阴阳

白色的阳仪中有黑点
代表阳中有阴

阳仪
阳主动，阳仪向上升，往右旋

阴仪
阴主静，阴仪往下沉，往左旋

黑色的阴仪有白点
代表阴中有阳

太极生两仪，两仪即阴阳。万物是由阴阳两种相反相成的力量所推动而生成变化的。

《易传》是解释《易经》的专书，其中《系辞》说："一阴一阳之谓道"，又说"太极生两仪，两仪生四象，四象生八卦"，两仪就是阴阳，阴阳其实是一对宇宙万物运行的普遍法则，它们此消彼长，却又相反相成。这跟《老子》的说法是一致的，所谓"道生一，一生二，二生三，三生万物。万物负阴而抱阳，冲气以为和"（《老子·第四十二章》），二也就是阴阳，是万物生成变化的基本原则，而万物又具有阴阳二气。虽然《易传》和《老子》都讲阴阳运行之道，不过，两者有一个明显的分别，就是《易传》主"动"，而《老子》主"静"；《易传》重"阳"，《老子》则贵"阴"。有关《易传》的思想，最后一章会再做讨论。

　　阴阳除了是万物运行的法则，也是万物构成的要素，更可以用来分类万物，例如天属阳，地属阴；山属阳，水属阴；男属阳，女属阴。但其实阴阳只是代号，只有相对性，并没有必然性，例如山虽然属阳（相对于水），但桂林的山就属阴（相对于北方的山）。

　　"阴阳"也可以用来解释事物的具体变化。例如西周末年太史伯阳就用"阴阳"来解释地震的成因，他说："阳伏而不能出，阴迫而不能蒸，于是有地震。"（《国语·周语上》）阴阳二气的运行是有秩序的，秩序失衡就会引发自然灾害，如地震和水灾。"阴阳"也用来解释四时的变化，夏至是一年之中阳气最盛的时候，也是日照最长的一日，而夏至之后，阳气消，阴气长，此所谓"夏至一阴生"，夏至发生在阴历五月，五月的卦象是姤卦，正是五阳一阴，阳阴二气此消彼长，直到冬至，阴气最盛，是日照最短的一天，但此天之后，阳气长，阴气消，此所谓"冬至一阳生"，冬至发生在阴历十一月，十一月的卦象是复卦，正是五阴一阳，四时就是如此循环不息。

阴阳家：算卦、看风水的老祖宗？

什么是两仪、四象、八卦？

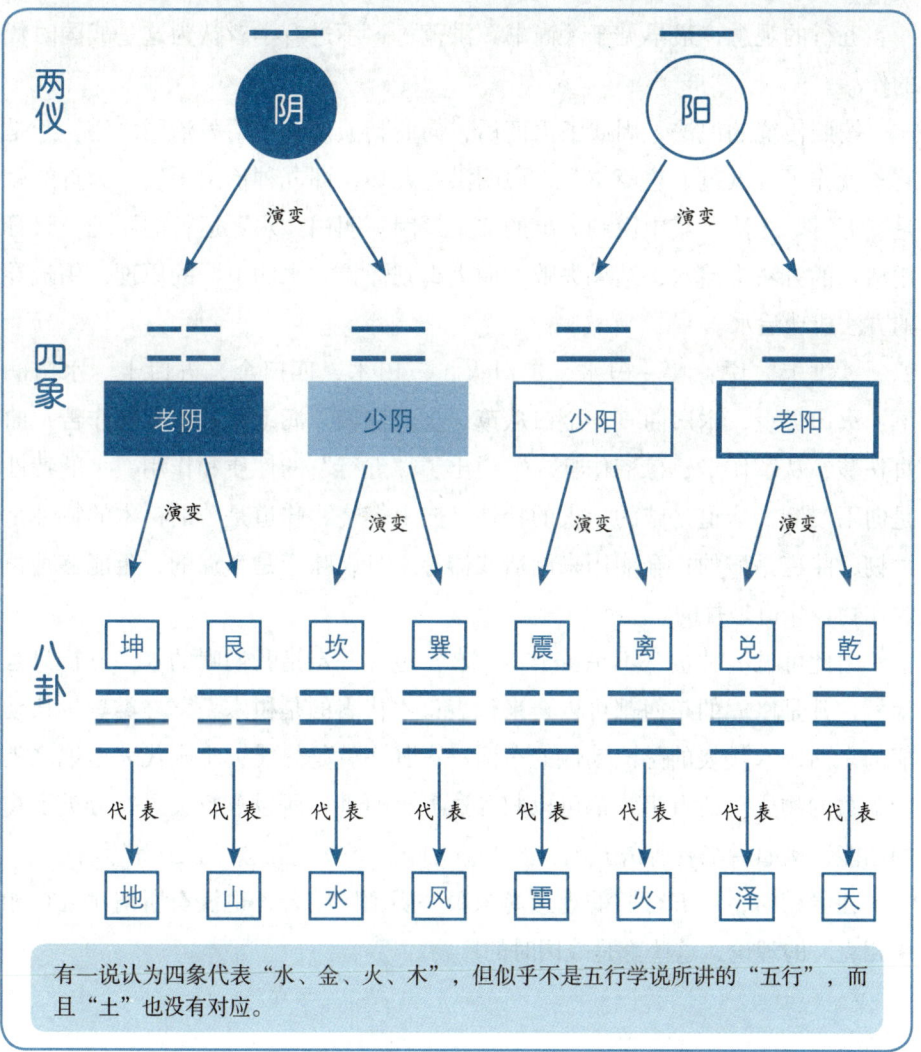

有一说认为四象代表"水、金、火、木"，但似乎不是五行学说所讲的"五行"，而且"土"也没有对应。

金木水火土各有各的"味道"

五行论：五行是五种运行的原理

五行是"金、木、水、火、土"，但不是指这五种物质，它们不过是代号而已。"行"是运行的意思，五行就是五种运行的原理。

五行的观念，最早见于《尚书·洪范》，不过有学者认为这是战国时代的作品。

按照传统的说法，周武王灭商后，向商朝遗老箕子请教治国之道，于是箕子就作了《洪范》这篇文章，说明洪范九畴，即九种治国大法，为首的就是"五行"之法，其中说到大禹的父亲鲧因不明白"水"运行的原理，只管用堵塞的方法来治水，结果失败；而大禹则懂得"水润下"的原理，用疏导的方法成功治水。

《洪范》说："一曰水，二曰火，三曰木，四曰金，五曰土。水曰润下，火曰炎上，木曰曲直，金曰从革，土爰稼穑。润下作咸，炎上作苦，曲直作酸，从革作辛，稼穑作甘。"说出了"五行"的性质和作用。水的特性是向下浸润，味道是咸的；火的特性是向上燃烧，味道是苦的；木的特性是柔韧，味道是酸的；金能用来制造武器等工具，味道是辛辣的；土能够种植农作物，味道是甘的。

由此可见，"金"不是黄金，"水"也不一定指我们喝的水，五行只是代号，凡是坚固的东西都可以金来代表；木代表的是树木、草之类具生长动能的东西；水代表的是流动性的东西；火其实就是热能；土则代表土地之类能蕴藏的物质。所有事物都可以归入这五种原理，所以五行又具有分类事物的功能，例如后来有所谓五色、五声、五味、五方、五志、五脏等等。

在春秋时，"五行"的观念尚未跟"阴阳"结合，也没有所谓"五行相生相克"的理论，这些都是战国时的产物。

曾经和孟子一样有名

阴阳五行说的始祖：邹衍

"阴阳"的观念来自《易经》，原本跟"五行"没有关系，但两者都是有关事物运行的理论，后来邹衍将它们结合起来，提出阴阳五行的学说，不只用来解释自然现象，还包括人事和历史的变迁，后来还发展为无所不包的全方位思想，对以后中国文化的发展和中国人的思维方式，都产生了深远的影响。

邹衍（公元前324—前250），齐国人，与孟子同时代，在齐国稷下学派享有很高的地位，他在齐、燕两国都当过官，也很受诸侯的欢迎，比起孟子有过之而无不及。

根据《史记》所载，邹衍前往赵国，批评了公孙龙的学说，平原君本来十分厚待公孙龙，听了邹衍的批评，就冷待公孙龙，由此可见邹衍在当时学术界的声誉之高。

邹衍学识广博，天文地理，无所不晓，也有很多著作，但都已失传，现在我们只能从《史记》等书了解其思想的一二。

他的著名学说有"大小九州说"和"五德终始说"；前者是其地理观，后者则是历史观。邹衍是如何得出这两个主张的？《史记》说邹衍"必先验小物，推而大之，至于无限"，邹衍根据经验而做出推测，由已知推出未知，在时间上由今推古，归纳出历史的规律，这就是"五德终始说"；在空间上由近推远，得出"大小九州说"。但其实这些主张都是猜测而已，是否成立还需要验证。

猜测没有问题，最重要的是可以通过经验检证、印证或否证这些猜测，人的知识就是这样累积和发展的。最怕的就是这些理论沦为封闭系统，排斥了所有不利于它的经验证据。

237

邹衍与稷下学宫

齐国国都有一个地方叫稷下，齐宣王在这里建了一些大宅，给有名的知识分子居住，并给予优厚的待遇，叫他们"不治而议论"，吸引了知名的学者（例如荀子和邹衍）前来主持讲学，稷下学宫成了当时中国的学术中心。

■ 大小九州说：中国只占天下的八十一分之一

邹衍称中国为"赤县神州"，是小州之一，在"赤县神州"内，分为九州，就是"冀、兖、青、徐、扬、荆、豫、梁、雍"，这也是大禹治水时所划分的九州，但像"赤县神州"一样的小州还有八个，这九个小州合为一大州，全天下共有九个这样的大州，这九大州被大海相隔，互不相连。换言之，中国只占天下的八十一分之一。

燕、齐是沿海之地，海外地理知识和神话传说都特别丰富，我认为邹衍不过是综合了这些资料，再提出自己的主张。虽然邹衍的学说并不准确，但却反映部分真相，也大大扩展了当时的地理观，令人耳目一新，因为当时的人认为中国就是天下，四周不过是蛮夷。

■ 阴阳五行的结合

燕、齐之地，方士特别多，他们常用"五行"的思想教人趋吉避凶。"五行"也可以指地球以外"金、木、水、火、土"这五颗行星，它们所放射的能量对地球上的生命是有影响的。这跟《易经》系统用阴阳八卦占卜，也有相似之处，背后都有"天人相应"的观念。"阴阳"和"五行"越来越有融合的基础。而以"五行"来配人事规范已相当流行，例如有所谓五品、五爵、五刑等，后来，"五行"也另有解释，指五种德行：仁、义、礼、智、信。

完成"阴阳"和"五行"融合的人是邹衍，他将"阴阳"此消彼长、相反相成的道理，应用在"五行"的观念上，令其活化，产生出五行相生相克的理论；而五行相生相克的理论反过来又可以补充"阴阳"理论的不足，因为天下万物众多，要充分解释它们的生成变化，必须多加入些基本观念，"五行"正好符合这个需要。

五行配社会规范

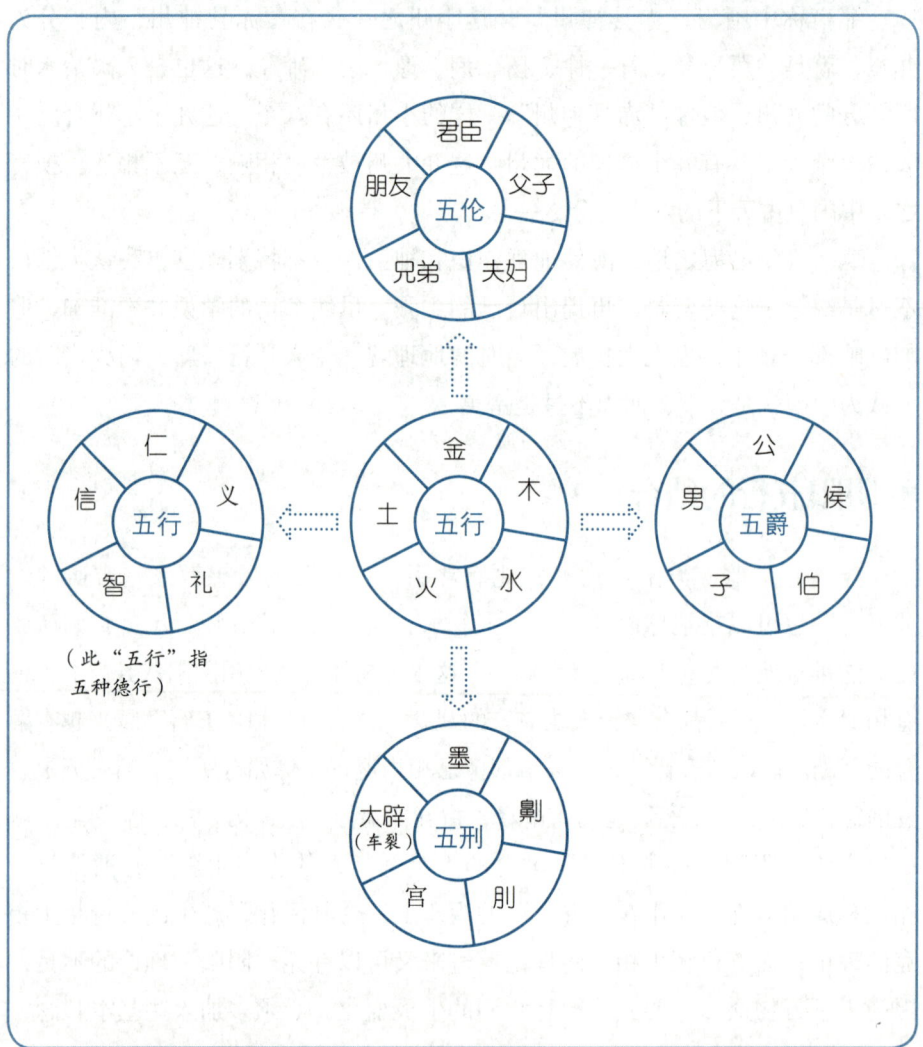

所谓五行相生，是指它们之间有一种促进的关系，例如钻木取火，这就是木生火；火所产生的灰就是土，这是火生土；金属藏于土中，这是土生金；矿产特别多的地方经常下雨，这是金生水；水分充足的地方草木茂盛，这是水生木。而五行相克，指的是它们之间有一种制约的关系，例如火可以熔化金属，这就是火克金；金属可以用来砍伐树木，这是金克木；树木可以令土壤巩固起来，这是木克土；土可以阻挡洪水，这是土克水；水可以用来扑灭火，这是水克火。

阴阳与五行如何结合？

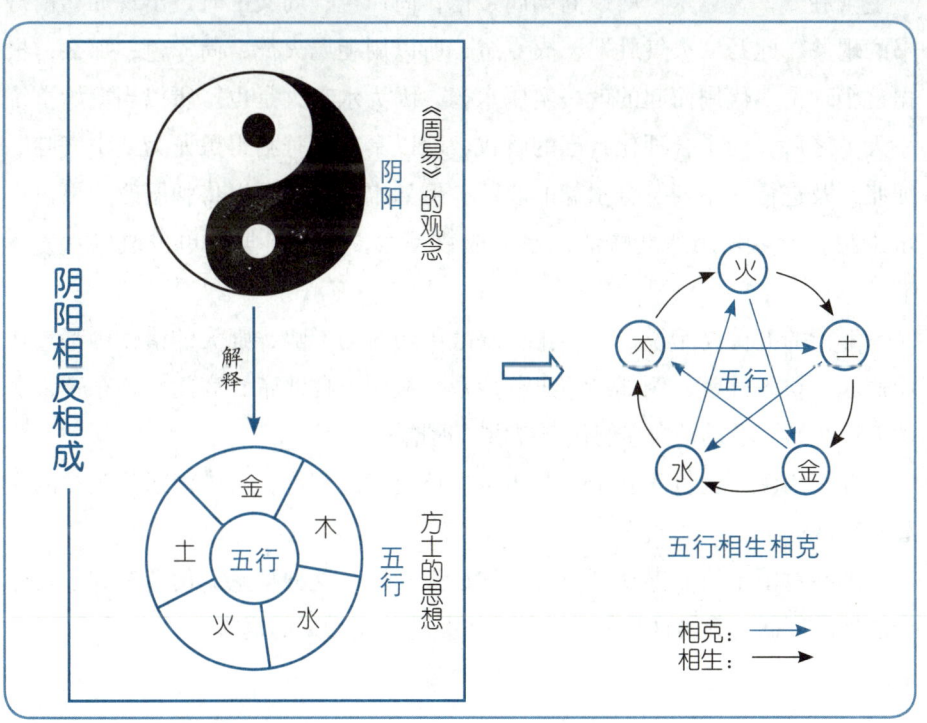

五行相生相克

■ 五德终始说：用阴阳五行解释朝代更替

邹衍用了五行相克的原理来解释朝代的更替，提出影响至深的理论——"五德终始"。

邹衍认为每一朝代都有一德，每一德都有兴衰，朝代的更替就是由一德转向另一德，所依据的就是五行相克的原理。而每一朝代的兴起都有相应的征兆，例如黄帝兴起时，有大蚯蚓、大蝼蛄出现，此乃"土气胜"，所以黄帝属土德，尚黄色；夏禹时，树木在冬天仍不枯萎，此乃"木气胜"，木克土，所以夏朝属木德，尚青色；商汤之时，有金刃生水的现象出现，此乃"金气胜"，金克木，所以商朝属金德，尚白色；周文王时，出现赤鸟衔丹书的现象，此乃"火气胜"，火克金，所以周朝属火德，尚赤色；那么，根据这个理论，代周而起的就一定属水德，因为水克火是也。所以当秦始皇统一天下之后，为了合理化自己的政权，就以秦文公狩猎得黑龙为"水气胜"征兆，及进行一系列符合水德的改革，例如水尚黑，所以将朝服改为黑色；水主阴，所以采用严刑峻法；水的成数是六，所以将量度单位改以六为标准。

邹衍的五德终始说，其实正反映战国当时的形势，强大的诸侯国都想代周而起，纷纷称帝，例如秦昭王称西帝、燕昭王称北帝、齐闵王称东帝，所谓五德终始，不过是为它们代周提供"理据"。

邹衍用阴阳五行建立了一个历史循环交替的理论，对中国以后政权的交替影响深远。

那些意图不轨、谋朝篡位者，往往就利用了这种理论，伪造有利于自己合法性的证据，其实这是一种迷信，也是迷信所带来的祸害。

阴阳家：算卦、看风水的老祖宗?

用阴阳五行推算，谁能代周而立？

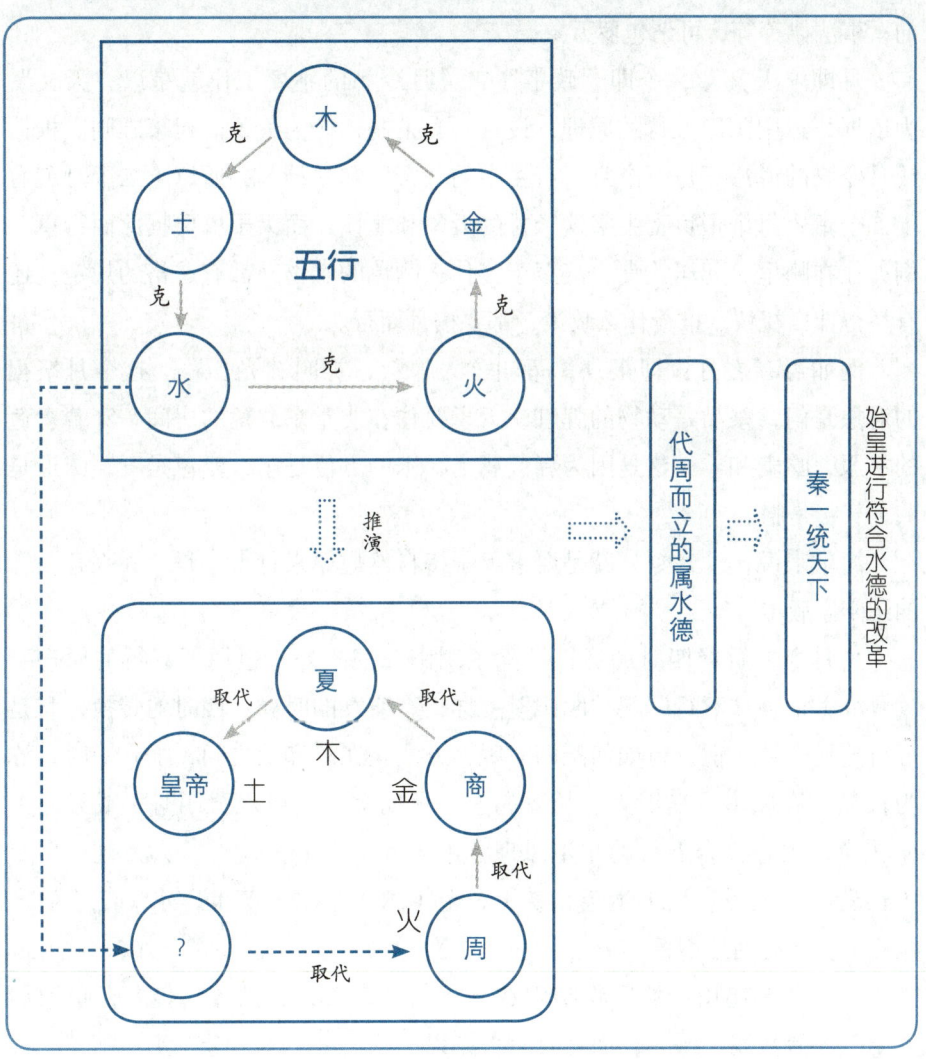

243

4 为天子设计行事准则
《月令》的思想

　　《礼记》有一篇文章叫《月令》，《月令》将阴阳五行的思想做更广泛的应用，内容涉及天文、历法、气候、天子的起居生活、百姓的婚嫁、国家的军事法律等等，可谓包罗万象。

　　月即"天文"，令即"政事"，《月令》的主要工作就是以"天文"为依据，运用阴阳五行的原理，设计一套王制，作为天子的行事准则。根据《月令》的说法，每一个月都有主宰的"帝"和"神"，所以十二个月就有十二个帝，每个帝负责主宰这个月的天象和气候，而天子就要据此而行事，例如住在哪里、起居饮食，甚至于穿什么颜色的衣物，都有严格的规定；还有举行什么礼仪、推行什么政策，都要按月而行。

　　例如孟春之月，即正月，帝叫"太暤"，神叫"光芒"。这个月祭祀的对象是门，祭品是动物的脾脏，天子要住在明堂东北角的房间，穿着青色的衣服，吃麦和羊。这是因为春天属木，木的方位是东，颜色是青，味道是酸，气味是膻。

　　简单来说，《月令》就是要求天子按自然规律来行事，是"天人合一"的阴阳家版本。

　　《月令》解释四时的运行，除了阴阳二气之外，也用了五行的原理。《月令》认为"五行"跟"阴阳"一样，有盛衰的时候，四时的转换，就是五行轮流交替，但五行如何配四时呢？方法是在夏和秋之间，加入一时，称为长夏，春属木、夏属火、长夏属土、秋属金、冬属水。四时（或五时）的转换，正好符合五行的相生原理：木（春）生火（夏），火（夏）生土（长夏），土（长夏）生金（秋），金（秋）生水（冬），水（冬）生木（春），如此循环不息。

　　《月令》还用"数"将阴阳和五行联系起来，根据《易传》，单数属"阳"，偶数属"阴"，而《月令》则以"水、火、木、金、土"配"一、

二、三、四、五",称之为"生之数";再以"水、火、木、金、土"配"六、七、八、九、十",称之为"成之数"。不过,《月令》尚未将阴阳五行的观念配上天干地支,这是以后的发展。

如何用五行解释四时运转?

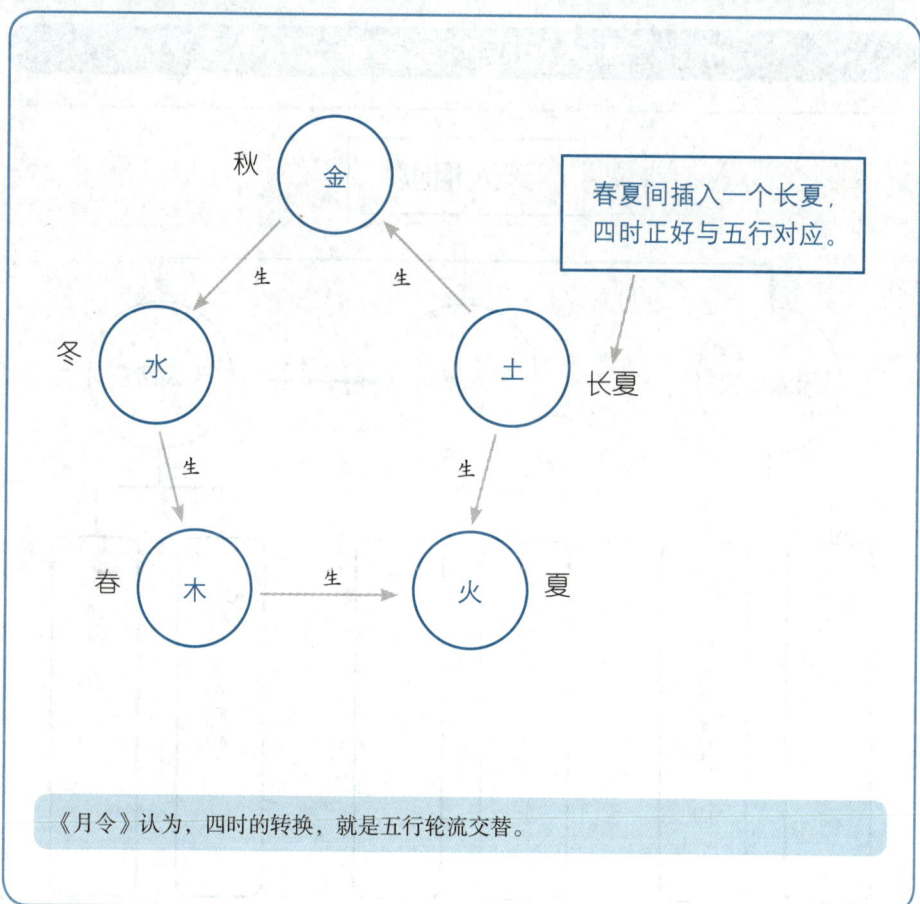

《月令》认为,四时的转换,就是五行轮流交替。

"天人相应"是迷信的根源吗?
"天人相应"的三种解释

我们常说阴阳五行背后有"天人相应"的思想，而天人相应又往往是迷信的根源；但其实"天人相应"有多重意义，究竟在哪个意义下才算是迷信呢？在这里我想先厘清"天人相应"的意思，至于阴阳五行是否迷信，则留待结语再讨论。"相应"至少有三种解释，一个是对应，另一个是感应，还有一个是回应。

天人相应的多重意义

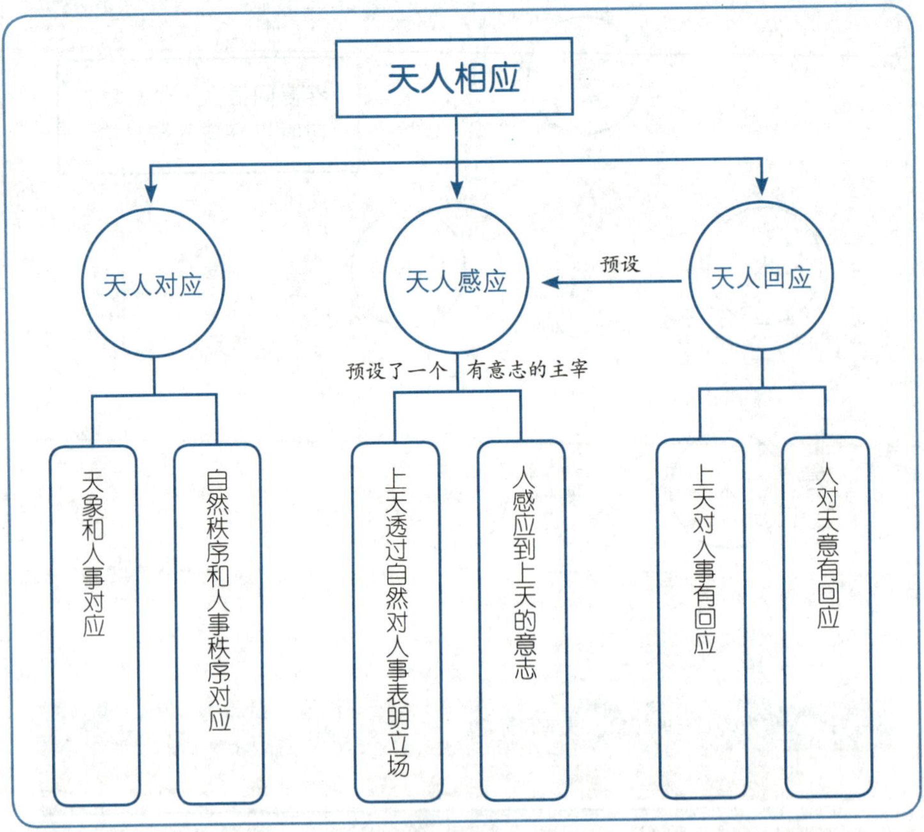

```
                        天人相应
          ┌───────────────┼───────────────┐
        天人对应         天人感应  ←预设  天人回应
          │               │               │
       ┌──┴──┐     预设了一个 有意志的主宰   ┌──┴──┐
     天象    自然             │              上天   人对
     和人    秩序         ┌───┴───┐          对人   天意
     事对    和人         上天    人感        事有   有回
     应      事秩         透过    应到        回应   应
             序对         自然    上天
             应           对人    的意
                         事表    志
                         明立
                         场
```

■ 天人对应

"天人对应"至少有两种解释,第一种是指由于某些原因,天象和人事状态有所对应,所以我们根据天象就可对人事做出预测,例如人的寿命。某些占卜就是以此为基础。这种对应不需要预设有一个具意志的主宰,可以纯粹根据因果法则来决定人事。当然,究竟人事有几多是被决定的,则有不同的说法,但我相信不可能是全部,因为如果一切都被决定,占卜就是多余的,就连是否要占卜也被决定了。

天人对应:根据天象对人事做出预测

三台星中,客星倍明,主星幽隐,相辅列曜,其光昏暗。天象如此,吾命可知。

诸葛亮六出祁山,病倒在五丈原军中。他夜观天象,发现主星晦暗,意味着自己命不久矣。

"天人对应"的第二种解释是指自然秩序和人事秩序有所对应，就如《月令》所讲那种对应，例如正月时，天子要穿着青色的衣服，但这种人事秩序其实是人事规范（属应然层面，即应该的样子），并不是上面占卜所讲的人事状态（属实然层面，即实际的样子）。

■ 天人感应

所谓感应是指人做了某些事，通常只涉及善恶之事，上天是会知道的，然后透过自然现象来表明立场。例如上古社会认为君主做了坏事，上天感应到就会降灾或显示异象，以示警告。当然，感应可以是相互的，例如人可以感应到上天给予的任务。天人感应需要预设有一个具意志的主宰。

■ 天人回应

有感应未必有响应，但有响应就一定先有感应，所以天人响应预设了天人感应，例如上天降下灾异就是一种响应方式。至于人对天的响应，可以分天人对应和天人感应两种情况。第一种情况，例如透过占卜知道将出现的人事状况，人应该如何自处呢？基本上，《易传》就是从这个角度解释《易经》，简单来说，响应之道就在于培养自己的德行。我称这种响应为儒家式的"天人合一"，但亦有一种阴阳家式的"天人合一"，即《月令》所讲的那种自然秩序和人事秩序的对应，如果人服从那种人事规范，就是对天的恰当回应。

至于第二种情况，人对天的响应就需符合天意，例如汉儒所讲的"天人相应"，就是要求君主做出这种响应；不然，上天就会收回授命给他的政权。

天人感应：天降异象对君主的作为表明立场

天人回应：人如何回应上天？

重视自然现象PK重视人事现象

阴阳家和先秦诸子

先秦诸子多重视人事现象，阴阳家关注的则主要是自然现象，并且试图有系统地解释自然万物的生成变化，用西方哲学的术语讲，就是宇宙论或自然哲学。

■ 阴阳家与儒家：儒家被阴阳五行说污染了？

相传邹衍出于儒家，因不满儒家而提出自己的主张；而荀子在《非十二子》篇中则批评子思和孟子这一派儒家是五行思想，也许邹衍真的出于儒家，所以荀子以为孟子也讲五行，不过，观乎《孟子》一书，根本找不到任何阴阳五行的思想，这恐怕是荀子弄错了。也许孟子讲的五行就是"仁、义、礼、智、信"五种德行，我们常说儒家是人文精神，就是要将上古宗教的神秘迷信成分消除，以人为本，强调人的自觉努力。孔子不语"怪、力、乱、神"，又敬鬼神而远之，由此可见其人文精神。虽然孔孟还有"天命"的观念，但"天命"的主宰性又仅限于政权的转移，而孟子更明确表示"天命"是以"民心"为依据的。

相传《易传》为孔子所作，孔子也说自己"五十学易"，虽然孔子罕言"天道"，但可以相信，孔子有二十多年研究《易经》的心得，儒家和《周易》有一定的关系。前面提过，阴阳家的"阴阳"观念其实是来自《周易》，不过，《易传》所讲的天人合一，指的是修养德行，以配合天道，例如《易传·象》说："天行健，君子以自强不息"，"地势坤，君子以厚德载物"，我认为这是继承并发挥西周"以德配天"的观念。《易传》为儒家思想提供本体论，也兼有宇宙论的成分，而邹衍的阴阳五行说则纯粹是宇宙论。

反而儒家的经典《礼记》收录了《月令》这一篇文章，《礼记》虽然是汉代所编的书，但从《月令》可知，在战国后期，阴阳五行学说已开始渗入儒家思想,到汉代董仲舒作《春秋繁露》,用阴阳五行的思想解释《春秋》,大讲"天人相应"和"阴阳灾异"之说,儒家可以说已被阴阳五行学说全面污染。

儒家阴阳五行化,我认为是儒家定于一尊所付出的代价,因为儒家作为官方的意识形态,必须由一家之言上升为全方位的思想,先秦儒家的主力在于道德政治等人事现象,未对自然现象做出充分的说明,而阴阳五行学说正好填补了这个空缺。同时汉儒也希望借阴阳五行学说,用天意来制约过大的君权。

本体论与宇宙论

本体论探讨万物的根源,例如上帝、道等。

宇宙论研究经验事物的生成变化,以玄想为主,可以说是科学的前身。

■ 阴阳家与道家：在先秦诸子中最相似

在先秦诸子之中，道家跟阴阳家最相似，因为道家本身就讲阴阳，有一套本体论和宇宙论的思想，很容易跟阴阳五行学说结合起来，例如《淮南子》，既是道家的作品，也有很多阴阳五行的思想混入其中。简单来说，《淮南子》用老子的"道"作为万物的根源，这是其本体论，而解释万物的生成变化，则用阴阳五行学说，这是其宇宙论。

由汉代起，道家跟医药、卜筮、谶纬、术数、丹鼎等学问结合，以阴阳五行的思想贯穿起来，慢慢形成道教。例如东汉末年的太平道，可以说是道教的先驱，又或者是第一个有组织的道教团体，太平道的首领张角以"符水治病"来吸引信徒，并打出"苍天已死，黄天当立；岁在甲子，天下大吉"的口号，企图推翻东汉皇朝，依据的就是阴阳五行学说。由于汉朝不承认秦朝的合法性，所以汉才是代周而起的新皇朝，根据"五德终始"说，周属火德，所以汉属水德；那么取代汉朝的就属土德，这就是为什么太平道的教众头戴黄巾，又说"黄天当立"，土尚黄嘛。另外，甲子就是以六十年为一周期，根据阴阳五行学说，甲子年是最容易发生动乱的年份，所谓"岁在甲子"，指的就是黄巾之乱爆发之年公元184年，正好是甲子年。

■ 阴阳家与墨家：墨家给了致命的批评

先秦诸子中，只有墨家对阴阳五行的思想做出批评，指出其不合乎经验的迷信成分。

根据《墨子·贵义》的记载，有一次墨子要往北方的齐国去，途中遇到一个"日者"，即看日子吉凶的人，日者对墨子说："今天帝在北方杀黑龙，先生的颜色也是黑色，所以不可以往北方去。"墨子不理会日者的告诚,仍然到北方去,但到了淄水却过不去,回来又碰到日者,日者得意地说:"我已经给你说不能到北方去。"墨子则回答:"淄水过不去,南方的人不能到北方,但同样北方的人也不能到南方。这些人当中有黑色和其他颜色,为什么都过不去呢?而且按照你的说法,帝于甲乙日在东方杀青龙,在丙丁日于南方杀红龙,在庚辛日于西方杀白龙,又在壬癸日于北方杀黑龙,那天下人的行动岂非受到限制呢?"很明显,这并不合乎事实,仍然相信不合乎事实的东西就是迷信。

但墨子相信天志,认为上天能对人间做出赏善罚恶,又是否迷信呢?有一次墨子生了病,有位弟子就问墨子犯了什么错,因为生病就代表上天的惩罚。墨子却回答生病的原因有很多,不一定是上天的惩罚。

墨子学生的推论可用以下公式来表示:

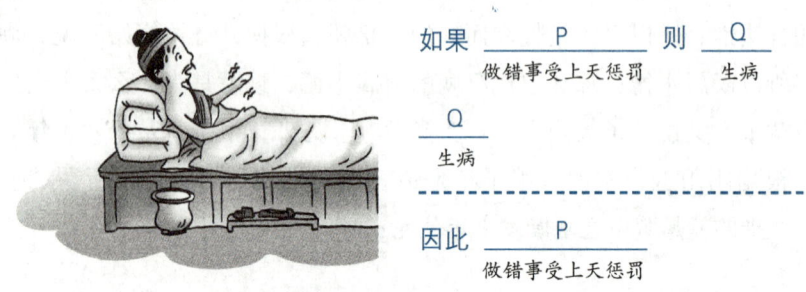

但这个论证形式是不正确的,意思是即使前提为真,结论未必为真,因为正如墨子所说,生病的原因很多,不一定是做错事受上天惩罚。当然,做错事会受上天惩罚是有待验证或否证的,相信两者有此关系并非一定是迷信。

墨家对阴阳家的重要批评就是提出"五行无常胜"的说法,胜即是克,"五行无常胜"即是"五行不常克"。"五行相生相克"是阴阳家的核心主张,所以这是一个致命的批评。

"五行无常胜"的说法见于《墨经》，即后期墨家的思想。《墨经·经说下》："五，金火水土木。离然火铄金，火多也。金靡炭，金多也。金之府木，火离木。"

阴阳家认为"五行相生相克"是普遍原理，在任何情况下，水一定克火，火一定克金，金一定克木，木一定克土，土也一定克水。《墨经》指出，五行相克并没有必然性，哪一个力量大就可克制其他，例如火多的时候可以烧熔金，但金多火少的话，金也可以把火扑灭；同样的道理，水固然可以灭火，但火多水少也可以将水蒸发掉；水来可以土掩，但洪水太大的时候，土反而被水淹没。

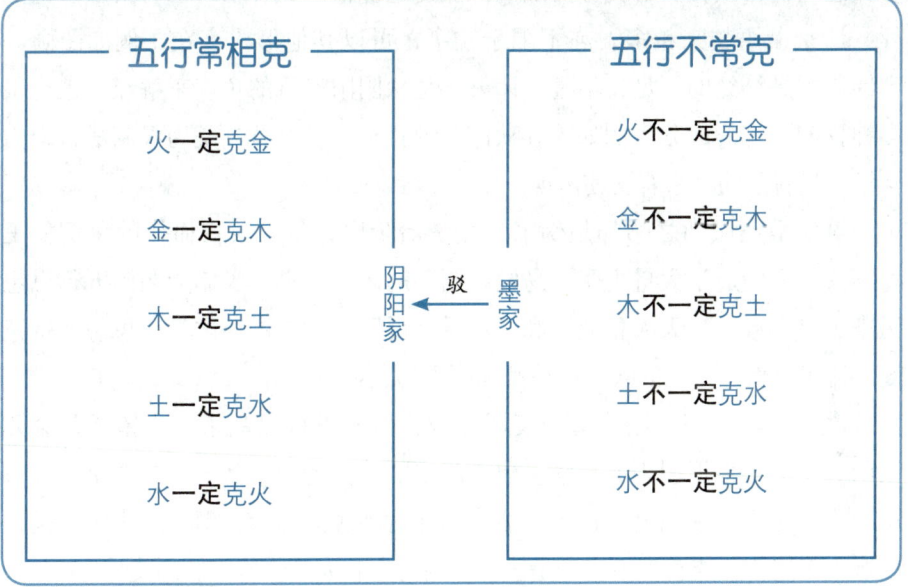

墨家如何批驳五行说？

影响中国人最大的是儒家吗？

结语：阴阳五行说对中国人影响最深最广

■ 阴阳五行学说的影响

虽说儒家是中国文化的主流思想，但若谈到对一般大众影响的广度和深度，则非阴阳五行学说莫属，举凡医药、天文、地理、术数甚至一般日常生活如嫁娶，都受到它的影响。梁启超认为阴阳五行是中国人迷信的大本营，此话不假，但正如前面所说，阴阳五行所讲的天文历法以及医药，也有其科学实用的一面。

说到迷信，就一定要讲谶纬之学。谶纬之学是由阴阳五行学说演化而来，兴起于西汉末年。"谶"是应验的意思，凡是应验的预言就叫作谶，而有关这些神秘预言的书就称为谶书，谶的起源很早，春秋时已有秦谶、赵谶等，后来谶语越来越多，亦不限于文字，可以其他形式存在，例如图画。"纬"则是补经的不足，不过，讳书都是从阴阳五行的角度来解经，也有很多神秘和预言的成分。例如《春秋讳》说孔子作《春秋》是为汉制法，因为孔子一早就预知将来有汉朝出现。

事实上，谶纬之书都是伪书，是统治阶层为争夺政权而作的，例如王莽篡汉，就伪造了大量主张"易姓改制"的谶纬之书。汉儒受阴阳五行思想污染，早已渗透"天人相应"和"灾异之说"，加上谶纬之学，思想变得荒诞，流于迷信，孔孟的人文精神遭到严重的破坏。

说到科学实用，则非医药莫属，因为医药不可以乱来，弄错了是会死人的。中医是根据阴阳五行学说建立起来的，分为两个系统，一个是病理系统，另一个是药理系统。这里不能详细探讨中医的理论，但可以肯定的是，中医不是迷信，或至少不完全是迷信，因为它有大量临床经验的支持。

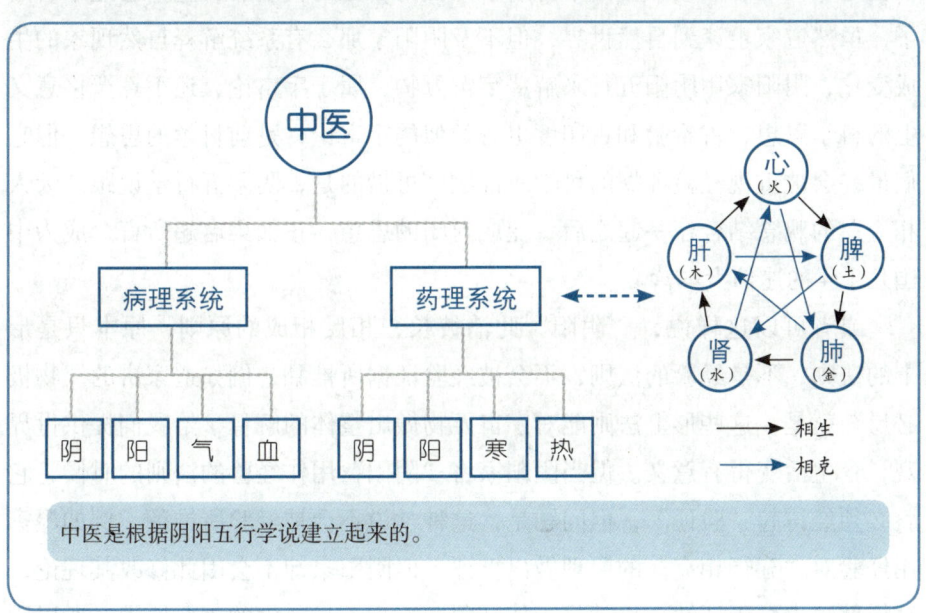

中医是根据阴阳五行学说建立起来的。

阴阳五行学说的确影响中国人的思维方式，例如强调调和对立双方，因为阴阳既相反，亦相成；又有历史循环的观念，因为五行相生相克。当然，这种思维方式也有自身的问题，例如阳尊阴卑，所以男尊女卑，维护着不平等的社会制度。

■ 对阴阳五行学说的评价：是中国迷信的大本营？

我们说过，先秦诸子的兴起是由于社会动乱，儒、道、墨、法四家都想解决这个时代问题，重建社会秩序，他们关心的主要是道德和政治，属人事现象。但人不但身处社会，也活在自然的世界，人总要了解自然的现象，以往是靠神话和宗教，但诸子开启了理性的自觉时代之后，这些已经不管用了，虽然道家也谈到自然世界，但不及阴阳家那么有系统解释自然现象的生成变化，阴阳家用阴阳五行来解释宇宙万物，属于宇宙论，还不算严格意义上的科学思想，古希腊和古印度也有类似的宇宙论，是前科学的思想，但它们最终会被重视经验证据的科学所推翻。可惜的是，阴阳五行学说跟"天人相应"的观念结合在一起之后，变成封闭的思想，正如梁启超所言，成为中国几千年的迷信大本营。

或者可以这样说，"阴阳"此消彼长，相反相成的原则，原本只是形上的法则，不是经验的法则，不会被经验证据所推翻，例如道家讲的"物极必反"就是，这些形上法则能对宇宙万物做出整体的解释，给我们提供世界观，令生活变得有意义。但当阴阳家将"阴阳"用作经验的法则的时候，它就必须经得起"验证"，但问题是，这种学说不会被经验所推翻，例如墨家用经验对"五行相克"的原理做出批评，但阴阳家却不会因此修改其理论，这样就缺少可否证性，也就是为什么阴阳五行不是科学的主要原因。所以阴阳五行的说明也只是伪似说明，不是真正的科学说明。

我们可用以下的公式来解释科学的否证性：

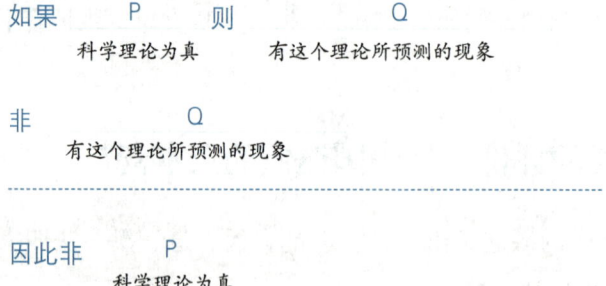

如果这个理论所预测的现象不出现，即是非Q，原则上就可推翻这个理论，即非P；因为以上这个论证形式是对确的，若前提为真，结论也必然为真。这就是科学的可否证性。

缺少可否证性的理论往往会变成封闭系统，中国传统的封闭愚昧，阴阳五行学说实应记"一功"。问题是，如果这种学说屡被经验推翻，为什么它还会继续存在呢？我以为主要的原因是它跟天人相应的神秘思想结合在一起。

根据之前的分析，"天人相应"的一个意思是要求人事秩序效法自然秩序，而产生这种思想的一个原因，就是阴阳家是用人事秩序来解释自然秩序。"秩序"是有歧义的，当我们说人事秩序或社会秩序时，这个秩序的意思是"规范"；但在自然秩序中，这个秩序的意思是"定律"。定律跟规范的主要分别在于，定律独立于人的意志之外，人根本不可以违犯，但规范则不同，人可以遵守，也可以不遵守；换言之，定律是"实然"，规范是"应然"。混淆了"实然"和"应然"，会导致思考的混乱；将"规范"当成"定律"，则容易产生封闭专制的后果。

但为什么阴阳家会用人事秩序来解释自然秩序呢？我认为这是由于诸子最初都是探究人事现象，寻求合理的规范，重建社会的秩序，而阴阳家则是后起的，它受前人的思路影响，以探究合理规范的路径来研究自然现象，结果产生混淆规范和定律的"天人相应"，当有不利于"五行相生相克"的经验证据出现时，阴阳家就将它解释为秩序失衡，不自觉地将原有的"定律"转换为"规范"，规范是可以违反的，还将责任转嫁到人身上，天人相应嘛，一定是人出了问题，才引致自然秩序失衡，这样就可以避开经验的否证。另外，当有人批评阴阳家所讲的行为规范不合理时，阴阳家就可将"规范"转换为"定律"，定律是不可能违反的，这就会将不平等的规范合理化，例如"男尊女卑"。

阴阳五行学说是否迷信？

迷信是坚持已被经验证据否证的信念。

没有充分证据证明鬼神存在为真
因此，鬼神存在一定是假

犯了诉诸无知的谬误

哪有鬼神？统统是迷信！

相信没有充分证据的事物不一定是迷信，例如相信鬼神。阴阳五行学说中，对违反逻辑和经验的事物仍予以坚信的话，就是迷信。

当然，人事的"秩序"也可以解作人事的"规律"，人事现象也有规律可言，社会学不就是研究社会现象的规律、心理学也不就是研究心理现象的规律吗？

不过，我认为人事现象规律的普遍性，根本不可以跟自然现象相提并论。主要原因是人事规律不能完全独立于人的意志之外，跟自然现象不同，对人事现象做出预测会对所预测的现象产生影响。

例如根据"五德终始"的理论，预测代周而起的政权一定是属水德，那秦始皇就可以据此来进行合乎水德的改革，以证明自己政权的合理性，这叫作"自证式预言"，所以即使秦朝合乎水德，也不可以用来印证"五德终始"的理论。

最后，究竟阴阳五行学说是否迷信呢？我认为墨子已经提出了标准，就是逻辑和经验，凡是违反逻辑和经验的事物，而仍然予以坚信的话，就是迷信，根据这个标准，阴阳五行学说的确有很多迷信的成分。但问题反而是，明明违反经验，为什么仍然有那么多人相信呢？我认为可以从心理上做出解释，阴阳五行有很多是对吉凶的预测，而趋吉避凶正是人普遍的心态，正所谓"宁可信其有，不可信其无"。

即使到了今天，科学已经十分发达，但算命术数之学还是十分流行，当然，我并不是说它们全是迷信。

在香港，除了流行小说之外，每年运程之类的书籍是最好卖的，这正反映出人多么渴望掌握自己的命运，但这些书真的有效吗？相信读者不大理会这个，对他们来说，这也等于精神食粮。或者换个角度看，算命术数正是中国人的心理医生，提供中国式的心理治疗。

物固莫不有长,莫不有短。人亦然。
故善学者,假人之长以补其短。
                    ——《吕氏春秋》

第九章

杂家：博采众长的混合家

> 杂家是取自各家的混合思想，主要目的是为大一统的政权作治国之用。

战国中期，诸子的思想开始彼此影响，相互渗透。例如许行的农家受墨家思想影响；荀子也有法家的色彩；韩非则解释老子的思想为己所用；黄老思想更是道法两家的结合。随着大一统的来临，思想也有统一的趋势，而这个过渡期所出现的就是杂家思想。

杂家"兼儒、墨，合名、法；知国体之有此，见王治之无不贯，此其所长也"（《汉书·艺文志》），很明显，杂家是取自各家的混合思想，主要目的是为大一统的政权作治国之用。

公认的杂家思想代表作有《吕氏春秋》和《淮南子》，前者是国相吕不韦为将来统一天下的秦朝所预备的治国思想；后者则是淮南王刘安为已经统一天下的汉朝提供指导性思想。

不过，刘歆认为杂家的问题正是"荡者为之，则漫羡而无所归心"（《汉书·艺文志》），意思是杂家只有拼凑性，没有中心思想。

然而，我认为即使杂家是拼凑性的思想，也不一定没有自己的体系和中心主张。例如《淮南子》就是以道家和阴阳五行为其主体，再吸纳其他思想的优点；相比之下，《吕氏春秋》则较为松散，拼凑的成分也较多。

所以，我宁可将杂家理解为混合型的思想，在这个意义下，黄老思想也算是杂家。

跟阴阳家一样，就影响的广度和深度而言，杂家比儒家有过之而无不及，若不认识杂家思想，就很难对中国文化有充分的了解。由于《淮南子》产生于汉朝，在这里我只讨论黄老学派和《吕氏春秋》的思想。

黄老学派是经历一段时间才慢慢形成的思想，但《吕氏春秋》却不同，它是吕不韦在短时间内召集门下学者写成的。

杂家：博采众长的混合家

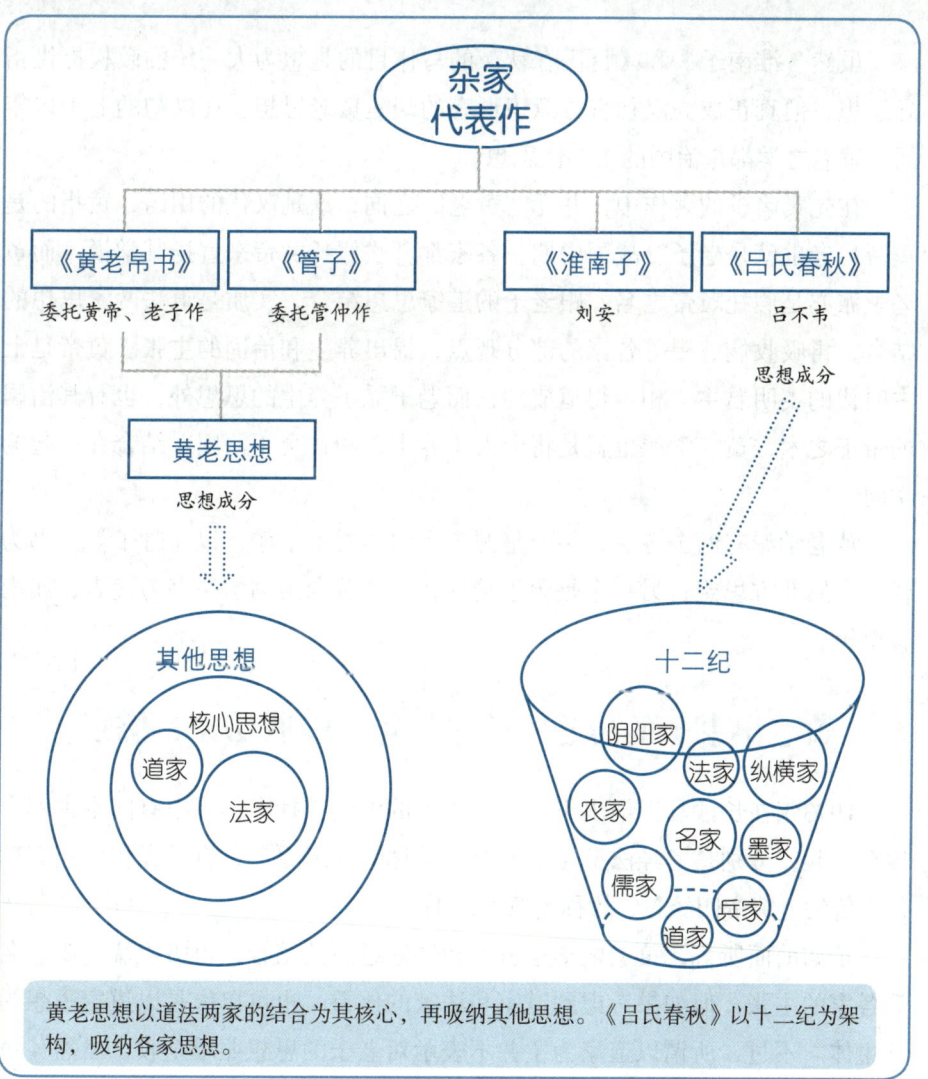

杂家代表作及其思想成分

黄老思想以道法两家的结合为其核心，再吸纳其他思想。《吕氏春秋》以十二纪为架构，吸纳各家思想。

1 "黄老"是谁？

黄老学派：曾是汉初官方意识形态

虽然《淮南子》和《吕氏春秋》的写作目的是想为大一统的政权提供指导思想，但真正成为汉初官方意识形态的却是黄老思想，在汉初的七十多年间，黄老之学都是治国的指导性思想。

在先秦诸子的著作中，并无"黄老"之词，这是汉代的用语，黄指的是黄帝，老也就是老子。战国中期，各家都喜欢假托黄帝来宣扬其学说，而黄老学派亦是假托黄帝之名，跟老子的道家思想结合，实质是道法两家思想的结合，再吸收儒、墨等各家的部分观点，提出养生和治国的主张。黄帝是上古时代的英明君主，相传得道成仙；而老子除了养生的思想外，也有其治国的帝王之术，黄老学派也就是将个人（养生）和社会（治国）结合在一起的学问。

黄老学派有两个源头，一个是源于齐国的稷下学派，以《管子》一书为代表，属北方思想；另一个是源于楚国，以《黄老帛书》一书为代表，属南方思想。

■ 《黄老帛书》的思想：改进道家，吸收法家、儒家

1973年在长沙马王堆出土了《老子》的汉代手抄本，当中有四本古书合抄在一起，分别是《经法》《十大经》《称》《道原》，有学者相信它们就是失传的《黄帝四经》，故称《黄老帛书》。

正如前面所言，黄老之学是道家和法家思想的结合，再吸收儒、墨、名等各家的主张；但如果考虑到道家和法家的比重，也可以说是以道家思想为其主体。不过，所谓以道家为主并不表示对老子的思想照单全收，虽然《黄

老帛书》也主张君主清静无为，使民间的经济得以恢复和发展，但其实已对道家思想做出了一定程度的改造。

跟道家一样，《黄老帛书》也是以"道"为万物的根源，不过解释却有别于老子，《道原》说："一者其号也，虚其舍也，无为其素也，和其用也。"将"道"称作"一"。而老子则说"道生一"。换言之，《黄老帛书》的"道"是"有"，不同于老子的"道"是"无"。《黄老帛书》这种对"道"的解释是将形而上的意义转为形而下的意义，即经验的成分较重，而事实上，《黄老帛书》亦是将"天"看成是自然规律，没有任何主宰的意味。《经法·国次》说："天地无私，四时不息。"《称》则说："天制寒暑，地制高下，人制取予。"人认识了自然规律就可以利用它来改善生活，例如四时的演变"春、夏、秋、冬"，就是自然的规律，要顺应这规律，我们就得"春耕、夏长、秋收、冬藏"，才可以从中得益。

《称》又说："寒时而独暑，暑时而独寒，其生危，以其逆也。"如果不顺应自然规律做事，则会危害自己，正所谓"顺天者昌，逆天者亡"（《十大经·姓争》）。这种天道观也可以说是老子和荀子思想的结合。

在治国方面，《黄老帛书》则有极重的法家成分。《经法·道法》说："道生法，法者，引得失以绳，而明曲直者也，故执道者，生法而弗敢犯者也，法立而弗敢废也。"法是直接出于道，具有至高无上的权威。法用来治国，但亦要跟无为的思想结合起来，才能成功，《经法·名理》说："是非有分，以法断之。虚静谨听，以法为符。"无为是要求执法者效法道，要大公无私，才能做出公正的判断，得到人民的爱戴，此所谓"兼爱无私，则民亲上"（《经法·君正》）。另外，执法的标准要统一，即"循名复一民无乱纪"（《十六经·成法》），这样才能"案法而治则不乱"（《称》）。

《黄老帛书》如何博采众长？

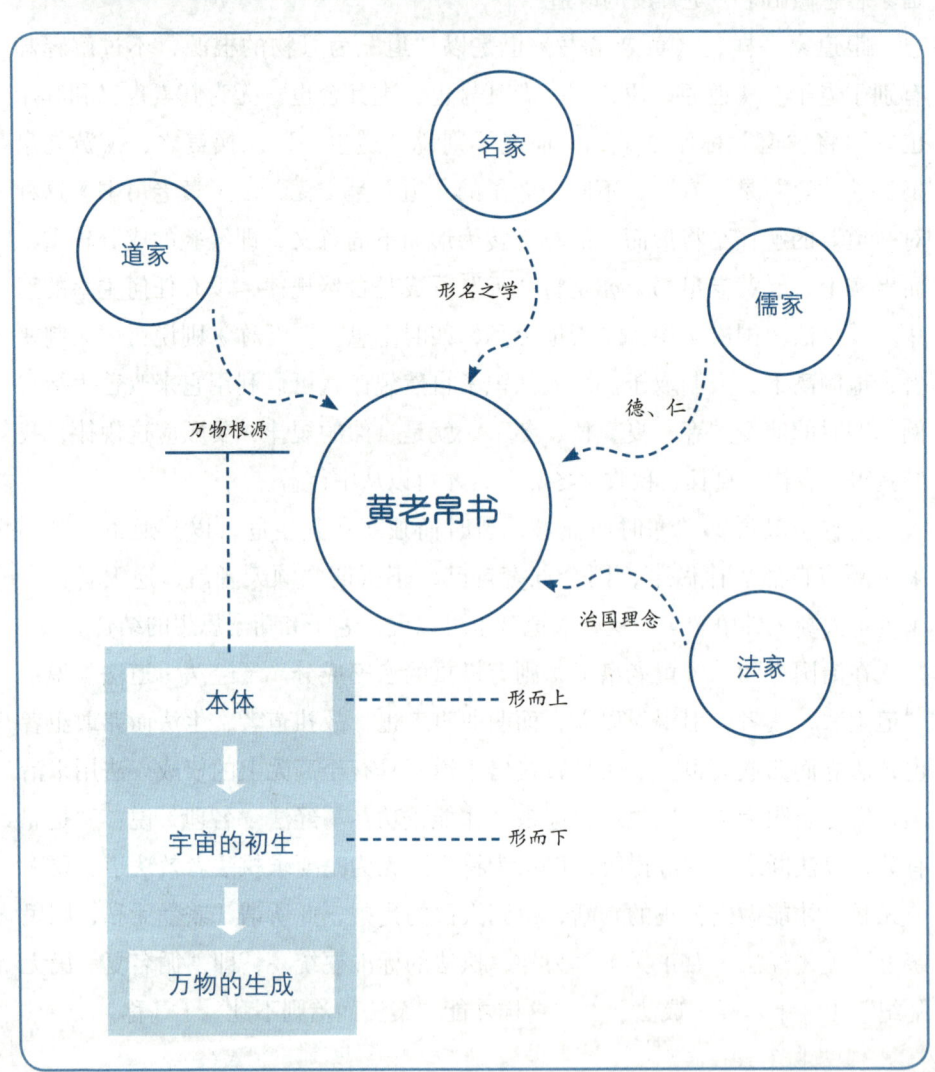

统治者也具有极大的权力，《经法·六分》说："为人主，南面而立。臣肃敬，不敢敝其主。下比顺，不敢敝其上。万民和辑而乐为其主上用，地广人为兵强，天下无敌。"这跟老子小国寡民的政治主张完全不同，实为合理化将来的大一统政权，正如《十大经·成法》所说："唯余一人，兼有天下。"

但如何统一呢？《黄老帛书》主张使用武力，在这里又跟老子有异。老子是反战的，但《黄老帛书》则认为有所谓"正义之战"，《十大经·本伐》说："伐乱禁暴，起贤废不肖。"又将战争分为三种："世兵道三，有为利者，有为义者，有行忿者"（《十大经·本伐》），为利者和行忿者的战争都是不义的。

《黄老帛书》也吸收了儒家的德治和仁政思想，《经法·六分》说："王天下者，轻县国而重士，故国重而身安；贱财而贵有智，故功德而财生；贱物而贵有道，故身贵而令行。"《黄老帛书》重贤的思想，固然不同于法家，亦有异于老子"不尚贤，使民不争"的主张。《黄老帛书》既重法治，又讲仁政，可以说是"刑德相兼"。

《黄老帛书》也讲形名之学，所谓"形名相应"，像名家一样，有逻辑和知识论的含义；亦跟法家相似，有指导社会政治行为的功能。《经法·道法》说："见知之道，唯虚无有。虚无有，秋毫成之，必有形名，形名立，则黑白之分已。"道是无名无形，但能生出万物，万物则有形，故亦有名。《称》说："有物将来，其形先之，建以其形，名以其名。"万物先有其形，才以名称之，形即是实，要正确认识事物，就要掌握名实的关系，名实相符为真，名实不相符则为假。

名实相符除了有知识论的意义之外，也有治国的重要性，所谓"名正者治，名奇者乱"（《十大经·前道》），例如臣子谋反，夺其主之位，这就是名实不符，会带来祸乱。名实相符对维持社会秩序，乃至国家兴亡，实至关重要，《经法·道法》说："故执道者之观于天下也，必审观事之所始起，审其形名。形名已定，逆顺有立，死生有分，存亡兴坏有处。然后参之于天地之恒道，乃定祸福死生存亡兴坏之所在。"循名责实，认识事物的实情和名称，就能判定生死存亡之所在，避免祸乱的发生。由此可见，《黄老帛书》的认识论有很强烈的政治取向。

《黄老帛书》中的形名之学与治国

■ 稷下学派的黄老思想：将养生之道用于治国

黄老思想另一个源头是齐国的稷下学派，宋钘、尹文、慎到和田骈等人都被归入黄老学派，并以《管子》一书为此派的代表著作。《管子》一书并非管仲所作，是稷下学派的集体创作，但相信也有不少是管子言行的记录。《管子》一书中以《任法》《法法》《白心》《内业》及《心术》上下等篇最能代表黄老思想。

跟《黄老帛书》一样，《管子》也是对老子思想的改造，特点是以"气"来解释"道"。

《内业》说："凡物之精，比则为生。下生五谷，上列为星，流于天地之间，谓之鬼神，藏于胸中，谓之圣人。"天下万物，上至星辰，下至五谷，都是由气所生，而"精"就是"气之精者"，即气中精细的部分，精气也构成人的生命和精神。《内业》说："凡人之生也，天出其精，地出其形，合此以为人。"人的精来自天，人的形则来自地；当然，天地也是由气所生，天是由比较精细的气所构成，而地就是由比较粗的气所构成。

人的精气越多，就越有生命力，也越聪明，所谓"气道乃生，生乃思，思乃知，知乃止矣"（《管子·内业》）。所以，养生之道就是增加精气，方法是寡欲。

《心术》上篇说："世人之所职者，精也。去欲则寡，寡则静矣。静则精，精则独立矣。独则明，明则神矣。"神就是精气充沛的状态，《内业》篇说："不以物乱官，不以官乱心，是谓中得，以有神自在身"，不受外物扰乱自己的感官，又不让感官扰乱自己的心，这样就可耳聪目明，身心舒畅，明白万物的运行变化。

管仲与《管子》

《管子》一书以管仲的治国思想为根据，亦有不少其言行记录。

打我的旗号出书也算了，怎么把老子的学说也硬塞给我呢？

《管子》是稷下学派的集体创作，只是假托管仲所作，其中加入了不少黄老成分。

稷下黄老学派将养生之道应用于治国，主要有三点，就是"以静制动""以虚制实"及"以名制形"。

《心术》上篇说："心之在体，君之位也；九窍之有职，官次分也。心处其道，九窍循理；嗜欲充益，目不见色，耳不闻声。故曰：上失其道，下失其事……动则失位，静乃自得。"君主对于国家来说，就好像一个人的心，而百官就好像人的九窍，如果心能安静，九窍就会尽其职能。所以，君道与臣道也有别，君道为"静"、臣道为"动"，即是君主无为，臣子有为，臣子负责处事，而君主只需静待观察，就能控制大局，此乃"以静制动"。

但如何得"静"呢？修养的方法是"虚"。《心术》上篇说："虚者，无藏也。故曰：去知则奚求矣，无藏则奚设矣。无求无设则无虑，无虑则反复虚矣。"无藏有两方面，一方面是无求，不要对臣下有情感上的主观好恶，另一面是无设，即破除个人主观的成见；这样，君主就可装作无所作为，神秘莫测，足以威吓臣民，此乃"以虚制实"。

《心术》上篇说："名者，圣人之所以纪万物也。"在君臣的关系中，"名"就是指臣下官职的称谓，而"形"则是此官职所规定的职务和责任。君主应"执其名，侔其所以成，此应之道也"（《管子·心术上》)，意思是君主按臣下的官称来审查其职能，看看是否名实相符，此乃"以名制形"。由此看来，《心术》篇主要探讨君主控制臣下之术，跟法家的"术"十分相似。

稷下黄老学派也主张以法治国，但并不排斥以礼治国，因为两者来自同一个源头"道"。《心术》说："故礼者，谓有理也。理也者，明分以谕义之意也。故礼出乎义，义出乎理，理因乎道者也。法者，所以同出，不得不然者也；故杀僇禁诛，以一之也。"换言之，礼以义为基础，而义是以理为基础，理则以道为基础，而法也是出于道，以刑罚将不同身份地位的人等齐对待，任何人犯法都要受罚，所谓"故事督乎法，法出乎权，权出乎道"（《管子·心术》),法的作用是统率事情,以权为基础,权则以道为基础。

"权"是变化,法出于权,也就是说由于社会改变才需要法。在法家那一章我们探讨过这个问题,由于城市壮大,人口增加,加上面对大一统的社会,礼已不足维持社会秩序,需要有划一的标准,那就是法。这是黄老学派跟老子的另一个差异,对老子来说,社会的演变是越来越不济,法比礼更差;但从黄老学派的角度看,社会是前进的,必须就其变化而做出调整。

稷下黄老学派除"尚法"外,也主张"守势"。《法法》篇说:"凡人君之所以为君者,势也。故人君失势,则臣制之矣。"所以"明君不为重宝分其威"(《管子·明法》),即不跟臣子分享权力,跟法家的重势思想几乎一样。

为何中国人法治精神不足?

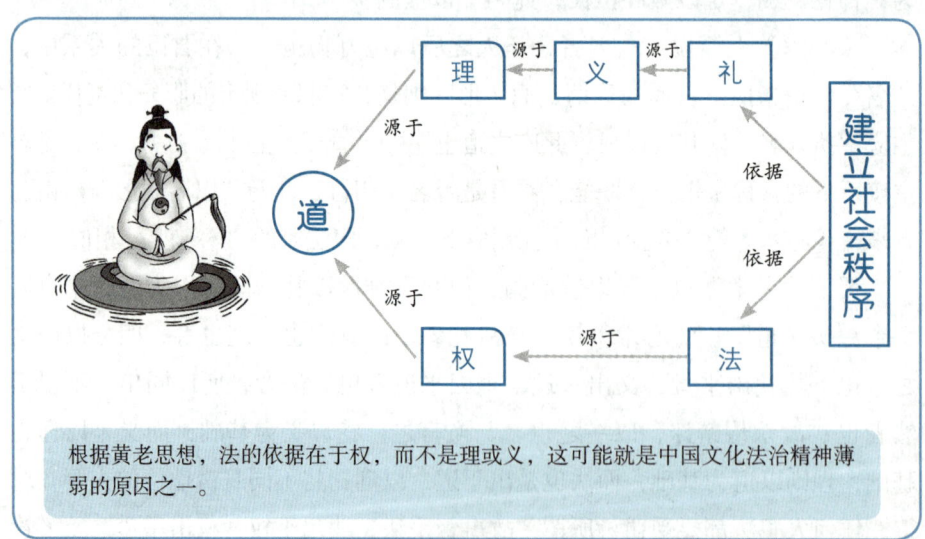

根据黄老思想,法的依据在于权,而不是理或义,这可能就是中国文化法治精神薄弱的原因之一。

■ 黄老思想的兴衰：环境使然

黄老思想是道家和法家的结合，但也可以将它理解为道家转化为法家的过渡思想，正如《史记》所说："申子之学，本于黄老，而主刑名。"申子即申不害。又说："韩非喜刑名法术之学，而其归本于黄老。"韩非是法家的集大成者，他的学说已跟黄老有很大的区别，当然，黄老思想仍然存在，且成为战国后期的流行思想，并主导汉初七十多年的政治发展，汉初的名相如萧何、曹参等人，就是以黄老思想为治国的原则。

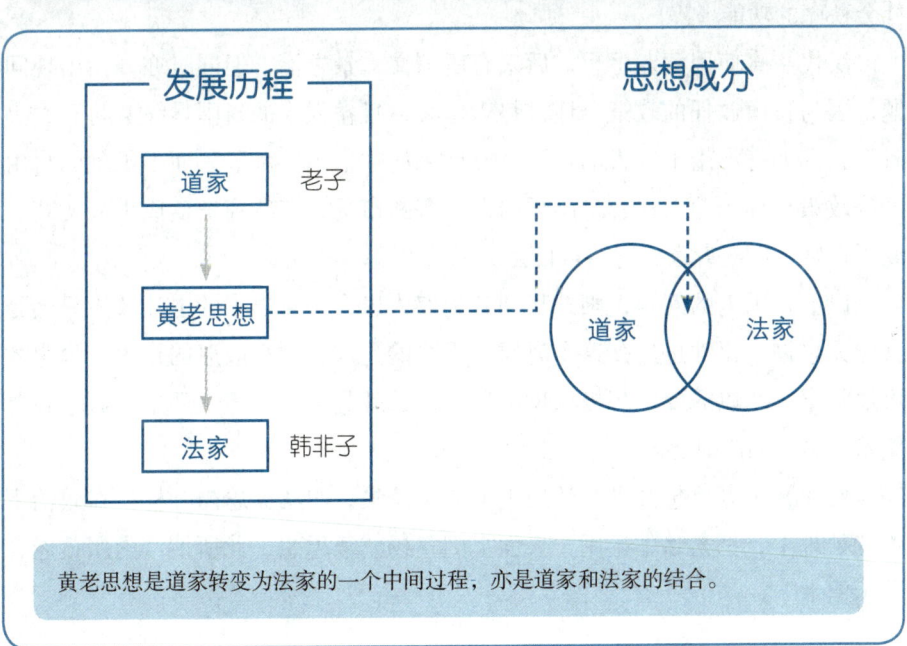

黄老思想与道家、法家

黄老思想是道家转变为法家的一个中间过程，亦是道家和法家的结合。

黄老思想之所以兴盛，主要原因是环境使然。经历了战国几百年的战争，秦虽一统天下，却是苛法暴政，加上秦亡之后的楚汉相争，对社会的破坏已到了极点，一切都有待重建。

在思想方面，儒、墨两家的救世思想亦失去民心，秦任法而早亡，法家的严刑峻法更加令人唾弃，道家虽然可纾解个人心灵的痛苦，但独善其身、小国寡民的主张却不适用于大一统的社会。

黄老思想一方面主张清静无为，另一方面又提倡刑名法术，无为而治有安抚人心的作用，对长期处于战乱的人来说，实有纾解的功能，实质上也减轻了人民的负担，让民间休养生息，使社会可以慢慢恢复元气；至于刑名法术之用，由于是以道家为本，就不会产生法家严苛的问题，同时又具有维持社会秩序的功能。

汉代一直使用黄老思想，后来有所谓文、景之治，但同时亦开始出现问题，因为自由放任的政策令地方势力坐大，日益强大的封国最终威胁到中央政府，例如有淮南王等人的叛乱，及后来的"七国之乱"。而不干预的自由经济政策，亦令商人很容易囤积居奇，垄断市场，有些商贾变成土豪恶霸，欺压百姓，更甚者官商勾结，目无法纪。

以上是国内的问题，国外长期有匈奴为患，一直以来的退让政策只会令其肆无忌惮，得寸进尺，这个时候，重要的是加强中央政府的权力，国家才可以强盛，所以需要更积极入世的思想，那就是儒家思想，后来汉武帝独尊儒术，也是顺应时势。

然而，黄老思想并没有从历史上完全消失，跟法家思想一样，在政治事务的处理上，都是暗中运用，表面上则宣扬儒家思想，此所谓"内用黄老，外示儒术"。

黄老思想为何兴盛于汉初期、衰落于汉中期？

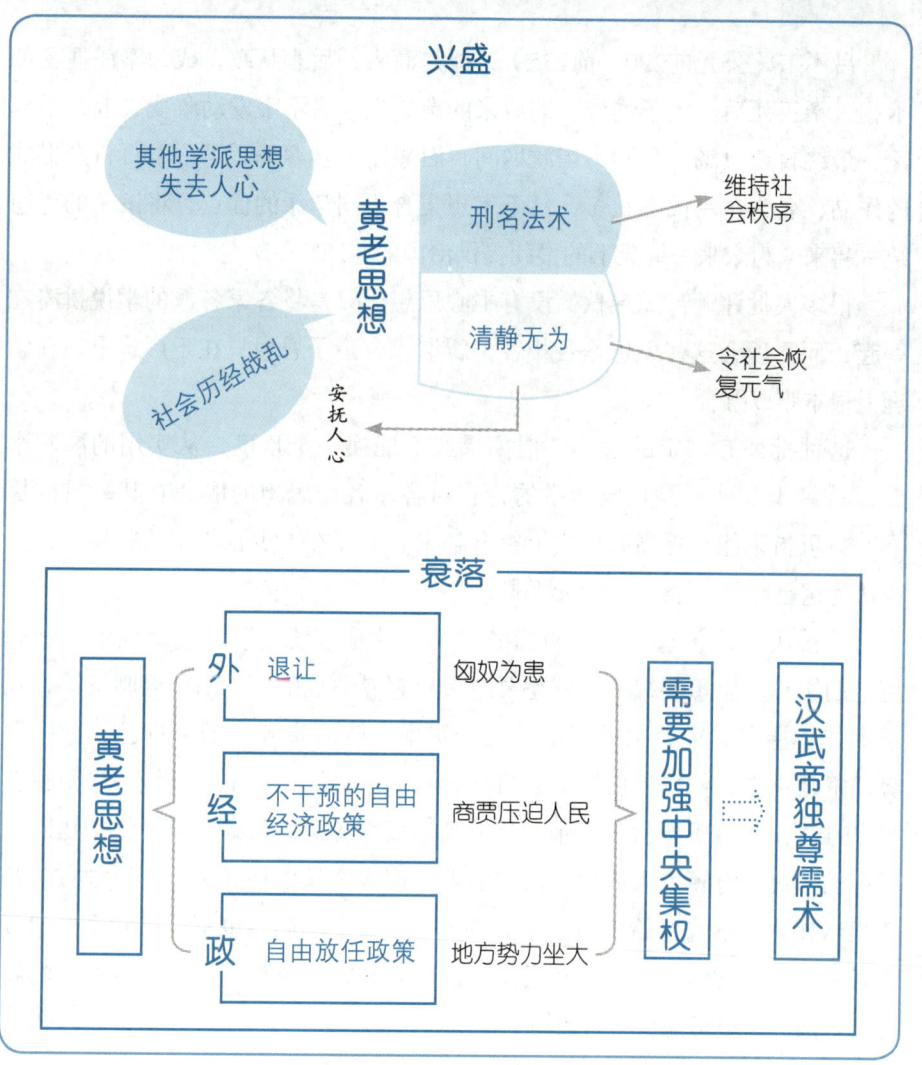

一切为了统一

《吕氏春秋》：融合各派思想不够，但自成体系

吕不韦（公元前290—前235），原是商人，后来从政，成为秦庄襄王的丞相，秦王死后，太子继位，即后来的秦始皇。吕不韦发动政变失败，被放逐，最终自杀收场。吕不韦当政期间，召集门下食客编写了一本百科全书式的作品，名为《吕氏春秋》，吕不韦想集合不同学派的优点，将诸子的思想统一起来，为未来一统天下的秦朝提供治国的蓝图。

很多人批评《吕氏春秋》没有中心思想，只是将各家各派的学说拼凑在一起，而不理会这些思想是否相容，所谓综合诸子思想只在于形式上，在学理上根本难以融合。

这种批评有一定的道理，但如果我们能换一个角度，从实用的层次来看，《吕氏春秋》是自成体系的，它对各家各派思想的取舍有其一贯的标准，只可惜未能在更高的层次上综合各家，又存在不少自相矛盾的地方，但我认为这已经是一个了不起的尝试。

《吕氏春秋》有一个很明确的目的，就是"统一"，包括政治上和思想上的统一。思想要统一，就是要结束思想界的混乱，所谓"老聃贵柔，孔子贵仁，墨翟贵廉，关尹贵清，列子贵虚，陈骈贵齐，阳生贵己，孙膑贵势，王廖贵先，倪良贵后"（《吕氏春秋·不二》）。不过，统一思想也有很多方法，《吕氏春秋》主张的是批判地吸取各家的长处，故说："物固莫不有长，莫不有短。人亦然。故善学者，假人之长以补其短。"这种方法其实相当文明，不像秦始皇用暴力的方式——焚书坑儒，也不是汉武帝的独裁方式——独尊儒术。如果当年吕不韦成功夺权，又能推行《吕氏春秋》的思想，中国的历史可能会大大改写。

杂家：博采众长的混合家

假如吕不韦夺得了天下……

如果当年吕不韦成功夺权，又能推行《吕氏春秋》的思想，中国的历史可能会大大改写。

当然，统一思想的主要目的是为达致政治的统一。没有思想上的统一，就不可能有政治上的统一。公元前249年，秦庄襄王派吕不韦消灭了东周，天下没有了天子，所以《吕氏春秋》说："今周室既灭，而天子已绝，乱莫大于无天子。"又说，"天下必有天子，所以一之也；天子必执一，所以搏之也。一则治，两则乱。"很明显，《吕氏春秋》是想"以秦代周"，成为新天子，一统天下，只有这样才能结束社会的混乱。

虽然在综合诸子学说方面没有很高的成就，但就采用各家来建立自己的体系上，《吕氏春秋》也算是成功的。以下我会先讲此书的结构，然后再以不同哲学部门来说明它的主张。

■ 《吕氏春秋》的结构：六论、八览、十二纪

《吕氏春秋》主要分为三部分：纪、览、论。"纪"有十二篇、"览"有八篇、"论"有六篇。十二纪是全书的纲领，它以阴阳五行的观念来贯穿四时、农耕、政事、祭祀等等，建立一套有关宇宙人事规律的学问，当中自然离不开"天人相应"和"人法天地"的思想。"十二纪"可以说是全书的主体，"八览"是八方的观览，而"六论"则是穷极六合之论，根据司马迁的解释，"八览"和"六论"乃是"备天地万物古今之事"，对"十二纪"做出补充。

"十二纪"是一个按《月令》所安排的天象和政事的架构，据此来采纳诸子的学说，例如按四时（春、夏、秋、冬）之德，将不同学派的思想分配到四时之下。春季之德是"生"，所以分配在春季之下的论文主要是道家的养生思想；夏季之德是"长"，有成长发展的含义，所以分配在夏季之下的论文主要是儒家有关教育和音乐的思想；秋季之德是"肃杀"，所以分配在

杂家：博采众长的混合家

秋季之下的论文主要是兵家和法家有关军事的思想；冬季之德是"死亡"，所以分配在冬季之下的论文有儒家的"孝亲"和墨家的"节葬"。当然，这只是形式上结合各家思想，并不是内容上的融合。不过，要吸纳不同的思想，就一定要避免自相矛盾，例如《吕氏春秋》既赞成"节葬"，自然就要扬弃儒家烦琐的礼仪；赞成兵家的义战，就必须舍去老子的反战及墨子的非攻。

《吕氏春秋》对各家的吸纳

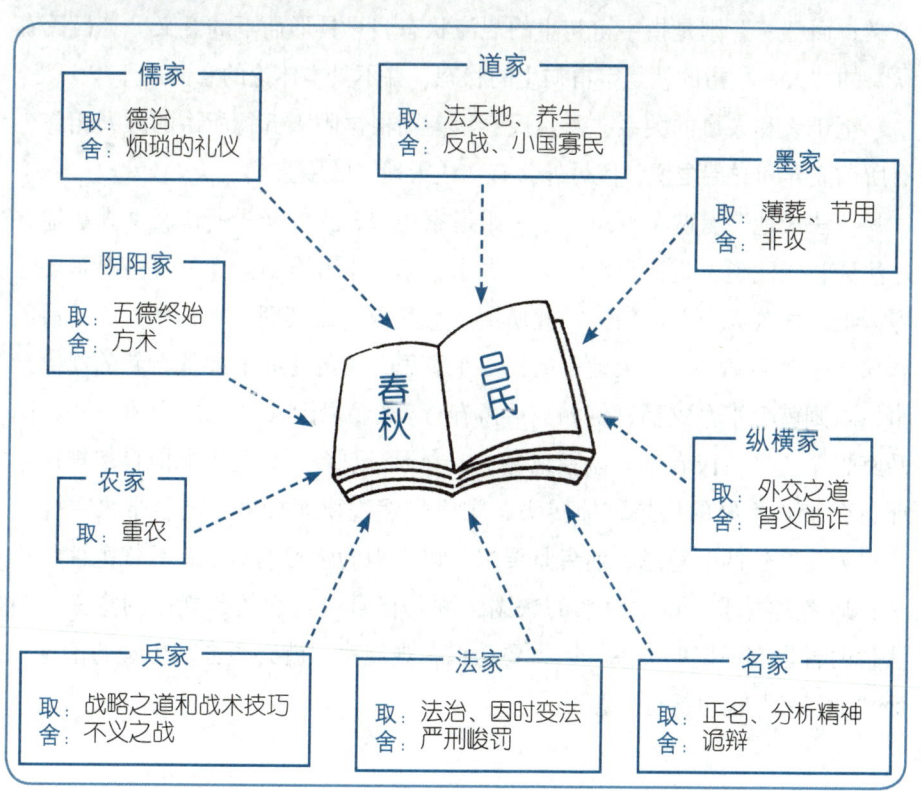

281

■ 宇宙论：太一、法天地

《吕氏春秋》将万物的根源称为"太一"，《大乐》篇说："太一出两仪，两仪出阴阳，阴阳变化，一上一下，合而成章。"又说，"万物所出，造乎太一，代于阴阳。"在这里两仪是指天地，阴阳则是二气，两者运行而产生万物。

《吕氏春秋》将"太一"视为"道"，不过，跟《老子》的"道"有明显的分别：《老子》说，"道生一"，"道"代表超越的本体，具形而上的意义；而"一"则是指宇宙初生的混沌状态，只具形而下的意义。《吕氏春秋》的"太一"指的就是宇宙初生的状态，并不具本体论的意义。

至于天和人事的关系，《吕氏春秋》则根据阴阳五行所讲的天人相应，有所谓灾异和祥瑞之说，但另外又有"法天地"的主张。

"法天地"有两个意思，一个跟道家相似，正如老子所说，"人法地，地法天，天法道，道法自然"（《老子·第二十五章》），意思主要是要学习天地"大公无私"的精神，此所谓"行其数，循其理，平其私"（《吕氏春秋·序意》）。"法天地"的另一个意思，指的是我们要依自然的规律行事，否则就会带来灾祸，例如："孟春行夏令，则风雨不时，草木早槁，国乃有恐"（《吕氏春秋·孟春纪》），春天行夏令，就是不顺应自然规律，那就会带来不好的后果；掉转头，顺应自然规律而行事，就会带来吉祥。"法天地"这两个意思，前者是要求人以天地为学习的对象，具规范性的意义；后者是要求人认识自然的法则，顺其行事，重视的是规律的意义。当然，两者也有一定的关系，因为要认识客观规律，就必须去其主观的偏见，而"平其私"也包括这个意思。

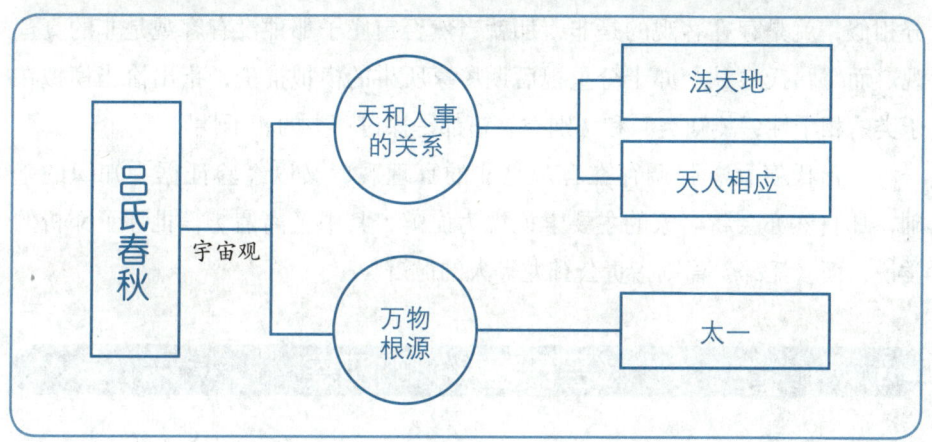

■ 知识论：重视"察"的重要性

《吕氏春秋》主张我们要认识客观的规律，所以特别强调"察"的重要性。所谓"察"，指的就是透过经验和理性来找出事物的规律或真相，用西方哲学的术语讲，这就是经验主义或实证主义的讲路。

首先，经验观察是要依靠我们的感官，例如眼和耳，而思考和表达则需要心和口。当然，大部人都拥有感受、思考和表达的能力，但能否发挥得好则需要后天的学习，此所谓"精而熟之"（《吕氏春秋·博志》）。

但认识的不但是事物的现象（物之然），最重要的还是事物的原因（所以然），因为要认识事物的原因，才能掌握事物的规律；掌握了事物的规律，才能做出有效的预测，知识的主要目的就是"以近知远，以今知古，以所见知所不见"（《吕氏春秋·察今》），由所见知所不见，依靠的就是我们推理的能力。

由此可见，知识是以感官经验为基础，即"所见"，经过理性，推论出"所不见"。这是一种正路和有效的求知方法，其背后的真理观亦跟墨家十分相似，就是存在客观的是非，那就当然否定庄子那种没有客观是非的真理观。而《吕氏春秋》亦十分重视后期墨家所讲的模拟推论，指出恰当模拟在于类的相干性，《知类》和《别类》篇都是探讨"类的相干性"。

《吕氏春秋》强调存在客观是非的真理观，又以经验证据为知识的基础，那自然亦会将名家的主要学说视为诡辩，其中《离谓》篇批评了邓析的学说，而《淫辞》篇则指责公孙龙等人的诡辩。

《吕氏春秋》的四察

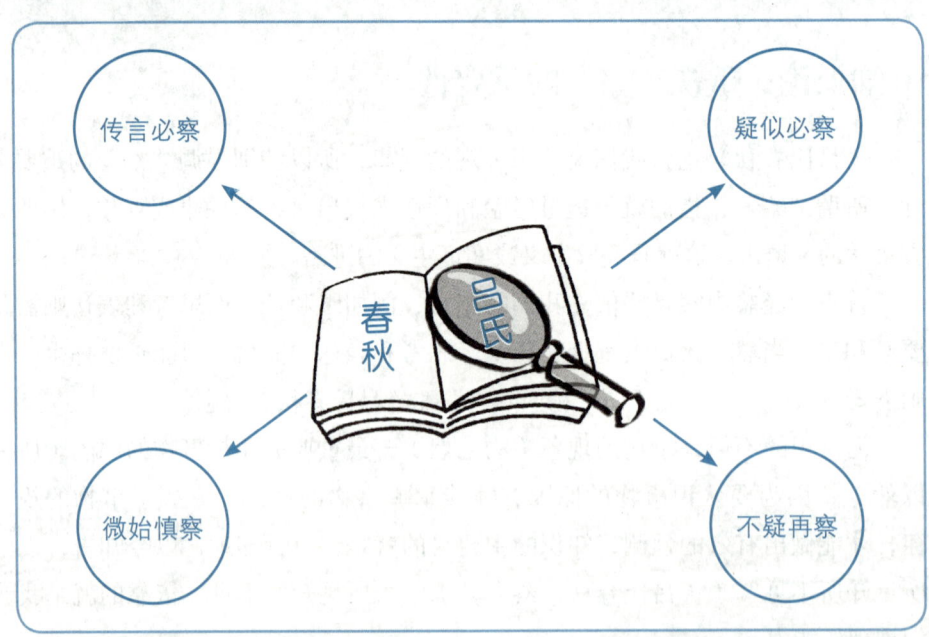

■ 历史观：朝代更替按五行相克原理进行

《吕氏春秋》同意阴阳家"五德终始"的理论，即历史发展存在着规律，朝代的更替是按照五行相克的原理进行。但这里有一个问题，就是既然《吕氏春秋》强调"察"的重要性，又是否有充分的经验证据支持"五德终始"的理论呢？

虽然《吕氏春秋》有求真的精神，也以经验证据为知识的基础，但却缺乏基本的思考方法，对经验证据的探讨也很粗疏，更加没有"否证"的观念，所以就以为"五德终始"的理论得到充分经验证据的支持。在上一章讨论阴阳家的"五德终始"论时，已经指出它是经不起"否证"的。当然，这并不表示历史就不存在规律，不过是说"五德终始"乃错误的规律。

除了历史定律之外，《吕氏春秋》对个别历史事件也有其看法。大致上，《吕氏春秋》认为个别历史事件有所谓客观条件和主观条件，例如武王伐纣，固然有其客观条件，如武王能够遇到商纣，这些客观条件称为"天"，正如《吕氏春秋·慎人》说："汤遇桀，武遇纣，天也。"但武工伐纣是否成功，仍有部分是取决于人的主观努力，这就是主观条件，称之为"人"，正所谓"外物岂可必哉？君子之自行也"（《吕氏春秋·必己》）。《吕氏春秋》这种观点，跟儒家的"命定"观十分相似，既承认客观条件的限制，但又不是宿命论，因为肯定人的主观努力有部分的决定性。

■ 人性论：引导人的欲望

我认为《吕氏春秋》有一个观点很特别，就是其对人性的看法，肯定人与生俱来的欲望本能，并据此来建立它的社会政治思想。

《吕氏春秋》的《情欲》篇说："天生人而使有贪有欲……故耳之欲

五声，目之欲五色，口之欲五味，情也。此三者，贵贱愚智贤不肖，欲之苦一，虽神农、黄帝，其与桀、纣同。"人的欲望本能是天生的，这跟荀子的看法差不多，不过，荀子关注的是若不节制欲望，势必产生争夺和混乱，恶便产生，但《吕氏春秋》却认为人的欲望本能其实是社会发展的动力，所以说："故人之欲多者，其可得用亦多；人之欲少者，其可得用亦少。"（《吕氏春秋·为欲》）

《吕氏春秋》认为，为政之道必须满足人民的欲望需要，而不应提倡禁欲的主张，更批评道家的"无欲"，说"使民无欲，上虽贤犹不能用。夫无欲者，其视为天子也与舆隶同，其视有天下也与无立锥之地同，其视为彭祖也与为殇子同"（《吕氏春秋·为欲》），故"无欲"的主张，实际是国家危乱的原因之一；而漠视人民的情欲，只管用严刑峻法的方法，亦会导致国家危乱。

《吕氏春秋》的养生之道

饮食方面	定时定量，不要吃"大甘、大酸、大苦、大辛、大咸"的食物
心理方面	不要"大喜、大怒、大忧、大恐、大哀"
居住方面	不要"大寒、大热、大燥、大湿、大风、大霖、大雾"
保养精气	多做运动，使精气流通，减少疾病

人要满足欲望本能，这是合理的，但若过度，则有纵欲的问题，伤害自己的身体，所以，必须对欲望加以节制，《情欲》篇说："欲有情，情有节，圣人修节以止欲，故不过行其情也。""节欲"就是主要的养生之道。

■ 社会政治思想：兼取儒、道、墨、法

根据《吕氏春秋》对人性的看法，治乱的关键就在于"因民之欲"，适度地满足人民的欲望，及利用人的欲望去推动社会的发展。

治国的另一关键就是"知贤"和"用贤"，这是采纳了儒家的"尊贤"及墨家的"尚贤"，不过比较重视墨家的"尚贤"，因为"尚贤"是要打破世袭制，故《吕氏春秋》说："官无常贵，民无终贱，有能则举之，无能则下之。"

要维持社会秩序，法治也是必需的，《吕氏春秋》特别强调变法的重要性，故说："故治国，无法则乱，守法而弗变则悖，悖乱不可以持国。世易时移，变法宜矣。"

《吕氏春秋》认为君主政体是必需的，《执一》篇说："天下必有天子，所以一之也。"由天子来统一天下，才可以长治久安，但天下并非属于天子一人，正所谓"天下非一人之天下"（《吕氏春秋·贵公》），所以天子也必须公正无私，法天地而行事。

由此可见，《吕氏春秋》的社会政治思想是兼取儒、道、墨、法四家思想。但只从实用的角度来摘取诸家思想，自然忽略了它们最核心及有价值的地方，例如儒家的精义在于肯定人有内在的仁心，彰显出道德的自主性；道家的精义亦在于它的人生境界；墨家的核心在于兼爱，对平等和公义的追求。

《吕氏春秋》的社会政治思想

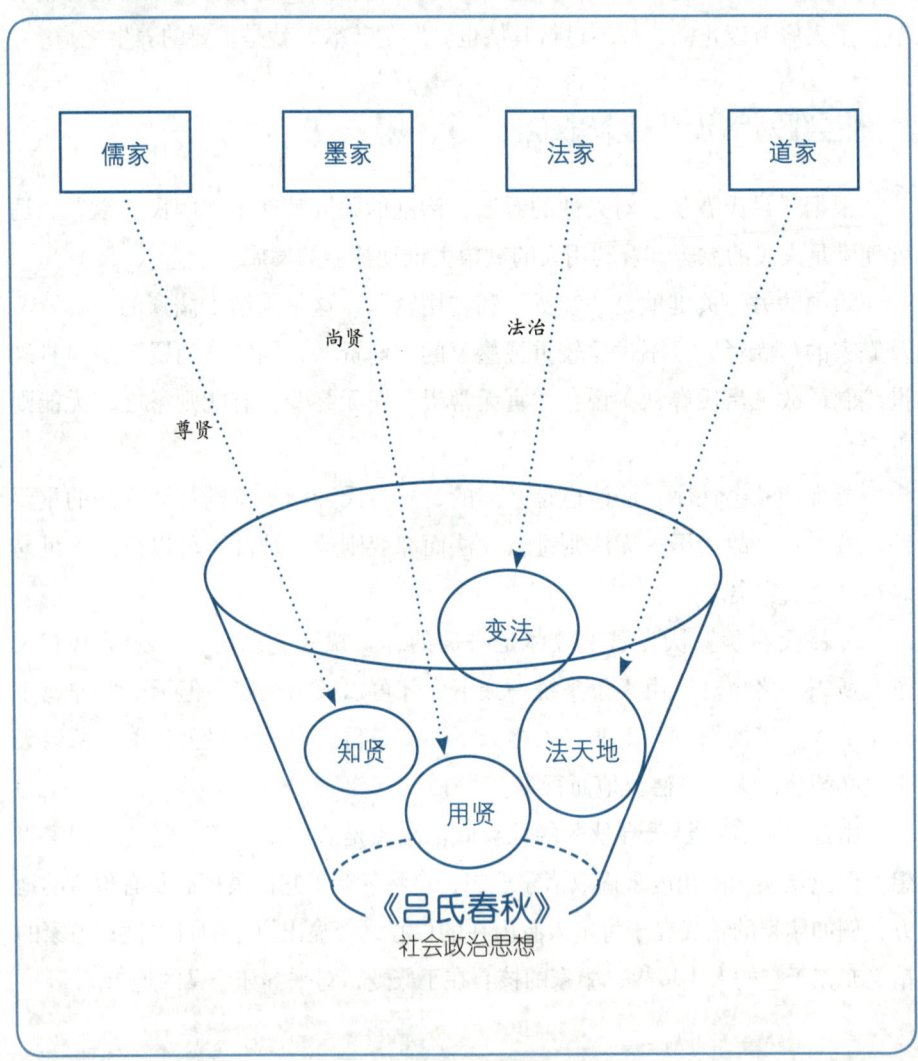

杂家就是一碟拼盘、杂碎?

结语：杂家有综合无融合

■ 黄老思想与《吕氏春秋》的异同

黄老思想和《吕氏春秋》都以老子的"道"为万物的根源，但取的却是形而下的意义，特别是稷下学派和《吕氏春秋》都是以"气"解道，其形而下的味道更重。

另一个相同之处就是两者都强调养生之道，这固然是受老子思想的影响，但老子重视的其实是人生修养的境界，而不仅仅是身体健康，延年益寿，这又是它们跟老子的另一分别。

又或者可以这样说，两者都是将老子的思想加以改造，以求适应它们的主张。

例如黄老之学将老子思想改变，令它可以跟法家思想结合在一起；而《吕氏春秋》则将老子思想改变为适应大一统的政治主张。

两者的另一个相同之处，就是想统合各家思想，为将来的大一统政权提供治国的蓝图；差别只在于黄老之学是顺应时势而自然发展出来的，而《吕氏春秋》则是吕不韦凭着自己的权位及经济能力，以个人的意志促成此书的产生。

还有，两者都认为应该认识自然规律，并加以利用，为国家和人民带来利益。

此外，《吕氏春秋》也十分注重养生，所以有人甚至认为《吕氏春秋》也是一种黄老之学。当然，《吕氏春秋》和黄老思想的确有很多相同之处，但治国方面却有明显的分别，因为黄老之为黄老，特点就在于道法两家的结合，而《吕氏春秋》却是儒、道、墨、法四家并重。

就思想融合方面来说，虽同为杂家，但黄老比《吕氏春秋》优胜，而且影响力大很多。

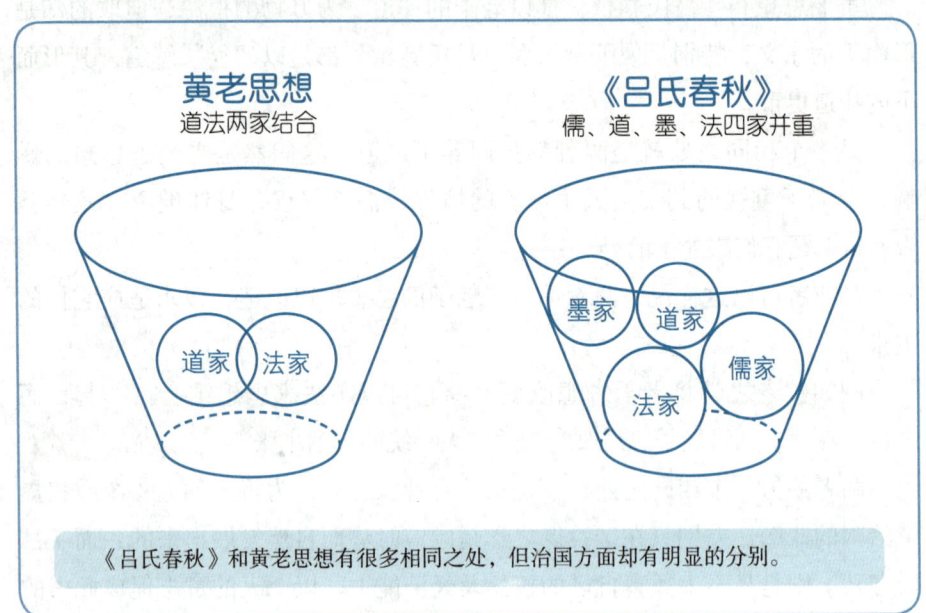

《吕氏春秋》和黄老思想有很多相同之处,但治国方面却有明显的分别。

■ 对杂家思想的评论

正如前面所讲,一般对杂家的批评都是负面的,认为它们只是拼凑的思想,根本没有自己的主张,不能成一家之言。我并不完全认同这种批评,说杂家没有什么创造性的思想我同意,但说杂家只是拼凑、欠缺中心思想我却不同意。

我认为杂家的目的是尝试综合各家思想,解决社会的问题。就综合方面讲,它们的成就的确不高,黄老思想比《吕氏春秋》好一点。要判断一个思想是否融贯,有两个主要标准:一致性和互相支持。一致性就是没有逻辑矛盾，例如冯友兰就指出《吕氏春秋》的《上农》篇跟《爱类》篇的主张有矛盾；两者没有矛盾也不表示互相支持，例如儒家的"孝亲"和墨家的"节葬"。就解决社会问题方面讲，杂家其实有很强烈的实用取向，尤其是《吕氏春秋》对各家所谓的取长补短，不过是以实现大一统和治国需要为其标准，这就是为什么它会采用墨家的"尚贤"和"节葬"，而舍弃其"非攻"，因为不用武力，又如何一统天下呢？

而杂家的主要问题就在于它们采取一种折中的方式，纯以实用的标准来取舍各家思想，那拼凑的成分自然多于融合，而且正如上一节所讲，这会忽略各家思想最核心及有价值的地方，不能继承诸家思想的精华。

黄老思想和《吕氏春秋》的区别

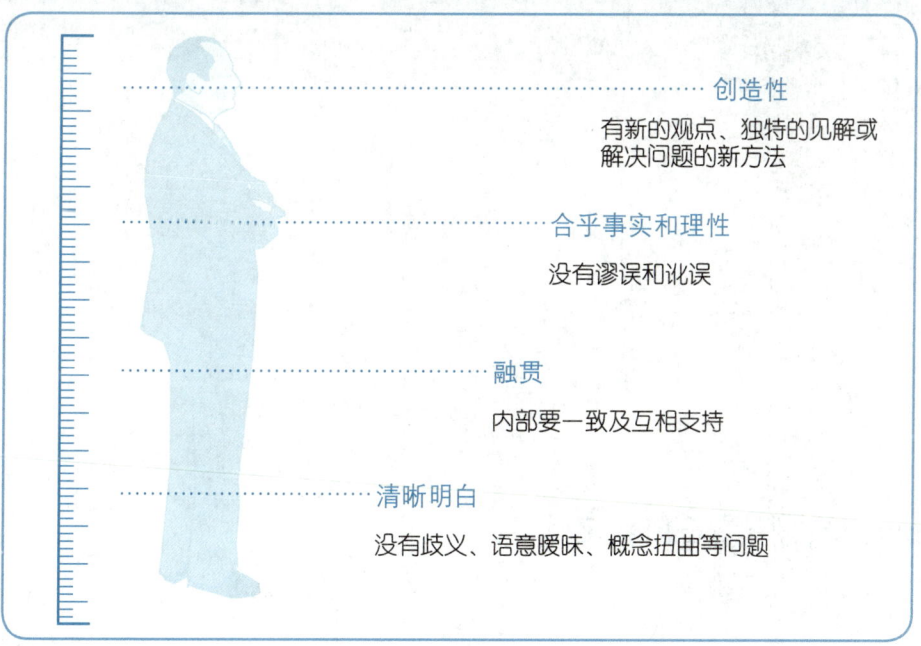

创造性
有新的观点、独特的见解或解决问题的新方法

合乎事实和理性
没有谬误和讹误

融贯
内部要一致及互相支持

清晰明白
没有歧义、语意暧昧、概念扭曲等问题

诚之者,择善而固执之者也。

——《中庸》

第十章
《易传》《中庸》及《大学》的思想

在导论中我半开玩笑地说要讲"新九流十家",《易传》《中庸》及《大学》算是第十家,当然,它们仍属于儒家,所以实际只有九大流派。或者可以这样说,《易传》《中庸》及《大学》是儒家思想的进一步发挥和补充。孔、孟、荀讲的多是有关道德及政治的思想,而《易传》和《中庸》则探讨天人的关系,为儒家提供天道观,用西方哲学的话讲,这就是本体论和宇宙论,发挥儒家"天人合一"的思想;至于《大学》,则涉及儒家"内圣外王"的思想。"天人合一"和"内圣外王"正是儒家两大主张。

由于汉儒受阴阳家思想的污染,未能掌握"天人合一"和"内圣外王"的真义。到后来,《易传》《中庸》及《大学》才对宋明理学产生重要的影响,此所谓新儒家。

何为"新九流十家"?

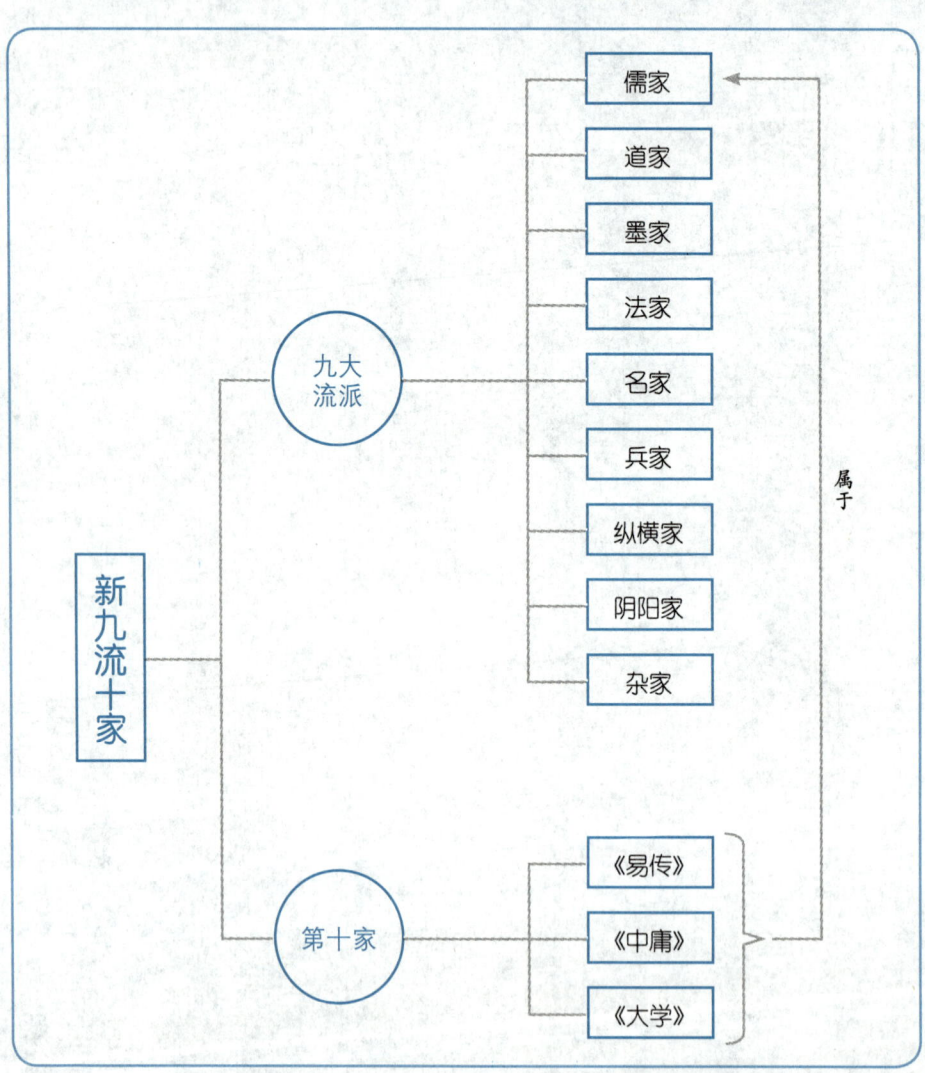

又一部儒家学派集体创作的作品

《易传》：解释《易经》的专书

《易传》是解释《易经》的专书，相传为孔子所作，不过学者大多反对此说，而我则相信《易传》是孔子及其后学所作，是一部儒家学派集体创作的作品。孔子说自己"五十以学易"（《论语·述而》），司马迁也说孔子读《易》"韦编三绝"，那时的《易经》是刻在竹简上的，用绳子绑起来，绳子断了三次，可见孔子用功之勤。

孔子用了二十年的时间研究《易经》，应该很有心得；据说孔子将易学传给子夏及商瞿二人，传到司马迁，已经是第十代了。

《易传》有十篇文章，称为"十翼"，翼是辅助的意思，即辅助我们了解《易经》。经者常也，即不变的意思，所以经代表的就是永恒真理。而传就是对经的解释，除了《易经》有传之外，五经之一的《春秋》也有传，还有三个之多，分别是《左传》《公羊传》和《谷梁传》。

虽然可以将《周易》区分为《易经》和《易传》，但实际上两部分已经合在一起，要了解《易经》，就必须读《易传》，所以我们平时讲的《易经》，其实也包括了《易传》。

《周易》是五经之首，"五经"原是指《易经》《诗经》《书经》《礼经》及《乐经》，都是孔子之前的经典。后来《乐经》失传了，于是加入了孔子作的《春秋》，成为"五经"，所以"五经"有两个意思。用现代学科来分的话，《诗经》属于文学，《书经》属于历史，《礼经》属于伦理规范，《乐经》属于音乐或艺术，而《周易》则属于科学和哲学。说《周易》是科学，因为它探讨的是宇宙万物的规律；说《周易》是哲学，因为它主张我们该如何自处。前者提供世界观，涉及终极的问题；后者则提供人生观，涉及价值的问题。

相传《周易》的成书过程

1. 伏羲书八卦

2. 周文王推演出六十四卦,作卦辞及爻辞

3. 孔子作十翼

十翼的具体内容

《彖传》上下	解释卦义和爻辞
《象传》上下	据说"象"是一种动物,能够将铁咬断,所以象辞就是断言的意思。主要是解释卦辞
《系辞传》上下	《易传》中最具哲学性的论述
《文言传》	只对干卦和坤卦做出说明
《说卦传》	说明每一卦出现的原因及其命名
《序卦传》	说明六十四卦的排列因由
《杂卦传》	没有顺序,将六十四卦混在一起讲

《周易》不但是中国文化的源头,它似乎无所不包,举凡哲学、天文、历法、医药、占卜、风水、命理等都跟它有关,而研究《周易》的学问就叫作"易学",门派很多,基本上可分为义理派和象数派,义理派即探讨《周易》的人生道理,涉及修德的主张;象数派即研究占卦及如何解决困境。《周易》的思想十分丰富,不能在这里详论,以下只能讲一些我认为重要的内容。

■ 何谓"易"?

"生生之谓易"(《系辞传上》),易的道理就是生生不息,永远从一个乐观的角度来看宇宙人生,生就是上天的恩赐,此所谓"天之大德曰生"(《系辞传下》)。

"易"有三个意思:变易、简易、不易。变易是指宇宙万物不断变化;但变化背后是有规律的,规律则是不变的,那就是不易。《易传》要探讨的就是这些规律,并且认为它们简单易明,那就是简易,正如《系辞传下》

说："干以易知，坤以简能。易则易知，简则易从。易知则有亲，易从则有功。有亲则可久，有功则可大。可久则贤人之德，可大则贤人之业。易简而天下之理得矣。"换言之，真理是简单明白，易于遵从，有助于修德和建业。

《易传》十分重视变化，做人也要与时俱进，具有变革的精神，否则就会落后或被淘汰，正所谓："穷则变，变则通，通则久"（《系辞传下》）。由此可见，《易传》具有积极进取的精神，的确属于儒家的思想。

■ 宇宙论与占卜

但宇宙万物的基本规律又是什么呢？那就是阴阳，正所谓"一阴一阳之谓道"（《系辞传上》），阴阳代表两种相反相成的力量，阳代表创造，是主动；阴代表承受，是被动。正是这两种基本力量，产生出万物的多样性和复杂性。正如《系辞传上》说："动静有常，刚柔断矣……在天成象，在地成形，变化见矣"，动就是阳，静就是阴；刚就是阳，柔就是阴，它们就是产生变化的基本力量。

在《周易》的系统中，"阴阳"是用阳爻——和阴爻— —这两种符号代表，称为两仪，爻的特性就是相交而变，《系辞传下》说："爻也者，效天下之动者也。"阳爻和阴爻相交，阳爻及阴爻又与自身相交，就出现四象，四象再演变成八卦，正所谓"易有太极，是生两仪，两仪生四象，四象生八卦"（《系辞传上》）。八卦就是"干、坤、震、艮、离、坎、兑、巽"，分别代表八种基本的自然现象，干代表天、坤代表地、震代表雷、艮代表山、离代表火、坎代表水、兑代表泽、巽代表风。"八卦相荡，鼓之以雷霆，润之以风雨，日月运行，一寒一暑……"（《系辞传上》），八卦根据阴阳的原则，产生出万物。

《说卦传》中八卦的象征意义

八卦	自然现象	特性	身体部位	家庭关系	动物
干卦	天	健	头	父	马
坤卦	地	顺	腹	母	牛
震卦	雷	动	足	长男	龙
巽卦	风	入	股	长女	鸡
坎卦	水	陷	耳	次男	猪
离卦	火	丽（依附）	目	次女	雉
艮卦	山	止	手	少男	狗
兑卦	泽	悦	口	少女	羊

八卦相互重叠，叫作重卦，共有六十四个，六十四卦代表的就是六十四种宇宙人生的状态，而每一卦有六爻，代表的是此种状态下的六个发展阶段。导论中我们提过干卦的爻辞和卦辞，现在不妨重温一下：

干卦，卦辞是"元，亨，利，贞"。

爻辞：

初九，潜龙，勿用。

九二，见龙在田，利见大人。

九三，君子终日干干，夕惕若。厉，无咎。

九四，或跃在渊，无咎。

九五，飞龙在天，利见大人。

上九，亢龙有悔。

例如，这六爻可以用来解释一个人事业的不同阶段，第一个阶段，初出道，需要"潜龙，勿用"，好好努力，培养实力，等待机会；第二个阶段，机会到了，受人赏识，就可以有所表现，这就是"见龙在田"；第三个阶段，一旦有表现，就可能遭到各方面的攻击，需要提高警觉，"惕"即警惕；第四个阶段，有机会再进一步，登上高位，这就是"跃"；第五个阶段，一跃成功就是"飞龙在天"；第六个阶段，该是退位的时候，那就是"亢龙有悔"，"悔"也可以是好事，因为有悔就有希望，可以展开人生新的一页。

占卦虽然容易，但解卦其实很难；单凭卦辞、爻辞和《易传》的解释并不够，必须有丰富的人生经验，配合当事人的具体情况，及运用图像的联想力。

占卜就是透过特定的方法，占得其中一卦，那就可预知即将面对的状况，继而采取行动，趋吉避凶。

相传《周易》的成书过程

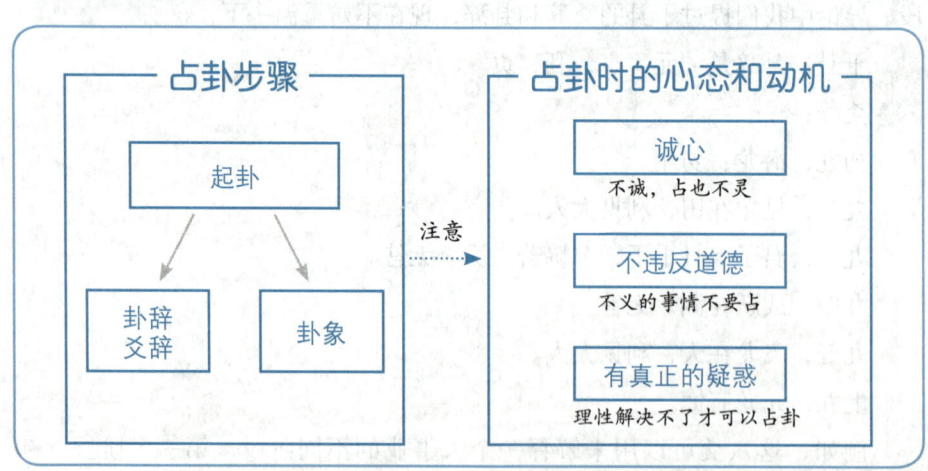

占卜之所以可能,就是未来的事态有一部分是被决定的。通过占卜,仿佛有一种神秘力量(或许是鬼神)透过卦象向你显示将来的情况,但未来的事态又不可能完全被决定,因为若是这样的话,占卜就没有意义,一定程度之内人还是有自决的空间。例如我考虑转换工作,于是占卜,想知道将来的情况如何,假若占到困卦,卦象是,上泽下水,从卦象看,水都从泽下流走了,代表的自然是困难重重,我固然可以选择不换工作,避开这些困难;但亦可以决定换工作,因为《周易》会告诉我们如何自处和应对,困难反而可以磨炼德行,及提升能力。

卦的吉凶

占卦的主要目的是趋吉避凶,但吉凶只是约略的说法,细分有下列八种情况:

元吉	最吉祥
大吉	大吉祥
吉	吉祥
无咎	没有毛病
悔	懊恼
吝	困难
厉	危险
凶	最差的情况

■ 价值论与修德

《周易》探讨的是宇宙万物运行的法则，并做出预测（占卜），有其客观科学的一面（当然是不同于我们现代科学的方法），但它也有很强烈的价值取向。就以六十四卦的排列次序来说，最后两卦是"既济"和"未济"，济是成功的意思，既济就是已经成功，其卦象是，上水下火，从卦象看，火将水烧光，或是水把火扑灭，都可以成事。而未济就是还未成功，其卦象是，上火下水，从卦象看，火向上升，水向下流，两者互不影响，又怎会成功呢？特别的地方在于"既济"是第六十三卦，你以为已经成功，得意之际就会倒霉，因为"未济"才是第六十四卦。所以做人必须小心谨慎，这就是《周易》中的忧患意识。《系辞传下》说："危者，安其位者也。亡者，保其存者也。乱者，有其治者也。是故君子安而不忘危，存而不忘亡，治而不忘乱，是以身安而国可保也。"正如孟子所说："生于忧患，死于安乐。"（《孟子·告子下》）人一安乐，以为没有问题，就会"玩完"。

《周易》的价值取向

《周易》价值观 → 宜谦虚谨慎
　　　　　　　　宜积极进取

不要贪心

这种忧患意识跟之前所讲的积极进取精神有没有冲突呢？首先，忧患并不是悲观，积极进取也不是盲目的乐观；我认为忧患是一种理性的乐观，跟积极进取的精神相应。忧患其实就是要我们不自傲自满，不自以为是，所以《周易》特别重视"谦"这种品德，六十四卦中亦只有一卦的爻辞是全吉的，那就是谦卦，它的卦象是，上地下山，山代表实力，地代表柔顺，一个内里有实力的人，对外却平易近人，那就是真正的谦虚，无往而不利。

　　《易传》特别重视修德，对卦象、卦辞及爻辞的解释都以修德做指引。《象传》对每一卦象的解释都加以"君子该如何做"，如干卦的卦象是，上天下天，代表的当然也是天，《象传》解释干卦说："天行健，君子以自强不息。"坤卦的卦象是，上地下地，代表的自然也是地，《象传》解释坤卦则说："地势坤，君子以厚德载物。"自强不息就是学习天，运行不息，努力提升自己的德行；厚德载物就是学习地，容纳和培育他人。即使面对困境，依靠的仍是修德，如屯卦，跟困卦一样，都是遇到困境，屯卦的卦象是，上水下雷，下雨又打雷，自然是危机四伏，《象传》解释屯卦说："云雷，屯，君子以经纶。""经纶"就是创业和经营，配合卦辞的意思，即是万事起头难，所以要先打稳根基。

　　或者再看看《文言传》对干卦的解释中，有什么修德的建议。《文言传》对干卦的二爻的解释中提出"闲邪存其诚"，对三爻的解释则提出"进德修业"和"修辞立其诚"，都有很明显的修德意涵。"进德"是指德行的进步，"修业"则包括学问和能力的提升。"闲邪存其诚"和"修辞立其诚"都和真诚有关，前者是指防范邪恶以保内心的真诚，跟行为有关；后者则是指说话要小心，必须对言辞加以修饰，确保诚意的表达，跟语言有关。换言之，言行都要真诚，真诚才能引发内在的力量，即内在的自我要求，那才可以自强不息，不断进步。

《周易》对个人修养的建议

■ 《周易》和《老子》的关系

导论提过，《老子》受到了《易经》的影响，"物极必反"的原理即来自《易经》。而有学者则认为《老子》反过来影响了《易传》的天道观，例如《系辞传上》说："精气为物，游魂为变。"，"精气"的观念就是来自《老子》，其他的如"道"和"器""刚"和"柔"等，都是一样。孔子学"易"，可能也是受老子影响。

不过，即使如此，《易传》还是代表儒家思想，并不是道家思想。

我认为儒、道两家思想的主要分别，并不在于它们有没有天道观，而是有着不同的天道观，《易传》说："天之大德曰生。"老子却说："天地不仁，以万物为刍狗。"（《老子·第五章》）由此可见，儒家的天道观有道德含义，是继承《诗经》和《书经》以德配天的思想；但道家的天道观却没有道德含义。儒家的天道观重视变化，并且主张与时俱进，有着积极进取的精神；道家的天道观也讲变化，但强调的是不变的一面，因为反正变来变去，还是会变回来，根本用不着主动去改变。

如果用阴阳来形容儒、道两家思想，则儒家属阳，道家属阴。不是吗？老子推崇的都是女人、婴儿、水等柔弱的事物。

《周易》代表的是周的文化，虽然《老子》受《易经》影响，也反过来影响《易传》，但《老子》的精神还是跟周文化有异的，也许《老子》代表的是楚的文化，从周文化的角度看，楚只是蛮族；从《老子》的角度看，可能正要反对所谓正统的周文化。

儒家继承《周易》，注重其积极进取的精神；老子则开创其"顺其自然"的道家传统。

由《礼记》中的散篇一跃为四书之一

《中庸》：贯穿儒家思想

　　《中庸》和《大学》原是收录在《礼记》的两篇文章，宋儒朱熹将它们跟《论语》和《孟子》编在一起，称为"四书"，从此成为儒家的经典，也是后来科举考试的内容。我认为《中庸》和《大学》是基于孔、孟、荀的学说，再发展出一些抽象的道理，用以贯穿儒家思想。

　　《中庸》相传为孔子的孙子子思所作，但我相信这也是集体创作，应该是子思及其后学的作品。《中庸》跟《易传》一样，为儒家提供本体论和宇宙论的思想，探讨天人的关系。我认为《中庸》的特点是交代了人性的来源，及提出"诚"的工夫论。以下我会先解释"中庸"的意思。

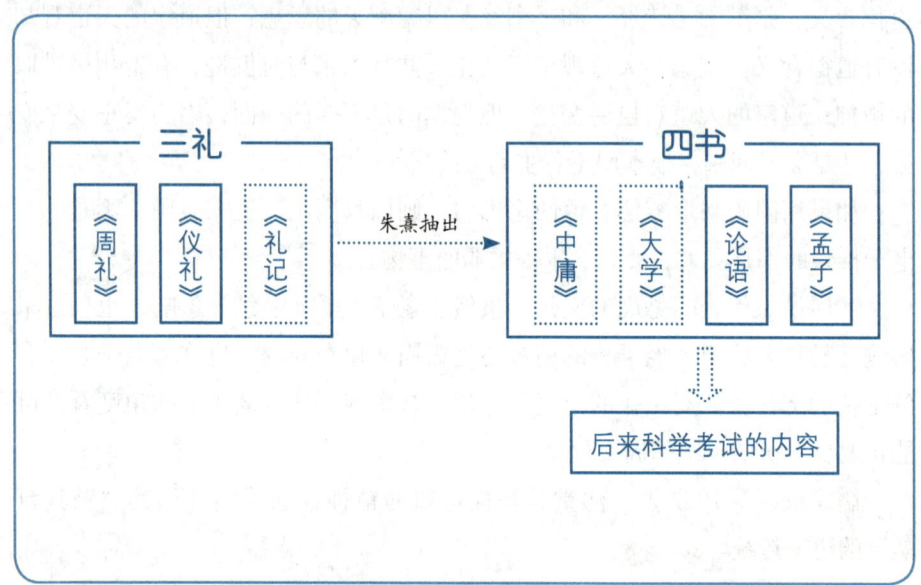

《中庸》和"四书"

■ 何谓"中庸"？

《中庸·第一章》说："喜怒哀乐之未发，谓之中；发而皆中节，谓之和"，人的情绪波动之前那种心理状态就是"中"，而我们跟外物相遇时，就会产生情，如果情绪的表现能恰如其分，即无"过"和"不及"，那就是"和"。"中"跟"和"是连在一起的；换言之，"中"就是指做人不走极端，恰如其分。这跟《周易》的原则是一致的，在导论中提到每一卦的六爻中，二爻和五爻大都是吉的，就以干卦为例，二爻的爻辞是"见龙在田，利见大人"，五爻的爻辞是"飞龙在天，利见大人"，即使本身是凶卦，其二、五爻都是较好的。

二爻是内卦的中间，五爻则是外卦的中间，这就是"居中"的道理，引申到做人处世方面，采取"中道"方为上策。正如孔子批评学生时说，"师也过，商也不及"（《论语·先进》），"过犹不及"，过和不及都不好，不能恰如其分。即使打麻雀也是一样，根据我的经验，假若手持"三四万"，叫"二五万"，"食糊"的机会要比手持"二三万"或"四五万"为高，因为这亦是"二、五居中"的道理。

"庸"是平常的意思，所以"中庸"就是常人实践之道，无"过"和"不及"。孔子说："中庸之为德也，其至矣乎，民鲜久矣。"（《论语·雍也》）《中庸·第四章》也引用了孔子这句话，孔子认为"中庸"是最高的道德，但已很久没有人达到这个标准了。为什么呢？孔子说："道之不行也，我知之矣；知者过之，愚者不及也。道之不明也，我知之矣；贤者过之，不肖者不及也。"（《中庸·第四章》）原因是聪明人将道看得太高远，不甘于平常，常常做得太过；而愚蠢的人则不明白道，无法在日常生活中实践。所以，"中庸"就是不唱高调，不会陈义过高。

三种中庸之道

儒家

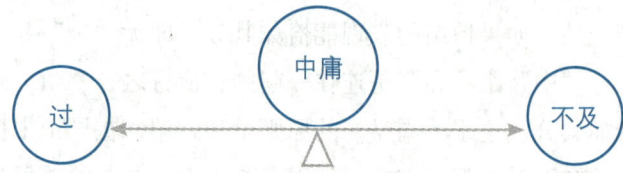

亚里士多德　德行是处于两个极端之间

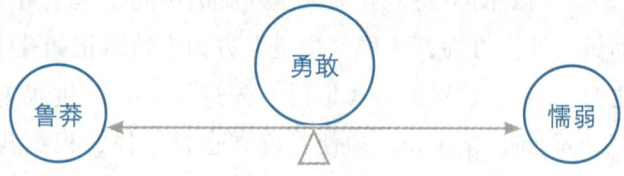

佛陀　应该实行节制的生活

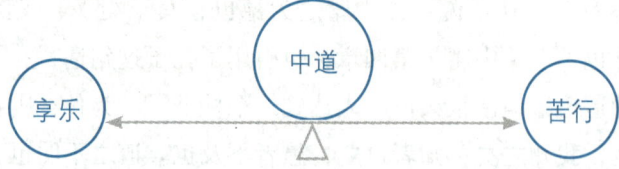

儒家讲的"中庸之道"跟亚里士多德的"适中说"和佛陀的"中道"有相似之处,就是不走极端。

■《中庸》的天道观

孔子虽然罕言"天道",但这并不表示孔子没有天道观。正如子贡所说:"夫子之文章,可得而闻也;夫子之言性与天道,不可得而闻也。"《论语·公冶长》,这正暗示了孔子也讲天道,只是很少谈论而已。在第一章我们简介了孟子的天道观,一般认为《中庸》的天道观是继承孟子并有所发挥。我们先重温孟子的天道观,《孟子》涉及天道的言论有二处比较明显:

《孟子·尽心上》:"尽其心者,知其性也,知其性,则知天矣。"

《孟子·离娄上》:"诚者,天之道也;思诚者,人之道也。"

"尽其心者,知其性也,知其性,则知天矣"这句话,可以理解为人能够扩充其道德自觉心,则能了解人的本性(异于禽兽的地方);人能够了解自己的本性,则能体验超越的天道,即万物存在的根源或终极的原理。至于"诚者,天之道也;思诚者,人之道也"这句话,可理解为天道是真实的,而追求真实就是人应该做的事。

而《中庸》则进一步交代人本性的来源,说:"天命之谓性,率性之谓道,修道之谓教。"(《中庸·第四章》)超越的天道内在于人而成为人的本性,顺着本性就合乎道,在这里,本性当然就是人向善的本性,也即道德自觉的能力;但人的本性多是隐而不显,所以需要努力学习,将它显现出来,称之为教化。

■ "诚"的工夫论

《中庸》对儒家思想的最大的贡献就是提出一套以"诚"为根本的工夫论。当然,《中庸》不是第一家讲"诚",孟子也讲"诚"(见以上的引文),《易传》也讲"闲邪存其诚"和"修辞立其诚",跟"诚"也有关系。

儒释道三家的修养工夫

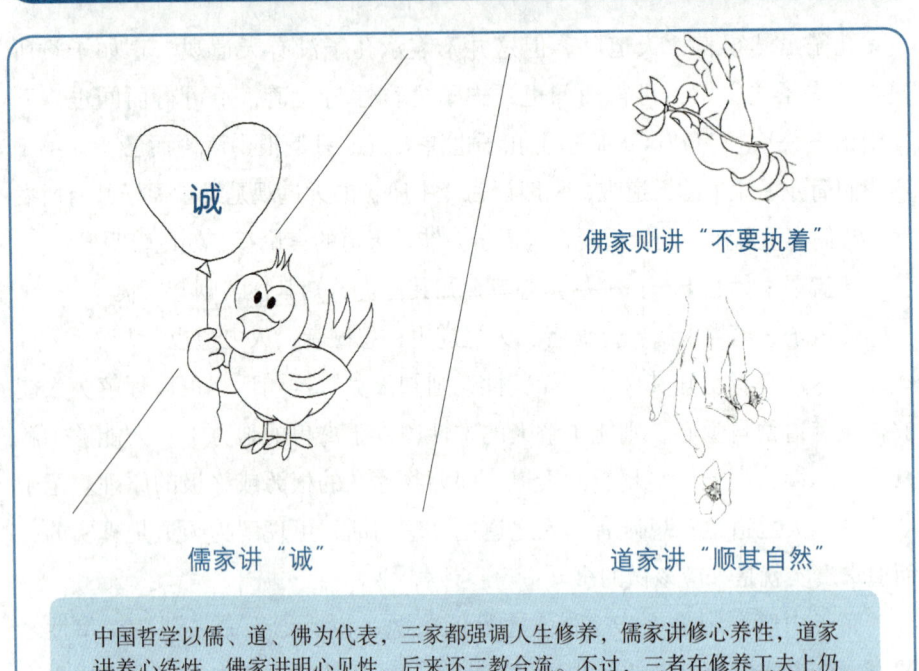

儒家讲"诚"

佛家则讲"不要执着"

道家讲"顺其自然"

中国哲学以儒、道、佛为代表，三家都强调人生修养，儒家讲修心养性，道家讲养心练性，佛家讲明心见性，后来还三教合流。不过，三者在修养工夫上仍有很重要的分别。

《中庸》的独特之处在于以"诚"来贯穿儒家的思想，无论是孔子讲的"忠、恕之道"，或是孟子讲的"知言、养气"，都可归结到"诚"的修养工夫。而且，"诚"可以贯通天人，达致天人合一；又可以由内到外，达致内圣外王。

什么是"诚"呢？最简单的解释就是"不欺人，不自欺"，不自欺就能面对真实的自己，既能明白自己的本性（向善），也面对自己的缺点和不足，自我反省，这就是"反身而诚"的意思。所以儒家十分重视慎独，人独处的时候，更加要小心照顾自己的心念。

先讲天人合一，"诚者，天之道，诚之者，人之道也"（《中庸·第二十章》），这段文字跟以上孟子的引文差不多，天道是真实的，而实践诚就是做人的正确之道。做人要真诚、不自欺，就必须做到"博学之，审问之，慎思之，明辨之，笃行之"（《中庸·第二十章》），博学是广泛学习，审问是深入研究，慎思是认真思考，明辨是分辨清楚；"学，问，思，辨"四者都属于"知"的工夫，加上"笃行"，就是"知行合一"。要实践善，除了有向善的本性，还需要"知"，例如作为一个医生，如果不熟知病理和医理，就不能有效医治病人，带来善。

《中庸》认为就"知"的方面，有些人是天生就知道，有些要透过学习才了解，有些则经过困难才能明白；至于"行"方面，有些人是心安地去做，有些要有利益才去做，有些则是在勉强的情况下才去做。最重要的是真实面对自己，明白自己是怎样的人，即使是"困而知之"及"勉强而行之"，也可以找到适合自己的方法。

由"知"的工夫，可以带出"成物"的主张，所谓"成己，仁也；成物，知也"（《中庸·第二十五章》）。"成物"可以指"尽物之性"，即利用物质来改善人的生活，知识的重要性就在这里，这属于"外王"的层面；"成己，仁也"则属于"内圣"。由此可见，"诚"又可从内到外，即"内圣而外王"，此所谓："唯天下至诚，为能尽其性；能尽其性，则能尽人之性；能尽人之性，则能尽物之性；能尽物之性，则可以赞天地之化育；可以赞天地之化育，则可以与天地参矣"（《中庸·第二十二章》）。天地充满种种的缺憾，地震、台风、海啸、火灾等都会为人带来不幸，但人可以凭着知识，弥补这些缺憾，造福人类。

三种知与行

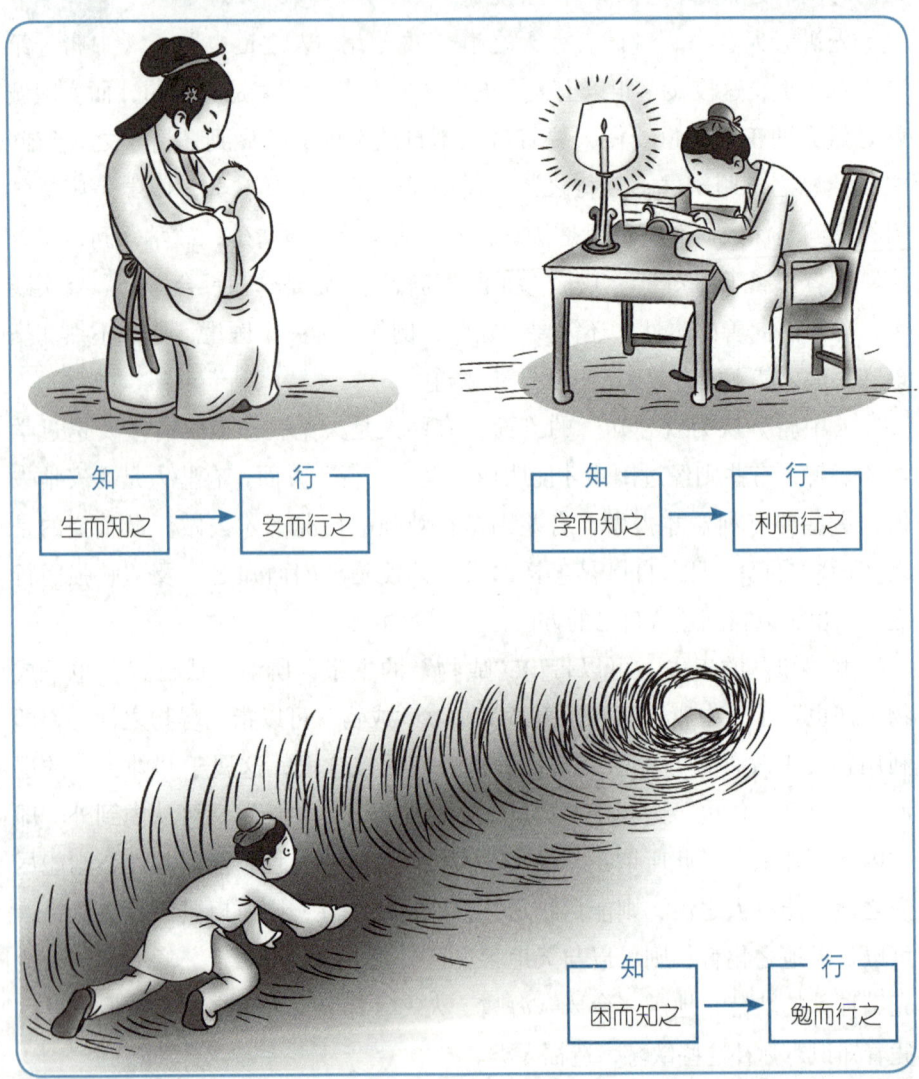

任何人都有机会"从政"

《大学》：道德和政治结合的学问

大学原是古代的高等学校，由国家辩理，学习的是"大人之道"，即修养品德和治国的学问，也即"内圣外王"之道，原本只有贵族才有机会接受这种教育；但孔子开创平民教育之后，修身已不再是贵族的专利，正所谓"自天子以至于庶人，壹是皆以修身为本"（《大学·第三章》）。

由此可见，大学就是道德和政治结合的学问，每个人都要有道德修养还说得通，但难道每个人都要从政吗？事实上，孔子的确是以从政为目标，也以此来教导学生，正如子夏所说："学而优则仕"（《论语·子张》），子路甚至说："不仕无义"（《论语·微子》），很明显，儒家认为读书人应以从政为其责任。即使如此，并非所有人都是读书人，事实上也不可能所有人都从政；但从政也有其广义，政就是"管理众人之事"，在任何一个团体、公司、学校甚至家庭，都涉及管理众人事务，所以，任何人都很有机会"从政"。

相传《大学》是孔子的弟子曾子所作，是曾子记述孔子的意思。《大学》其实只是一篇短文，谈的是"内圣外王"之道，重点是交代"内圣"和"外王"的关系，也就是儒家的政治哲学。《大学》的主要内容包括"三纲领"和"八条目"。

■ 三纲领

"大学之道，在明明德，在亲民，在止于至善"（《大学·第一章》），大学的理想，就在于明白人的光明德行，能够爱护百姓，达致完善的境界。所谓"三纲领"就是"明明德""亲民"和"止于至善"。"亲民"有另一种解释，就是"新民"，意思是要令人民更新进步，我认为两种解释可以并存。"明明德"的重点在于修身,属"内圣";而"亲民"则是行善的后果,属"外王";至于"止于至善",可视为最终的目标。

但如何实践呢?那就要"知止而后有定,定而后能静,静而后能安,安而后能虑,虑而后能得。物有本末,事有终始,知所先后,则近道矣"(《大学·第一章》)。一般会将"知止"解释为"知道了止善的目标",然后顺此解释继续下去,"知道目标(知止),就有确定的方向(定),然后心灵可以平静(静),心才能安(安),再进行周详的思虑(虑),最后领悟目标的价值(得)。这也可解释为政治决策的过程。

以上是一般的解释,当然也可以成立;但南怀瑾先生将"知,定,静,安,虑,得"理解为修行的次第,我则认为更有深度。"知止"是指认知到自己纷乱的情绪欲望,想停止它,需要很大的心力,那就是"定";"定"后心灵才能平"静";心"静"下来才能"安";心安才能精确思考,这就是"虑";"虑"而后能"得",所"得"的自然就是"明明德"。换言之,"知,定,静,安,虑,得"就是"内圣"的修行步骤。

"知,定,静,安,虑,得"的修行次第

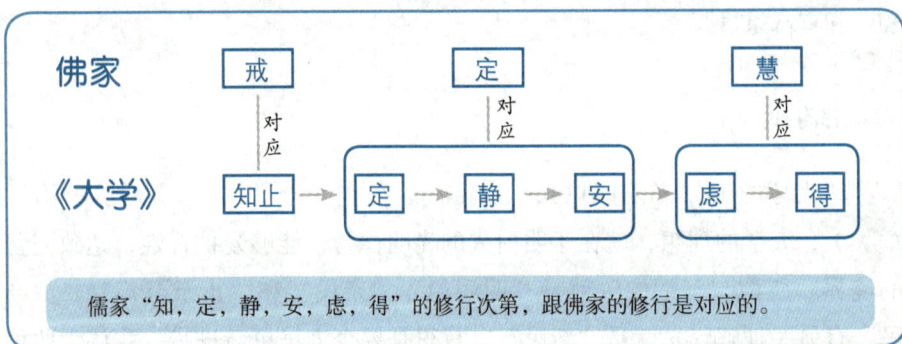

儒家"知,定,静,安,虑,得"的修行次第,跟佛家的修行是对应的。

八条目

"古之欲明明德于天下者，先治其国。欲治其家者，先齐其家。欲齐其家者，先修其身。欲修其身者，先正其心。欲正其心者，先诚其意。欲诚其意者，先致其知。致知在格物"（《大学·第二章》），意思是想要天下太平，先要治理好自己的国；要治理好自己的国，先要管理好自己的家；要管理好自己的家，先要修养好自己的品德；要修养好自己的品德，先要使自己心安定；要使自己心安定，先要真诚面对自己的意念；要真诚面对自己的意念，先要提高自己的见识；要提高自己的见识，先要研究事物的道理。

"八条目"就是"格物，致知，诚意，正心，修身，齐家，治国，平天下"这八个程序，一般认为前五者属于"内圣"，后三者则属于"外王"，很明显，"内圣"是"外王"的先行条件。

如果"格物，致知，诚意，正心，修身"也是"内圣"的次第，它跟之前所讲的"知，定，静，安，虑，得"修行次第又有什么分别呢？我认为前者是扣紧"外王"而讲，它重视的是"格物，致知"，即研究事物的道理，获取知识，所以严格来说，它们不属于"内圣"，而是有助于"内圣"的方法。由此可见，"致知"的"知"，跟"知止"的"知"不同，前者是对外物的认识，后者则是对自己的认识，所以"知止"跟"诚意"相若，都有面对自己、认识自己的含意。至于"定，静，安，虑"则属于"正心"的范围。那么，"得"就是指"修身"成功。

但如果"格物，致知"只是研究事物、获取知识，它又如何有助于"诚意"呢？我认为构成知识的一个主要条件就是"真"，一旦我们发现已有的知识是假的话，就没有资格称为"知识"了，例如"地球是平的"。所以，追求知识必须有求真的精神，认真的态度；若能用这种精神面对自己，则有助于培养"诚意"。

八条目与修身

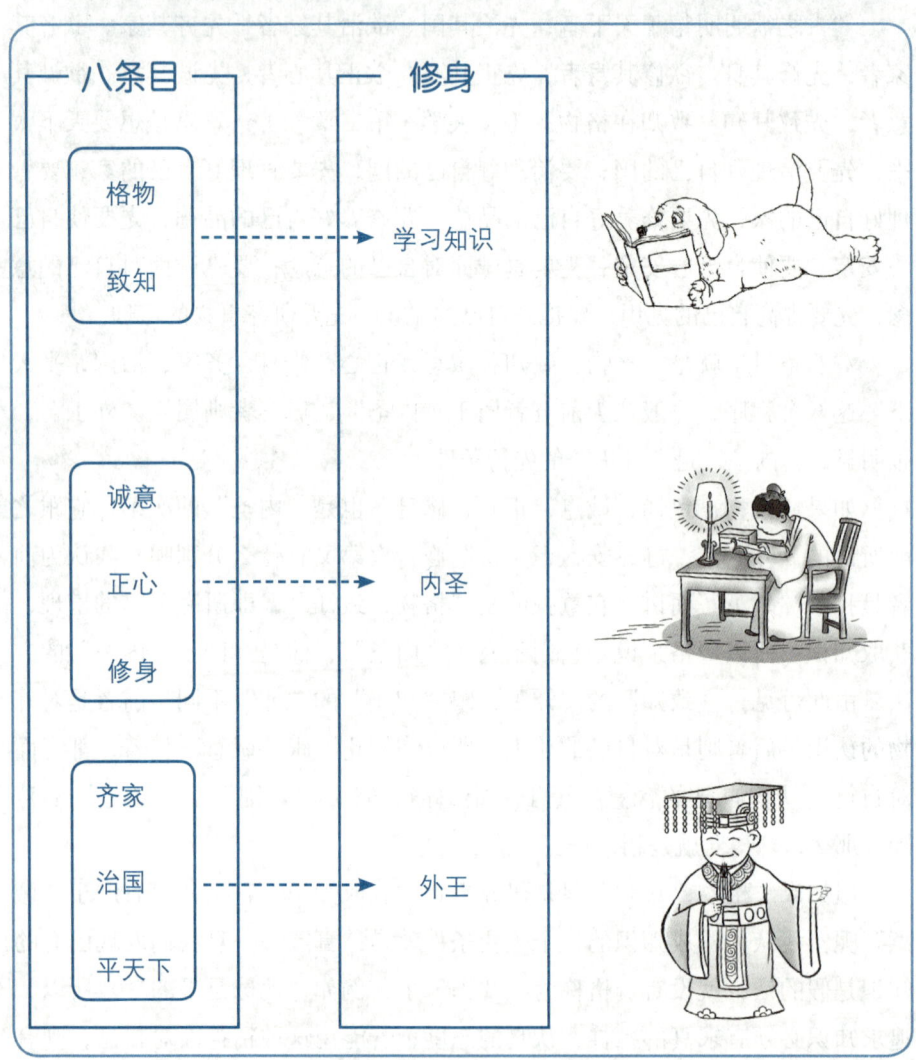

《大学》和《学记》及《乐记》

《大学》之"学"重知,这跟荀子的思想较为接近,但《大学》只是提出纲领,并没有对"学"做充分的说明,要探讨"学"的观念,我们要到《学记》那里找。

《学记》论"学"有三处较为重要。第一,《学记》说,"玉不琢,不成器",即强调后天学习及磨炼的重要性,跟荀子讲的相若,"人之于文学也,犹玉之于琢磨也"(《荀子·大略》)。第二,《学记》说,"安其学而亲其师,乐其友而信其道",强调的是跟师友学习的重要性,荀子也说,"学莫便乎近其人"(《荀子·劝学》)及"隆师而亲友"(《荀子·修身》)。第三,《学记》说,"知类通达",即思辨和贯通的能力,两者对学习都非常重要,跟荀子讲的"知通统类"差不多。

由此可见,《学记》所讲的"学",的确是受荀子影响。

另外,《学记》也有"进学"的次第,跟《大学》接近,但不及"八条目"那么详细。

《学记》从分析"声""音""乐"这三个概念入手,建立一套以音乐作道德教化的理论。在孔子教授的"六艺"中就有"礼"和"乐",礼必须配上乐,两者是不可分的,礼的作用主要在于在思想上规范我们的行为,而乐的功能则在情感上令人趋于平静,产生和谐。前者使人的观念不致偏差,后者使人的性情不致乖戾。

正如孔子所说:"韶尽美矣,又尽善也"(《论语·八佾》),理想的音乐就是美和善的结合,产生道德教化的作用,有助于个人的修身。所以,学习音乐对儒家来说十分重要。

声、音、乐的关系

《易传》《中庸》和《大学》是对孔、孟、荀思想的综合

4 结语

■ 《易传》《中庸》和《大学》的关系

我认为《易传》《中庸》和《大学》是对孔、孟、荀思想的综合，是儒家学说的发展和补充，比较重要的是提供天道观，交代人性的来源，说明内圣外王的次第。而且，三者的道理是相通的。

《易传》和《中庸》分别从不同角度去说明天道。

《易传》说"天之大德曰生"，从客体的角度去说明天道的生生不息，而《中庸》则从主体的角度，通过诚的实践去体验道。《易传》说真理必定是"简易"的，即简单明白，易于遵从；而《中庸》讲的"诚"，正符合了"简易"的原则。还有，《中庸·第二十四章》说，"至诚之道，可以前知"，真诚的最高境界，竟然可以有预知的能力；跟《易经》的占卜原理一样，心诚则灵。

《中庸》的诚不但是贯通天人的法门，也是由内圣到外王的途径。"成己，仁也"是内圣；而"成物，知也"则接通外王。因为要实现外王的事业，知识是十分重要的。

而《大学》所讲的"八条目"，则说明清楚内圣外王的次第；其中"诚意"一项，不就是跟《中庸》所讲的"诚"相通吗？在"八条目"中，"诚意"上接"格物，致知"，下开"正心，修身，齐家，治国，平天下"，具有关键的地位。

《易传·说卦》说："立天之道，曰阴与阳；立地之道，曰柔与刚；立人之道，曰仁与义。兼三才而两之。"天地人三道之中，人道至为重要，因为天道和地道是既存的，但人道却要靠人的实践才能显现。

而人道之中，又以政道为大。鲁哀公问孔子："人道孰为大？"（《礼记·哀公问》）孔子回答："政道为大。"《大学》探讨的就是"政道"，为人民谋取幸福。大学之道就是将道德和政治结合，由明德开始，最终带来

319

天下太平。《易传》解释晋卦时也提出明德的主张，"明出地上，晋，君子以自昭明德"（《象传》），而大有卦和同人卦合起来就是"大同"，也即儒家的理想社会，天下太平。

■ 对中国文化的影响

《易传》《中庸》和《大学》的出现，令儒家思想成为一个更完整的系统，上有天道观，下有人性论，中有内圣外王的政治哲学，自此为中国文化树立了一个理想目标，而其中影响中国人最深远的，我认为就是那种强调"人自觉努力"的精神。

正如《易传》所说："是以自天佑之，吉无不利。"（《系辞传上》）人自助才会天助，所以还是人的努力重要，当然，努力指的主要是"修德，能力，智慧"这三方面。

但问题是，既然儒家的理论那么完备，为什么在历史上又不能实践其理想呢？

别忘记谦卦的道理，自以为自己的文化很了不起，就看不到自己的缺点和不足，那不就是"玩完"吗？自以为思想体系完备，很容易就会沦为封闭系统，容纳不了革新和进步。例如"八条目"将政治看成是道德的延续，就见不到政治有其独立问题要处理："政权的合理基础是什么？"

我认为这是儒家思想的死穴，也是中国文化要面对的问题，要学习西方的民主政治，还是要由传统发展出适应现代社会的政治体系呢？其中一个可能途径是解构内圣外王的关系，不再将内圣视为外王的必要条件，内圣和外王都是仁心的表现，都应给予政治领域的独立空间。

《易传》《中庸》及《大学》的思想

《易传》《中庸》和《大学》的影响

《易传》《中庸》和《大学》是儒家学说的发展和补充,令儒家思想成为一个更完整的系统。

内圣开出新外王。

——牟宗三

总结

经历了多少次改朝换代，中国依然屹立不倒，到今天我们仍自称为中国人，靠的就是文化的凝聚力，由此可见文化的重要性，而最能体现中国文化创造性和多元性的，就是先秦诸子的思想。

虽然本书讨论了一般哲学史忽略的派别，例如纵横家和兵家，但其实还有不少杰出人物的思想没有提及或详论，例如管仲、杨朱、鬼谷子及屈原等，鬼谷子可以视为纵横家的祖师，管仲和杨朱或许可勉强归类为法家和道家的先驱。除此之外，《黄帝内经》也是产生于这时期的重要思想。

春秋战国的百家争鸣，在中国历史上可谓绝无仅有，自从大一统之后，就没有什么创造性的思想出现，因为在专制的统治下，言论自由受到限制，批判的精神也日渐萎缩。当然，佛教思想也算是新思想；但别忘记，佛教其实是来自印度的舶来品，算不上是本土思想。直到推翻清朝之后，出现了新文化运动，又是一个救亡的运动，亦可以算是另一次百家争鸣，什么自由主义、社会主义、无政府主义、实用主义等等；不过，今次参与争鸣的都是外来思想，传统文化几乎全面被打倒。

但事过境迁，现在提倡复兴传统文化，因为这些思想还有很多有价值的地方；问题是，我们该继承什么呢？所继承的跟现代文化又是否兼容呢？孟子说："不孝有三，无后为大。"（《孟子·离娄上》）这是封建思想，恐怕不好继承；孔子说："唯女子与小人难养也"（《论语·阳货》），更是性别歧视，不值得继承。五四时打倒孔家店，要打倒的就是这些吃人礼教、愚忠愚孝、君权至上的东西；不过，这些都不是儒家思想的核心，我们应该继承的是其中具普遍意义的东西。

以下我会对诸子的思想做出总结和补充，也会简单讨论一下我们该继承什么的问题，还会探讨儒家思想与现代社会的关系。

中国历史上两次思想争鸣

春秋战国时百家争鸣,是中国历史上第一次思想大激荡。

新文化运动亦算一次思想争鸣,只是参与争鸣的都是西方外来思想。

1 诸子思想的再分类
七派、九流、十家

诸子思想所关怀的对象十分广泛，涉及政治、伦理、自然、科学、军事、逻辑、外交、经济等等；当然，有的比较全面，有的则只专注某方面。诸子虽是千差万别，但我认为还是有其共同之处，那就是人文精神，亦可以说是继承周的文化，当然，程度各有不同。

例如相信鬼神的墨家，讲的却是非命，强调人的自觉努力，宗教色彩其实很淡。即使是刻薄寡恩的法家，及只讲争胜的兵家，仍十分重视人的因素。法家讲富国强兵，但没有从科技方面考虑提升生产力和战斗力，而只是强调人事的安排，将人民组织起来，主张"急耕厉战"；兵家讲战争，却没有特别重视武器，《孙子兵法》中竟然没有一篇是专门讨论武器的，反而大谈将领的人文修养。

本书有十章，每一章讲一家思想，共有"十家"；但最后一章的《易传》《中庸》及《大学》，还是属于儒家思想，所以实质上只有"九流"。而杂家则是各家的混合体，其中的黄老正是道、法两家的结合；至于阴阳家，主力是研究自然现象，虽源于方士传统，但其基本观念"相反相成"，却是摘取自道家，后来出现的道教，正是道家和方士传统的合流，是以阴阳家也可归类为道家的一支。

因此，"九流"又可简化为"七派"，就是儒、道、墨、法、名、兵及纵横。这"七派"又可再分为两个类别，称之为"二别"，"儒、道、墨、法"属于全面性的思想；"名、兵及纵横"则属于技术性的思想。

儒、道、墨、法四家思想中，前三者讲理想，法家则重现实。长远来说，理想才能引领人类的发展，所以，先秦之学，应以儒、道、墨为主。后来因为种种原因，墨家式微，汉代佛家传入中国，填补了墨家的空缺，唐宋之后，就变成儒、道、佛三家为主。

■ 儒与道

　　自从汉武帝独尊儒学之后,儒家成为正统,我们也常说中国文化是以儒家为主,但在实际的统治上,却是"外儒内法",法家的严刑峻法从来没有消失过,而道家或黄老思想在开国的时候,又往往发挥着很重要的作用。因此,在政治上,我认为其实是杂家思想的一种应用,也并未在更高的层次上综合各家思想。至于民间方面,阴阳家的影响则更为广泛。

　　不过,若论文化方向或价值之高低,仍可说以儒、道两家为主。在这里,我想先对两家思想做一些补充。在中国哲学中,有些概念很恼人,因为它们有很多不同的意思,常会引起混乱,例如"天""道""天道""心""性"等等。儒家讲的"天"或"天道",有时是指天运行的规律,《易传》说的"天行健,君子以自强不息",就是依"天道"来建立"人道",但究竟这是经验意义还是形上意义就不大确定。而孟子所讲的"尽心,知性,知天",这个"天"就有终极的意义。至于老子提出的"道",很明显是形上意义,因为它是先天地生,"天道"和"人道"都收归入"道"之下,可见其具终极性的意义。

　　虽然我们常说儒家有两大主张:"天人合一"及"内圣外王",但孔子其实并没有说得那么高远,孔子只是强调人通过学习成为君子,并要从政对社会做出贡献,孔子的教训十分平实,例如"己所不欲,勿施于人"。不过,到了孟子,就开始唱高调了,大谈人生修养有不同的层次:"善、美、大、圣、神";到了《中庸》及《大学》,更进一步将"天人合一"及"内圣外王"的理想展现出来。个人认为,儒家最具普遍意义的学说就是其道德自主性,及积极进取的精神;当然,还有孔子的人生格言及其对学习的观点,到今天仍然十分适用。

儒家的人生修养理论是如何一步步拔高的？

儒家重视学习，老子却说"为学日增，为道日损"，知识对于道的追求似乎没有什么帮助，"损"的就是自己的欲望、私心和成见，对道的体会越深，就越能从整体的角度来看事物，我认为这是道家最具普遍意义的成分。其次，道家重视个体，推崇自由，特别是精神的自由；这跟现代社会的人权自由的思想是相通的，当然，两者有一个很重要的分别，就是自由主义会将自由视为"权利"来争取。即使老子所讲的小国寡民，虽说不合时宜，但对当代一些小国来说，也有参考的价值。

孔子对学习的观点

"学而不思则罔，思而不学则殆。"（《论语·为政》）	学而不思，没有融会贯通，只会死读书，越读越糊涂；思而不学，个人的经验有限，只据此而思考的话，是很危险的。
"子绝四：毋意，毋必，毋固，毋我。"（《论语·子罕》）	学习的"敌人"就是臆测、武断、固执及主观。
"古之学者为己，今之学者为人。"（《论语·宪问》）	学习是为了提升自己的德行。
"博学于文，约之以礼。"（《论语·雍也》）	学习的范围要广博。
"知之者不如好之者，好之者不如乐之者。"（《论语·雍也》）	拥有知识不如爱好知识，爱好知识又不如从知识中得到乐趣。

■ 墨与法

五四的时候，一方面要打倒传统文化；另一方面又要学习西方的民主和科学；有些人很不满意这种崇洋的心态，于是拼命在传统思想中寻找，结果发现墨子的思想也有逻辑和科学，心理上总算好过一些。当然，墨家的逻辑和科学在当时算是了不起，但问题是，它们根本没有得到继承和发展。况且要学习逻辑和科学，也没有必要学墨家的逻辑和科学，直接学当代西方的就可以了，因为在这方面西方是最进步的；正如要学习物理知识，也不会去学亚里士多德的物理学，除非是做历史研究。

我们不需学习墨家的逻辑和科学，但可以学习其思辨的精神及求真的态度。不过，我认为墨家更具普遍意义的东西是其平等的精神，墨子的兼爱和尚贤（反对世袭）主张，就是平等精神的体现。

即使是法家，亦有值得继承的地方。虽然法家的"法"跟今天的法治精神相去甚远，但其强调法的"公正、公平和公开"，也有着普遍的意义。另外，韩非注意到诸家忽略的地方，就是"制度"的重要性。韩非明白，在世袭的制度下，要求君主圣明，可能性实在很低，因为大部分人都是庸碌之辈，君主亦是一样，所以应该设计一种制度，即使是平庸的君主，只要依靠它，仍可以达到长治久安的目的。只可惜韩非为保君主的绝对权力，只视人民为工具，禁绝人民思想和言论的自由，却没有考虑到极权专制的祸害。既然韩非认为人性本恶，为什么没有想到拥有极大权力的人会作更大的恶呢？

墨家是站在人民的立场，法家则从君主的利益出发，表面上看，两者是对立的；但事实上，墨家也主张君主有极大的权力，如果让墨家当政的话，跟法家也差不多，最后会沦为专制独裁，很可能发展出像中世纪的神权统治。墨家和法家，也跟儒家和道家一样，未能正视权力制衡的问题。

墨家与法家是否绝对对立？

名、兵与纵横

我将儒、道、墨、法四家称为全面性的思想，因为它们主要谈治国之道，涉及人性、道德及政治等重大议题；相比之下，名家、兵家及纵横家较属于某方面的专业思想，而且技术成分很重，所以称之为技术性思想。

名家是逻辑学，兵家是军事学，纵横家则是外交学，三者的技术性都很强，且都是以争胜为目的，而三者所讲的道理也有很多相通之处，例如兵家强调制胜的方法是知己知彼，掌握敌人的弱点，辩论和外交又何尝不是呢？

兵家所讲的战争之道，有很多仍适用于现代，难怪《孙子兵法》会是美国军校的必修课程，可见其所讲的道理有普遍性。纵横家的外交之道，在今天也有实用的价值。至于名家，相较起来，则显得不甚重要，当然名家所讨论的名相问题也有普遍的意义，只不过论逻辑思想，西方始终是强项；另外，名家多诡辩，当时已为荀子和墨家所诟病，名家的诡辩还有不良的影响，就是好辩者多被冠以"玩弄概念"及"咬文嚼字"的罪名，这正妨碍我们发展出正确的思考方法。

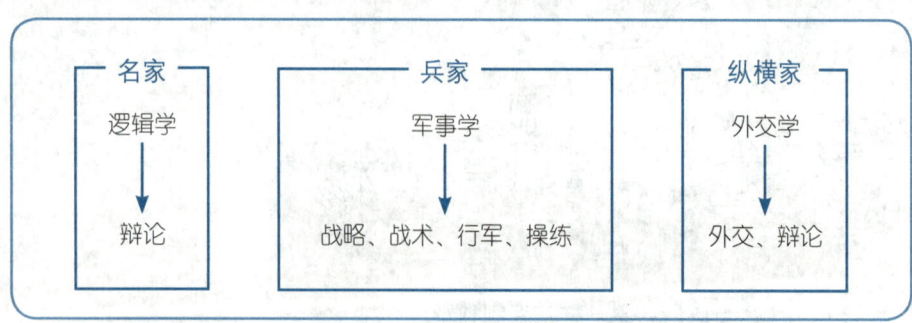

名家、兵家及纵横家属于技术性思想

儒家思想将会领导新世界？

儒家思想与现代社会

自从日本和亚洲四小龙在短时间内取得惊人的经济成绩，有人认为这归功于儒家思想，因为这些国家或地区都是处于所谓儒家文化圈。的确，在二十世纪五十年代，东亚社会跟拉丁美洲一样，都是未开发的地方，但短短三十年，亚洲四小龙就能够经济起飞，可以算得上是奇迹。除了制度的因素之外，文化因素也不可忽视。

儒家思想中的积极进取精神对中国人影响深远，培育了中国人勤俭的性格，跟韦伯说新教伦理促进资本主义发展，有异曲同工之妙，不同的是，新教徒要荣耀的是上帝，中国人要荣耀的却是父母，这当然是来自儒家的孝道思想。当然，原本儒家思想要追求的目标是君子，甚至圣人，但现实人生其实很难实现，所以积极进取的精神多转向学业和工作，特别是科举废除之后，"扬名声，显父母"就成为大多数中国人努力进取的动机。

儒家思想中的积极进取精神，的确有助于世俗的成功；但当代新儒家并不满足于此，他们认为，儒家思想还有更高的价值，那当然就是"天人合一"和"内圣外王"，甚至主张儒家思想领导世界，近乎"儒家救世论"。例如当代新儒家之一的牟宗三就主张"内圣开出新外王"，新外王指的就是科学和民主，但"新"还有另一个意思，就是它不同于西方的科学和民主。牟宗三认为现代西方文化出现了一些很严重的问题，其一是"科学一层论"，科学一层论是指以科学的知识为最高级的知识，并以科学知识的标准来判断其他知识的价值，产生这种心态的主要原因是对科技的崇拜，而科技就正好是科学的应用；其二是"泛政治主义"，简单来说，泛政治主义是指只强调民主制度在形式上的合理性，没有在道德理性上探讨它的根源。而赋予科学知识及民主制度一个道德形上学（内圣）的基础，就正好纠正这两种流弊，此所以谓"新"外王。

儒家思想在当代的发展

君子、圣人

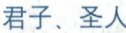
发展

专心于学业、工作

传统儒家思想的目标：成为君子，甚至圣人，但现实中很难实现，所以精力多转向学业和工作。

儒家思想中的积极进取精神有助于世俗的成功

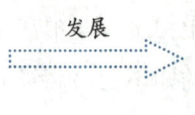
发展

儒家思想领导世界

当代新儒家认为传统儒家思想中"道德主体"能够发展出"政治主体"及"认知主体"，即从"内圣"开出"新外王"，甚至主张儒家思想领导世界。

儒家思想的价值当然有值得肯定之处，例如积极进取的精神、道德的自主性等；当然也有它的局限，这种局限表现在儒家讲内圣外王，只要道德搞好，政治就会搞好；政治搞好，经济就会搞好，政治哲学建基于伦理学。虽然有学者认为儒家思想已经复兴，但要真的影响大众，落实到日常生活，尚有一段很大的距离。虽然儒家有很高的理想——平天下，但可否为全球一体化提供指导性思想呢？我的思考是全球一体化固然需要儒家思想，但更需要的可能是公正的制度，这正是儒家的弱项。从儒家思想的积极意义考虑，尤其在德行培养方面，即使是现代社会，儒家仍有极高的参考和指导价值。

后语

西方哲学精于思考,中国哲学则长于人生处世。若能将两者的优点结合就更理想了,这也是我写作本书的目标。

梁老师为你讲述先秦诸子百家的不朽传奇
品鉴指南助你轻松看懂七派、九流、十家
作者一对一解答哲学难题,扫码即可获取